JN116807

恐れのない組織

「心理的安全性」が
学習・イノベーション・
成長をもたらす

The Fearless Organization

Creating Psychological Safety in the Workplace
for Learning, Innovation, and Growth

Amy C. Edmondson
エイミー・C・エドモンドソン 著
野津智子 訳　村瀬俊朗 解説

英治出版

ジョージに。

好奇心と情熱にあふれているために、彼は優れた科学者・リーダーになっている

——そして、不安が成功の邪魔しかしないことを、いやというほど知っている。

The Fearless Organization

Creating Psychological Safety in the Workplace for Learning, Innovation, and Growth

by

Amy C. Edmondson

Copyrignt © 2019 by John Wiley & Sons, Inc.
All rights reserved.

This translation published under license with the original publisher
John Wiley & Sons, Inc. through Japan UNI Agency, Inc., Tokyo

恐れのない組織

目次

はじめに　11

第1部　心理的安全性のパワー

第1章　土台　24

第2章 研究の軌跡　50

第2部　職場の心理的安全性

第3部　フィアレスな組織をつくる

編集部注

＊訳注は〔　〕で示した。

＊原書では各章末に注が付いているが、原著者の了解のもと、日本語版では巻末にまとめた。

＊本書のキーワードであるfearless organizationのfearlessに関しては、訳語を「フィアレスな」に統一した。一般に「恐れを知らない、勇敢な、大胆不敵な（brave/bold）」と訳される語だが、本書では基本的に「不安も恐れもない（without fear）」の意味で使われている。ただし、「不安がなく、故に何ものも恐れず行動できる（ようになる）」のニュアンスが含まれる箇所もある。

はじめに

行動力と判断力を、不安ほど巧みに、
心のなかから根こそぎ奪う感情はない[1]
——エドマンド・バーク、一七五六年

グローバル企業のトップも、ソフトウェアの開発者も、ナレッジ・ワーカー（知識労働者）だ。クライアントに助言する人も、医師、建築家、あるいは最先端の工場で高度なコンピュータ技術を駆使して複雑な製造課題に対処する人も、やはりナレッジ・ワーカーである。[2] 産業革命において成長のエンジンとなったのが標準化（労働者が労働者部隊となり、「唯一最良の方法」のみを使ってほぼすべての作業を行う）であったように、現代において成長を推進するのは、発想と創意あふれるアイデアだ。人々は知恵を出し、協力して、問題を解決したり、絶えず変化する仕事をやり遂げたりしなければならない。組織は、長く成功するために、価値創造の新たな方法を探さなければならないし、探し続けなければならない。そして、価値創造にはまず、あなたの持つ才能を最も効果的に活用する必要がある。

複雑で不確実な世界で成功するために必要なもの

およそどんな業界でも、知識とイノベーションなくして競争上の優位を得られないことは、今や誰もが知っている。一方で、この新たな現実の影響について真剣に考えている経営者はほとんどいない——とりわけ、従業員の成長と組織の成功を促す職場環境にとって、それが何を意味するかということについては。本書の目的は、そうした成長・成功を手伝うこと。そして、知識集約型組織がより効果的に活動できるようになるための新たな考え方と方法を伝えることだ。

イノベーションが成否のカギを握る世界で組織が本当に成功するためには、優秀で意欲的な人を採用するだけでは十分ではない。彼らには豊富な知識と高い技能と役立ちたいとの思いがあるが、知っていることを、それが必要とされる重要な局面で必ずしも提供できるとは限らないのだ。理由は、彼らの知識が必要とされていることを、彼ら自身が認識できていないからという場合もある。だが、もっとよくあるのは、彼らが目立つことも、間違うことも、上司の気分を害することもしたがらないからだ。知識労働が真価を発揮するためには、人々が「知識を共有したい」と思える職場が必要なのに、である。これは懸念や疑問、過ち、まだまとまっていない考えを伝えるということにほかならない。ところが今日の職場で、人々が本当の考えを言うことはほとんどない。格好悪く見えてしまうかもしれないことを口にしたり尋ねたりするのを皆、渋るのだ。さらに厄介なことには、会社がグローバルで複雑になるにつれ、チームで行う仕事がどんどん増えてきている。今日の従業員はレベルを問わず、協働する時間が二〇年前に比べて五〇パーセント増加しているのだ[3]。もはや、優秀な人材を採用すればそれでいいという時代ではない。優秀な人材が、力を合わせて仕事をする必要があるのだ。

私はこれまで二〇年にわたって研究を行い、病院、工場、学校、政府機関をはじめとする職場でパフォーマンスに差が生じるのは、私が「心理的安全性」と呼ぶものが一つの要因であることを突きとめた。さらに言えば、金融機関の経営幹部と集中治療室（ICU）のベテラン医師が全く違うのと同じくらい本質的に異なるメンバーが集まるグループにとって、心理的安全性が欠かせないものになっている。現場ベースの私の研究でスポットを当てているのは、グループとチームだ。なぜなら、およそすべての仕事がグループやチームを基盤にして行われるからである。今日、人々が単独で仕事をして製品・サービスが生み出されることはほとんどない。自分の仕事が済んだら、その成果を手順に従って次の人に引き渡し、それで終わりなどという人もほぼいない。それどころか、今や大半の仕事において、人々はよく話し合い、次々と形を変える相互依存の体制を整えるよう求められる。現代経済で私たちが価値を置くほぼすべてのものが、相互依存的な判断と行動――相互依存的であるがゆえに、効果的に協働しなければ成果の出ない判断と行動――から生まれている。また、私が以前の書籍や論文で書いたとおり、そのような協働はいよいよダイナミックになってきている。それは、形式的で明確な境界のあるチームのなかではなく、むしろメンバーの組み合わせが刻々と変わる場で起きるのだ。[4] このようにダイナミックに協力することを、「チーミング」という。[5] チーミングは、あらゆる境界――わけても専門性、地位、距離――を越えて人々とコミュニケーションを図り、一致協力する技術である。だが、新たな仲間と絶えずチーミングするのであれ、固定されたチームで仕事をするのであれ、最も効果的に協働するためには心理的に安全な職場でなければならないのだ。

心理的安全性があるからといって、結果を問われないわけではないし、利己的な人の集まりになるわけでもない。心理的に安全な職場であっても、人々は失敗するかもしれないし、期待に応えていないという業績評価を受けるかもしれない。業界環境の変化のため、あるいは役割を果たす能力がないために職を失う可能性もある。現代の職場のこうした特徴が、近いうちに消えることはないだろう。ただ、心理的に安全な職場では、「対人関係の」不安に人々が悩まされることはない。彼らは率直に話すという対人関係につきもののリスクを積極的に取ろうとするし、実際取ることができる。恐れるのは、微妙で議論を呼ぶかもしれない、あるいは間違っているかもしれない考えを話すことではなく、しっかりと関与できていないことだ。フィアレスな（不安も恐れもない）組織とは、知識集約的な世界にあって、対人関係の不安を最小限に抑え、チームや組織のパフォーマンスを最大にできる組織のことである。未来に対する不安を持たない組織のことでは、決してない。

本書でこれからお話しするとおり、心理的安全性の有無によって、顧客に満足してもらえるか、それとも損害につながりかねない怒りに満ちたツイートが拡散されてしまうかが決まる可能性がある。複雑な医療診断を的中させて患者を全快させるか、重症の患者を早々に帰宅させてしまうかを、あるいは間一髪で事故を防ぐか、最悪の労働災害になるかを、はたまた高い業績をあげるか、世の注目を浴びる大失敗に終わるかを左右する場合もある。なにより、成否のカギを握るさまざまな「やり方」を、皆さんは知ることになる。これを知れば、心理的に安全な職場をつくりやすくなり、複雑で不安定な、相互依存がいっそう進む世界にあっても、組織を成功へ導けるようになる。

心理的安全性とは、大まかに言えば「みんなが気兼ねなく意見を述べることができ、自分らしくいられる文化」のことだ。より具体的に言うなら、職場に心理的安全性があれば皆、恥ずかしい思いをするんじゃないか、仕返しされるんじゃないかといった不安なしに、懸念や間違いを話すことができる。考えを率直に述べても、恥をかくことも無視されることも非難されることもないと確信している。わからないことがあれば質問できると承知しているし、たいてい同僚を信頼し尊敬している。職場環境にかなりの心理的安全性がある場合、いいことが起きる。まず、ミスが迅速に報告され、すぐさま修正が行われる。グループや部署を越えた団結が可能になり、驚くようなイノベーションにつながるかもしれない斬新なアイデアが共有される。つまり、複雑かつ絶えず変化する環境で活動する組織において、心理的安全性は価値創造の源として絶対に欠かせないものなのである。

ところが二〇一七年のギャラップ調査では、「自分の意見は職場で価値を持っている」の項目に対し、「非常にそう思う」と答えた従業員が一〇人中三人しかいなかった[6]。ギャラップの計算によると、この割合が一〇人中六人になれば、組織は離職率を二七パーセント、安全に関する事故を四〇パーセント減らし、生産性を一二パーセント高められるという[7]。以上のようなわけで、優秀な人材を雇うだけでは組織にとって十分ではない。個人および集団の能力を引き出したいと思うなら、リーダーは心理的に安全な企業風土――従業員が不安を覚えることなくアイデアを提供し、情報を共有し、ミスを報告する風土――をつくらなければならない。従業員が、自分の意見が職場で重視されていると実感するのが当たり前になったら、どんなことを達成できるようになるか想像してみよう。そのような組織を、私は「フィアレスな組織」と呼んでいる。

失敗からの発見

私は一九九〇年代半ばに、心理的安全性に関心を持つようになった。多分野の研究者から成るチームに加わり、複数の病院での医療ミスについて画期的な調査を行ったときである。病院で患者を治療する際にぶつかる難題は、他業界のそれを凌ぐ。特に難しいのは、これだ――きわめて専門的で、患者一人ひとりに合わせた、年中無休で行われる手術で、確実に一致協力することである。極端なケースだが、そこから得た学びのおかげで、私は病院以外の組織で人々をマネジメントするための新たな知恵を得ることができた。

調査の一環として、ベテランのナース・インベスティゲーター〔医療過誤や一般賠償責任などの管理および調査を担う〕が、大問題につながりかねない人為的ミスに関するデータを六カ月にわたり苦労して集めた。病院で実際に起きるミスについて、解明のヒントを得たいと願ってのことである。一方、私はさまざまな病院組織がどのように運営されているのかを観察した。ひとつには、病院の構造と文化を理解するためだった。もうひとつは、時間と戦い、患者一人ひとりに合わせ、ときにカオスのようになる手術――連携できるかどうかが生死を分かちかねない場――で人為的ミスが起きうる条件を知るためである。また、広くアンケート調査を実施して、患者の治療を行うさまざまな組織がチームとしてどのようにうまく機能しているかを、別の角度から考えた。

そんななかで私は偶然、心理的安全性の重要性を知った。第1章で述べるとおり、それによって私は新たな研究プログラムを開始し、最終的には、本書で展開する考えが間違いないことを証明する経験的証拠を示した。とりあえず、私はもともとは心理的安全性を研究しようと思ったわけではなく、むしろチームワークとそれが失敗とどう関係するかを研究するつもりだったとだけ言っておこう。変わりゆく世界で組織が学習できるようになるためには、人々がどのように協働するかが重要な要素になると私は考えていた。そこへ心理的安全性が——後述するとおり、直観的なひらめきとして——不意に現れ、データにあったいくつかの不可解な結果を解き明かしてくれた。今日では、心理的安全性の研究はビジネスから医療、教育にいたるまで、さまざまな業界で行われている。この二〇年の間に、職場における心理的安全性の原因と結果に関して、学術文献が爆発的に増えてきた。私が書いたものもあるが、大半はほかの研究者たちの手によるものだ。心理的安全性とは何か、どのように機能するのか、なぜ重要なのかについて、今では多くのことがわかっている。それらの研究から明らかになった重要なことを、本書でまとめていく。

近頃は、各業界の専門家の間でも、心理的安全性という考えが定着してきている。さまざまな分野の思慮深いエグゼクティブ、マネジャー、コンサルタント、臨床医も、所属組織が、学習とイノベーションと従業員エンゲージメントを促進する戦略として心理的安全性を生み出し、改善を図るのを手助けしようとしているのだ。心理的安全性は、マネジャーのブロゴスフィア〔ブログのつながりがつくる世界〕で広まり、急速に支持を得た。きっかけは、二〇一六年二月の『ニューヨーク・タイムズ・マガジン』にチャールズ・デュヒッグが記事を書き、「最高のチームをつくる要因は何か」を突きとめるためのグーグルでの五年にわたるプロジェクトを発表したことである。[8]そのプロジェクトでは、次のような可能性が検討された。チームメイトの学歴が似ていることは重要か。ジェンダー・バランスが整っていることは大切か。職場の外でも交流することはどうか。だが、要因としてこれぞというものは一つも見出されなかった。この取り組みはプロジェクト・アリストテレスというコードネームをつけられ、やがてグループのなかで当たり前になっている行動、つまり、グループ内の人々がほぼ無意識に従っている行動パターンと暗黙のルールに着目した。デュヒッグが書いているとおり、研究者たちはついに、「学術文献にあたるなかで心理的安全性という考えに出合った。［そして］すべてが突然、落ち着くべき場所に落ち着いた」[9]。研究者たちは、「われわれが見出した五つの成功因子のうち、心理的安全性の重要性は群を抜いている」という結論に達した[10]。明確な目標設定や相互責任の強化をはじめとする他の四つの因子も重要ではある。だが、もしチームメンバーが心理的に安全だと感じていなかったら、そうした行動を取り入れても、十分な成果をあげることはできない。実のところ、プロジェクトを主導した研究者ジュリア・ロゾフスキが記しているとおり、「心理的安全性は他の四つの土台」である[11]。彼女のきわめて簡明な結論をふまえ、本書の第1章のタイトルを「土台」とした。

本書のあらまし

本書は3部から成る。第1部「心理的安全性のパワー」を構成する二つの章では、心理的安全性の概念を説明し、職場におけるこの重要な現象の研究史を簡単に紹介する。心理的安全性がなぜ重要なのか、さらには、なぜ多くの組織で心理的安全性が当たり前になっていないのかを考察しよう。

第1章「土台」は、病院が舞台の、いわば見て見ぬふりをされてしまった実話から始まる。すぐに明らかになるのは、職場で従業員が本心を言わない（懸念や疑問を口にしない）のがおきまりのパターンであること、さらには、そのような人間らしい無意識にしてしまう反応が、およそどんな組織においても仕事の質に深刻な影響を及ぼしかねないことである。この章では、私が研究の道に進んで間もなく、期せずして心理的安全性に出合った経緯についてもお話しする。

第2章「研究の軌跡」では、心理的安全性に関する学術研究を体系的に検討してわかった重要なことを紹介する。個々の研究の詳細を述べるのでなく、心理的安全性の研究によって、本書の中心的テーマ――不安を当たり前として生き残れる組織など、二一世紀においては一つもないこと。「フィアレスな組織」は従業員にとってよりよい場であるだけでなく、イノベーションと成長と高いパフォーマンスが確実に起きる場でもあること――が裏付けられている点を大まかに述べる。そのような証拠はさっと流して第2部へ早々に進む読者は、一連のケーススタディを読み、まずは心理的安全性がないことの代償を、次に心理的安全性の確立に投資する見返りを、明確に知ることになる。

第2部「職場の心理的安全性」の四つの章では、官民両セクターの組織での実例をもとにケーススタディを行い、心理的安全性（または、その欠如）が業績と人々の安全にどのように影響するかをお話しする。

第3章「回避できる失敗」では、職場に不安があると、ビジネスの成功が幻と化してしまう事例を掘り下げる。潜在する問題を発見できたはずなのに報告も解決もされないままになってしまい、そのために手遅れになってしまった事例である。この章では、業界のスターと目されながら、その劇的な失墜が大々的に報道されたアイコニック企業（ブランド力の強い企業）を取り上げる。第4章「危険な沈黙」では、次のような職場にスポットを当てる。不安うずまく文化のなかにいるために、従業員が率直に話すことも質問することも支援を得ることもしようとせず、そのせいで従業員、顧客、あるいはコミュニティが、避けられたはずの身体的または精神的な害を受けてしまう職場である。

第5章および第6章では、率直に考えを述べることができるし、それを当たり前とする環境を、粘り強く努力して生み出している組織をいくつか紹介する。そのありようからは、フィアレスな組織がどのようなものかを知ることができる。それらの組織は第3章・第4章で取り上げた組織と全く違うが、注目すべきは、互いとも大きく異なっている点だ。フィアレスと言っても、そのあり方はさまざまなのである。第5章（「フィアレスな職場」）では、クリエイティブな仕事が業績をじかに左右する（ピクサー・アニメーション・スタジオのような）企業と、心理的安全性を生み出す必要性を、リーダーが就任後すぐに理解した企業を取り上げる。また、長期にわたって改革を実行し、社員が成功すれば会社も成功することに気づいたバリー・ウェーミラー（産業機器メーカー大手）などの話も紹介する。第6章（「無事に」）では、心理的安全性を確立することによって、従業員と顧客の安全と尊厳を守っている職場を検証する。

第3部「フィアレスな組織をつくる」は、二つの章から構成されている。第2部までのストーリーと研究をもとに、「リーダーがどんなことをすれば、フィアレスな組織――誰もが率直に話して仕事をし、貢献・成長・成功し、チームを組んで、ずば抜けた結果を出す組織――をつくり出せるか」という問題に的を絞っている。

第7章「実現させる」では、心理的安全性をつくるためには何をする必要があるか、また、心理的安全性を失ってしまった場合にはどうすればもう一度つくれるか、という問題に取り組む。リーダーのためのツールキット（特定の目的や活動に役立つ一連の知識とスキル）についてもお話しする。三つのシンプルな（ただし簡単とは限らない）行動を伴う一つのフレームワークを紹介するが、これを使うと、組織の（トップに限らず）あらゆるリーダーがいっそう熱心で活気のある職場を生み出せるようになる。心理的安全性をつくるには努力とスキルが欠かせないが、仕事の質にとって専門知識や協働が重要である場合には、その努力が素晴らしい成果を生むこともお話しする。さらに、リーダーの仕事には切りがないこともお伝えする。「心理的安全性」のボックスにチェック印をつけたらそれでおしまい、などということはない。人々が学習・イノベーション・成長できる労働環境を整え、強化することは終わりのない、だがきわめて意義深い仕事なのである。第8章「次に何が起きるのか」では、本書を総括し、いくつかのストーリーについて最新情報をお話しする。また、私が世界中の企業の人たちからよく受ける質問のいくつかについて、回答を示す。

顧客へのサービス提供という仕事に必要なことを、誰もすべては知ることも実行することもできない時代においては、人々が本音で意見を述べ、情報を共有し、専門知識を提供し、リスクを取り、互いに協力して、永続的な価値を生み出すことがかつてないほど重要だ。だが、エドマンド・バークが二五〇年以上前に書いたように、不安があると、効果的に考えたり行動したりする力が制限されてしまう——ずば抜けて有能な従業員であっても、である。今日のリーダーは、組織から不安を取り除いて学習・イノベーション・成長できる状況をつくるという仕事を、進んで引き受けなければならない。本書がその後押しをできれば、幸いである。

第 1 部

心理的安全性のパワー

第1章 土台

私たちが見出した五つの成功因子のうち、
心理的安全性の重要性は群を抜いている。
それは他の四つの土台なのだ

――ジュリア・ロゾフスキ[1]
「グーグルで有能なチームになるための五つのカギ」

生まれたばかりのその双子は、見た目は健康そうだが、妊娠わずか二七週目での早産であったため「ハイリスク児」と考えられた。幸い、双子が生まれた多忙な都会の病院の医療チームには、新生児集中治療室（NICU）の担当者が加わっていた。新生児ナース・プラクティショナー〔医師の指示を受けることなく一定レベルの診断・治療を行える看護師〕の若いクリスティーナ・プライス（仮名）と、銀髪の新生児学者で医師のドレーク（仮名）である。双子を見て、クリスティーナは首を傾げた。最近受けた研修では、ハイリスク児には肺の発達を促す薬をできるだけ早く投与することが、新たに確立されたベスト・プラクティスとされていた。超早産の赤ん坊はふつう、子宮外でしっかり自力呼吸できるだけの肺がまだ育っていないためである。ところが医師であるドレークは、その薬（予防的サーファクタント）の投与を指示していなかった。クリスティーナはドレークに対し、それとなくサーファクタントのことを持ち出そうとしたが、そのときハッとなった。前の週に、指示に疑問を投げかけた別の看護師を、ドレークが人前で厳しく叱責していたのだ。双子はきっと大丈夫だと、クリスティーナは自分に言い聞かせた――何か理由があってドレークはサーファクタントを使わずにいるにちがいないし、いずれにせよ、判断するのは医師であるドレークだ、と。そして彼女は、問題を提起するという考えを追い払ってしまった。それに、ドレークは朝の回診のために、白衣をひらめかせ、すでにきびすを返してしまっていた。

無意識に計算をする人たち

迷った末に意見を言わないことにしたとき、クリスティーナは素早く、ほとんど無意識にリスク計算――およそ誰もが一日に何度も行う、ささやかな判断――をしていた。自分でも気づかぬうちに、クリスティーナは、軽視あるいは叱責されるリスクと、たとえ叱責されても投薬を促さなければ双子を危険にさらしかねないリスクを天秤にかけていたのである。医師であるドレークのほうが知識が豊富だし、意見を言ったところで受け容れられるはずがないという思いもあった。彼女は無意識に、心理学者が「未来を軽視する」と呼ぶ行動をしてしまっていた――患者の健康という、時間はかかるがより重要な問題を深く考えず、医師が即座にするであろう反応を重視しすぎてしまったのである。私たちについ未来を軽視してしまう傾向があるなら、無益なあるいは不健康な行動（チョコレートケーキを余分に一つ食べてしまう、骨の折れる仕事を先延ばしする、など）がそこかしこにあふれているのは道理だ。さらに言えば、そのようなありがちな問題行動のなかでも、職場で率直に発言できないというのは重要な、しばしば見過ごされている行動の典型である。

多くの人と同様、クリスティーナは気づかぬ間に、職場での自分のイメージをコントロールしていた。著名な社会学者のアーヴィング・ゴッフマンが、独創性に富む著書『行為と演技――日常生活における自己呈示』（誠信書房）で述べたように、人間である私たちはさまざまな付き合いのなかで情報をコントロールし、それによって、他人に与える自分の印象に絶えず影響をもたらそうとしている。[2] これは意識的にも無意識にも行っている。

別の言い方をすると、どんな人でも朝、目覚めて気が重いのは、勤め先で無知・無能に見えたり混乱をもたらす人だと思われたりする場合だ。そのように思われるのが対人関係のリスクと呼ばれるものであり、無意識かもしれないが、およそ誰もが避けたいと思っている。[3] 実際、大半の人は、頭がよく有能で役に立つ人間だと他人から思われたいと願っているのだ。職業、地位、ジェンダーにかかわらず誰もが、人生の比較的早い時期に、人間関係上のリスクをコントロールできるようになる。子どもは小学校のある時点で、他人にどう思われているかが重要であることに気づき、拒絶あるいは軽蔑されるリスクを下げる方法を身につける。大人になる頃にはたいてい、そうするのが本当にうまくなっているのだ。達人張りにうまくなってしまうため、それをするのにもはや意識的に考えることもない。無知だと思われたくない？　それなら質問するな。無能に見えたくない？

それならミスや弱点を認めるな。事態をややこしくする人間だと言われたくない？　それなら提案するな。意義ある行動より見た目の申し分なさを重視するのは、社交の集まりでは妥当かもしれないが、職場ではそうした傾向によって重大な問題が起こりかねない――イノベーションが阻害されたりサービスの質が低下したり、最悪の場合には人命が失われたりするかもしれないのだ。それなのに、他人に軽視される結果を招くかもしれない行動を避けることが、大半の職場でほとんど習慣になってしまっている。

影響力の強い経営理論家ニロファー・マーチャントが、アップルの幹部を務めていた頃を振り返って次のように述べた。「ミーティングでは、ほかの人が気づかない問題点が、私にはとてもはっきり見えることがよくあった」。だが、「間違っている」ことを恐れて、「何も言わず、傍観することを覚えた。ほかの人を敵にまわさないように。私は、発言して愚かに見えてしまうかもしれないリスクを冒すより、安全地帯にとどまることによって、仕事を維持したいと思った」[4]。率直な発言の経験に関するある調査では、八五パーセントの人が次のように回答した。重要な問題について懸念を抱いても、上司に話すのは無理だと感じた経験が、少なくとも一度はある、と[5]。

それは組織の下位層の人々に限った行動だと思うなら、大手電気会社に幹部チームの一員として採用された最高財務責任者（ＣＦＯ）のケースを考えてみよう。ある会社の買収計画を強く懸念しているにもかかわらず、この新任のＣＦＯは何も言わなかった。他の幹部が皆、乗り気であったため、彼らの判断に同意したのである。のちに、その買収の失敗が明らかになると、幹部チームはコンサルタントとともに集まって事後検討を行った。自分のどんな行動が今回の失敗の原因となった可能性があるか、あるいは、何をすれば回避できたかもしれないかを、一人ひとりがよく考えるよう求められた。今ではもう部外者ではないCFOは、早い段階から懸念を抱いていたことを打ち明け、さらに、率直に発言しなかったことでチームの力になれなかったことを認めた。他のメンバーが皆とても乗り気であったため、「ピクニックを台無しにするイヤな奴」になるのがはばかられたのだと、CFOはひどく申し訳なさそうに訴えた。

率直に発言せず、安全地帯にとどまって傍観していると、自分の身は守れるが、よい結果につながらず、後ろめたくなるかもしれない。組織を危険にさらす事態にもなりかねない。幸い、クリスティーナと双子の新生児のケースでは深刻な問題は起きなかったが、後述するとおり、率直な発言に対する不安は、避けられたはずの事故を引き起こしてしまうかもしれないのだ。対人関係のリスクを不安に思うために黙っていると、生死に関わる問題が発生する場合もある。航空機が墜落したり、金融機関が破綻したり、入院患者が無用に命を落としたり。いずれも、職場の風土に関わる理由があり、誰かが率直に話すのを恐れたせいで起きた。幸い、そんな事態にならないようにすることは可能である。

心理的に安全な職場を構想する

もし心理的に安全だと思える病棟に勤めていたら、クリスティーナは、予防的な肺の薬の新生児への投与を必要と考えているのかどうか、ためらうことなく新生児学者であるドレーク医師に尋ねていただろう。率直に尋ねるという判断をするのは、やはり無意識だと思われる。確認するのが当たり前だからである。結果として治療方法が変わらなかったとしても、クリスティーナは自分の意見が尊重されるのを当然と考えただろう。信頼と尊敬が混ざり合う心理的に安全な文化であったなら、ドレークはクリスティーナの意見にすぐに同意し、調剤室に電話して薬を依頼したか、あるいは、今回はその薬の投与が適切でないと思う理由を説明しただろう。いずれにせよ、その病棟は結果的によりよくなったにちがいないのだ。薬を投与された患者が命を救われたかもしれないし、新生児医学に細やかな配慮と慎重さが欠かせないことについてチームが理解を深めたかもしれない。ドレークにしても、部屋を出る前に、注意を促してくれてありがとうとクリスティーナに礼を述べたかもしれない。クリスティーナの率直な発言のおかげで、ミスをしたり、細部を見落としたり、注意散漫になったりせずにすむのをありがたいと思っただろう。

やがてクリスティーナは、双子に薬を与えながら、こんなことを思いついたかもしれない。サーファクタントが、それを必要とするすべての新生児に確実に投与される手順を、NICU（新生児集中治療室）に整えられないだろうか、と。そして、仕事の合間に看護師長と会って提案したかもしれない。心理的安全性は、（クリスティーナとドレークのような）個人と個人の間ではなく、職場集団（ワーク・グループ）のなかに存在する。そのため、看護師長がクリスティーナの提案を受け容れる可能性は高いと思われる。

率直な発言は、職場で人々が行う各種の意見交換（ミーティングで積極的に懸念を述べることから、同僚にフィードバックすることまで）がどうあるべきかを示している。これには電子的コミュニケーションも含まれる（ある件について明確にしてほしい、あるいはプロジェクトを手伝ってほしいと頼むために、同僚にあらためて電子メールを送る、など）。率直な発言という有益な話の仕方には、電話会議で別の考え方を提起したり、報告書について同僚に意見を求めたり、プロジェクトが予算をオーバーしていることや予定より遅れていることを認めたり、――二一世紀の仕事の世界を形づくる、言葉による無数のやりとりが含まれるのだ。

言うまでもないが、率直な発言はさまざまな程度の対人関係のリスクを孕んでいる。ひどく不安を覚えたのちに話す場合もあれば、無理なく楽に話せるケースもある。一方で、ＮＩＣＵのクリスティーナのように、対人関係のリスクを（意識的にせよ無意識にせよ）考えて沈黙することを選んでしまうために、全く話せない場合もある。考えや懸念や疑問を気兼ねなく話すことは、多くのマネジャーが気づいているよりはるかに頻繁に、決まって対人関係の不安によって邪魔をされる。この手の不安は、はっきりとは見えない。沈黙しようと思う人が――声を出せたとして――、これから沈黙しますと宣言することはまずない。やがて時間が過ぎて結局、意見を言わずにいた者がいちばん賢かったことになる。

対人関係のリスクを取っても安全だと信じられる職場環境であること。それが心理的安全性だと、私は考えている。[6] 意義ある考えや疑問や懸念に関して率直に話しても大丈夫だと思える経験と言ってもいい。心理的安全性は、職場の仲間が互いに信頼・尊敬し合い、率直に話ができると（義務からだとしても）思える場合に存在するのである。

心理的安全性のある職場には、クリスティーナが経験したような、一回一回は些細でも、やがて重大な影響をもたらすかもしれない沈黙はほぼ生まれない。代わりに、人々は思うがままを話す。そして、率直な本物のコミュニケーションを促進し、問題とミスと改善の機会にスポットを当て、知識とアイデアの共有を増やしていく。

後述するが、ゴッフマンが面子を保つという興味深いマイクロ・ダイナミクスを研究したのを機に、職場における対人関係のリスク・マネジメントを私たちは深く理解できるようになった。今では、心理的安全性がグループの特徴として表れることや、対人関係の文化が組織内のグループごとに大きく異なることが明らかになっている。強力な企業文化を持つ会社であっても、部署によって心理的安全性が高かったり低かったりするのである。クリスティーナが勤める病院を例にとろう。ある治療ユニットでは、看護師は臆せず医療上の決定について異議を唱えたり疑問を呈したりできるが、別のユニットでは、そんなことは到底できないと思われている。こうした職場風土の違いによって、行動はそれとなく、だが強力に方向づけられる。

予想外の発見

私は本書で述べるさまざまな考えを追究しているが、はじめは、ことさら心理的安全性を研究しようと思ったわけではなかった。博士課程一年目の学生として、いずれ書く論文のために研究内容を絞ろうとしていたとき、幸運にも、大人数のチームに加わり複数の病院での医療ミスについて調査することになった。これは素晴らしい研究経験になった。いよいよ厄介でペースが速くなる世界で組織が学習・成功する方法に、関心を向けることにもなった。私は、「成功を手に入れるために失敗から学ぶ」という考えに、昔から関心を持っていた。

調査チームでの私の役割は、チームワークが医療の誤り率にもたらす影響を調べることだった。

チームには多くの専門家がいた。医師は、人的ミスが起きたかどうかを判断できた。ベテランのナース・インベスティゲーターは二つの病院の病棟で、カルテを再チェックしたり、第一線で治療に当たる人々にインタビューしたりして、チームごとの誤り率を割り出した。こうした専門家たちは実質的に、私の研究で従属変数となるもの――チームレベルでの誤り率――のデータを集めてくれていた。研究がそのように進むのは、私にとってありがたい限りだった。理由は、少なくとも二つあった。一つは、医療ミスかどうかを自分で判断するような医学の専門知識が、私になかったこと。二つめは、調査の手段という観点から見た理由である。有能なチームを調べる方法が、実験者バイアス――研究者には事実よりも自分の見たいものが見えてしまうという認知的傾向――にかからずにすんだのだ。そのため、データ収集活動の独立性が、この調査の重要な長所になった[7]。

ナース・インベスティゲーターはミスに関するデータを、六カ月にわたって収集した。私は最初の一カ月間に、「チーム診断調査」という定評あるアンケート調査を、(病院に勤務する人たちが確実に理解できるよう調査項目の言葉を少し変えたり、ミスをすることについての意見を評価するために新たな項目をいくつか加えたりしたうえで)研究チームの全員――医師、看護師、スタッフ――に対して行った。また、(病棟にある)当該フロアで、チームの各メンバーがどのように仕事をしているかを、時間をかけて観察した。

研究を始めた頃、私は当然のように、最も高い成果をあげるチームが最もミスが少ないという仮説を立てた。むろん、従属変数(誤り率)に関するデータが十分に集まるのに六カ月待つ必要はあった。だがその後、事態は思いがけない展開を見せた。

まず、いいニュースから(少なくとも、研究の観点からすればいいニュースだ)。数値にばらつきがあったのである。誤り率はチームによって驚くほど違っていた。実際、私が重要なパフォーマンス指標だと強く信じていたものについて言えば、（標準測度である）一〇〇〇患者・日あたりの人的ミスの件数が、最もよいユニットと最も悪いユニットとで一〇倍の差があった。たとえば、投薬量についてのミスは、ある病棟では三週間に一度だが、別の病棟では二日に一度と報告されるといった具合だ。同様に、チーム・サーベイ（従業員意識調査）のデータにも、かなりのばらつきが見られた。いくつかのチームは、メンバー同士の尊敬し合う気持ち、協力の度合い、高パフォーマンスをあげる自信、満足度などが、他のチームよりはるかに強かったのである。

ミスについてのデータとアンケート調査のデータがすべて集まった当初、私は胸を躍らせた。統計の分析を始めたところ、別個に集められた誤り率とチームの有能さの程度との間に有意な相関関係のあることがすぐにわかったのだ。ところがその後、詳しく検討して、おかしなことに気がついた。相関関係の方向が、予想と全く逆だ。どうも、有能なチームほど、そうではないチームに比べてミスを多く（少なく、ではなく）しているように思われる。あまつさえ、その相関関係は統計的に有意なのだ。そんなおかしな話を、どうして論文指導者に話せるだろうと、一瞬私は思った。それは困った問題だった。

いや、わけがわからなかった。

本当に、優秀なチームのほうがミスの数が多いのだろうか。私は、ミスなく安全に治療を行うためには、医師と看護師の間でコミュニケーションをとる必要があることについて考えた。患者一人ひとりに合わせた、この複雑な仕事環境で、患者が最良の治療を確実に受けられるようにするためには、支援を求めたり互いの仕事をダブル・チェックしたりする必要性があることについても考えた。行き届いた治療を行うのに、臨床医たちが巧みに協力する必要があるのはわかる。だが、チームワークが優れていればミスの数が増えるというのは、道理に適っていなかった。ひょっとして有能なチームは、だんだん自信過剰になり、やがて注意散漫になるのだろうか。であれば、このわけのわからない結果の説明がつくかもしれない。そうでもなければ、有能なチームのほうが誤り率が高いなどという結果になるわけがない。

その後、私はハッとひらめいた。有能なチームには率直に話す風土があって、気軽にミスを報告したり話し合ったりできるのだとしたらどうだろう。不意に私は思った。優秀なチームは、ミスの数が多いのではなく、報告する数が多いのだ、と。もっとも、ひらめいたからといって、ただちに証明できるわけではなかった。

私は、そうした医療チームを、先入観を持たずに詳しく調べてもらうために、研究助手を雇うことにした。この助手の男性は、どのチームがミスが多いのかも、どのユニットがチーム・サーベイのスコアがよいのかも知らなかった。私が新たに立てた仮説のことさえも知らなかった。研究用語で言えば、彼は仮説も、事前に集められたデータも、どちらも「知らない（ブラインド）」状態だった。(8)

そんな彼が発見したことについてお話ししよう。職場環境のあらゆる側面について、黙って観察したり自由回答でインタビューしたりするうちに、人々が「ミスについて話せる」と感じられるかどうかはチームによって大きく異なることに、彼は気がついた。さらに言えば、その違いは、明らかにされた誤り率とほぼ完璧に相関していた。ひとことで言うなら、優秀な（彼は知らないが、私の調査でそう判断された）チームのメンバーは、ミスの可能性について率直に話していた。ミスに気づいて回避するための新たな方法を見つけようとしているケースも多々あった。数年後、私はこの風土の違いに、「心理的安全性」と名前をつけた。同時に、偶然の発見のおかげで、新たな意義深い研究を始めることになった。対人関係に関する風土は、ほかの職場ではグループによってどのようにまちまちであるのか、また、医療だけでなく他業界でも学習と率直な発言に影響をもたらすのかどうかを突きとめるためだった。

私は担当する博士課程の学生たちとともに、長年にわたって企業、病院、政府機関で研究を続けた。そして、心理的安全性が決して一定ではないことを確認した。学習行動と客観的なパフォーマンス評価の両方を予測するのに大変重要であることもわかった。今では、私と同じ研究者が多くの研究を行い、心理的安全性があれば、学習やパフォーマンスが向上し、死亡率が低下することを明らかにしている。それらの研究については、第2章でお話ししよう。

二〇年以上前に行った最初の研究では、病院内において、グループによって心理的安全性に違いがあることがわかった。それ以来、ほかの多くの業界でも、同じことを確認してきた。どのデータを見ても、「心理的安全性はグループレベルで存在する」という、シンプルながら興味深い事実が共通しているのである。つまり、あなたの勤め先の組織でも、対人関係に関する経験はグループによって違うと思われる。おそらく、率直に話したり本来の自分を職場で出したりするのが簡単にできるグループもあれば、（私が調査したいくつかの医療チームと同様、）率直に発言するのは最後の手段だというグループもある。心理的安全性は、まさにグループごとのリーダーによってつくられるからである。詳しくは後述するが、偶然にした私の最初の発見は、その後の研究によって裏付けられることになった。

巨人の肩の上に立つ

私が心理的安全性に出合ったのは偶然だったかもしれないが、その重要性は、遡ること一九六〇年代初めに、組織改革の研究が進むなかで認識された。マサチューセッツ工科大学（MIT）のエドガー・シャイン教授とウォレン・ベニス教授が、一九六五年の著書のなかで、組織改革の不確実さと不安に対処できるようになるには心理的安全性が必要だと説いたのである。[9]シャインはのちに、次のように述べた。仕事をしていると、批評に対して神経過敏になったり「学習する不安」にぶつかったりするが、これらを克服するためには――何かが望みや期待どおりに進まないときには特に――、心理的安全性が不可欠だ、と。[10]さらに、こうも述べた。心理的安全性があれば、保身ではなく共通の目標を達成することに集中できるようになる、と。

その後、ボストン大学のウィリアム・カーン教授が、一九九〇年の重要な論文で、心理的安全性が従業員エンゲージメント〔組織に対する従業員の自発的な貢献意欲〕を高めると論じた。[11]サマー・キャンプと建築事務所について綿密なケーススタディを行って、カーンは人々が職場で、関わるのを避けたり自己弁護したりするのではなく、エンゲージして率直に発言できるようになる条件を調べた。仕事をする意義も心理的安全性も、どちらもが重要だった。しかしながら、職場で信頼と尊敬を感じているときのほうが、好意的に見てもらえている――心理的安全性に関する素晴らしい考え方――と実感する可能性が高いとも述べた。

私が次に論文に取り入れて検証したのは、心理的安全性はグループレベルの現象であるという考えだった。[12] 医療ミスの研究中に偶然見つけたものを土台に、私はアメリカ中西部のある製造会社で、五一のチームを対象に、今回は意図的に心理的安全性を調べた。研究結果は一九九九年に有力学術誌で発表し（のちにグーグルの有名なプロジェクト・アリストテレスに影響を与えたことは、第2章でお話しする）、心理的安全性がチームによってかなりひらきがあることと、心理的安全性があればチームの学習行動が促され、パフォーマンスも向上することを明らかにした。[13]

この研究によって、次の重要なことがわかった。心理的安全性は、単なる職場の個性ではなく、リーダーが生み出せるし生み出さなければならない職場の特徴だということである。さらに次のこともわかっている。私がその後研究してきたどの会社や組織においても、きわめて強力な企業文化を持つ場合でも、心理的安全性はグループによって著しく異なっていたのだ。心理的安全性は、グループ内の相性がよくて生まれるものでも、知らぬ間に生まれるものでもなかった。明らかなのは、心理的安全性の条件をうまくつくり出せるグループ・リーダーがいる一方で、つくり出せないリーダーがいることだった。これは、病院の各現場であろうと、工場内のチーム、リテール・バンク（小売銀行）の支店、あるいは同系列のレストランであろうと同様である。

論文のための研究調査で得た結果によって、私はいっそう強く確信した――職場では誰もが、曰く言いがたい対人関係のリスクにさらされている、と。はっきりとであれ、それとなくであれ、あなたは職場で絶えず評価されている。公式には、ヒエラルキーの上位の人が、あなたの業績を評価する役目を負っているだろう。だが非公式には、同僚や部下が常にあなたについて判断を下しているのだ。私たちのイメージは絶えずリスクにさらされている。質問したり、ミスを認めたり、アイデアを提供したり、計画を批判したりといった行動をとったら、いつなんどき無知、無能、あるいは出しゃばりと見られてしまうか知れないのである。だが、そのようなささやかなリスクを取るのを嫌がっていると、大切なものを損なってしまう可能性がある（そのようなケースが現に頻繁に起きていることは、第3章・第4章でお話しする）。一方で、そのようなリスクは克服することもできる。職場における対人関係の不安のために、いっさいを台無しにする必要はない。第5章・第6章で紹介するような環境をつくることは可能だ。そこでは、同僚の前で格好悪く見えることより顧客を失望させることのほうが恐れられているのである。

不安によって意欲をうまく引き出せない理由

組立ラインの仕事や畑仕事――反復作業を個人レベルで手早く正確にすることで評価される仕事――の従事者のやる気を高めるのに、かつては不安が効果的だったかもしれない。多くの人が、不安をあおって支配する上司にイヤな思いをさせられてきたし、それが当たり前にもなっている。いや実際、大衆文化はそういう上司を誇張し、コミカルに描いてきた。ピクサーのアニメ映画『レミーのおいしいレストラン』も、その一つだ。主人公であるネズミのレミーは、シェフになることを夢見ている。そんなレミーの前に、厨房を仕切る専制君主のようなレストランのシェフが立ちはだかるのである。

だがそれ以上に悪いのは、不安にはやる気を引き出す力があると、多くのマネジャーが――意識的にも無意識にも――相変わらず信じていることだ。（経営陣あるいは成績不振の結果を）恐れさせれば、人は望ましくない事態を避けるために熱心に仕事をするようになる、ひいては会社の業績も上がる、と信じ込んでいるのである。これは、仕事が単純で、作業者が問題にぶつかることも改善を提案することもまずない場合なら、有効かもしれない。だが、学習や協力をしなければ成功できない仕事なら、不安がやる気を引き出す要因になることはない。

脳科学は、不安によって学習と協働が阻害されることを、詳細に示してきた。二〇世紀初めには、行動科学者イワン・パブロフが、研究室にいる数十頭の犬の能力について次のような発見をした。一九二四年、レニングラード（現サンクトペテルブルグ）の洪水で恐怖を味わったときを境に、行動課題を学習する犬の能力が抑制されたという。水に飛び込んで犬を助けた研究所のスタッフたちによれば、ケージがかなりの高さまで水に浸かり、水面に犬の鼻だけが見えている状態であった。[14]これがきっかけとなり、不安や恐怖が扁桃体（脅威を感知する脳領域）を活性化することが、神経科学者によって明らかにされた。もし、重要なプレゼンの前に、心臓がドキドキしたり手のひらに汗をかいたりしたことがあるなら、それは扁桃体の自然な反応によるものである。

不安は学習を妨げる。神経科学の研究によれば、不安のせいで生理的資源が消費され、ワーキングメモリ（作業記憶）の管理や新情報の処理をする脳領域に資源が届かなくなるという。そのせいで分析的思考、創造的考察、問題解決ができなくなる。[15]不安を感じている人が最高の仕事をしにくくなる所以である。結果として、人が感じる心理的安全性が、学習行動（情報を共有する、支援を求める、試す、など）に対する積極性を強力に決定することになる。心理的安全性は、従業員満足度にも影響する。また、ヒエラルキー（はっきり言えば、それがうまくコントロールされていないときに生み出される不安）があると、心理的安全性は低くなる。研究によれば、ヒエラルキーが下位のチームメンバーは一般に、上位のメンバーほど安全性を感じないという。ほかにも、私たちが絶えず相対的な地位を評価し、他人と比べて自分がどうであるかを、ふつうは無意識にチェックしていることも明らかになっている。さらには、ヒエラルキーの下位の人は、上位の人がいるだけでストレスを感じるという。[16]

心理的安全性とは、支援を求めたりミスを認めたりして対人関係のリスクを取っても、公式、非公式を問わず制裁を受けるような結果にならないと信じられることだ。心理的に安全な環境では、失敗しても支援を求めても、ほかの人たちが冷たい反応を示すことはない。それどころか、率直であることが許されているし期待されてもいるのだ。心理的安全性は、人々が次のように感じるときに存在する。この職場では、率直に意見を言ったりアイデアを提供したり質問したりしても、懲らしめを受けるんじゃないか、ばつの悪い思いをするんじゃないかと不安になったりしない、と。あなたの職場は、新しいアイデアが歓迎され、当てにされているだろうか。それとも、こき下ろされ、冷笑されるだろうか。同僚と違う考え方を持ったら、ばつの悪い思いをさせられたり制裁を受けたりするだろうか。わからないことがあると認めたら、馬鹿にされるだろうか。

心理的安全性についての誤解

心理的安全性を話題にする人（コンサルタントやマネジャーなど、組織という生きものを観察する人）がますます増えるにつれ、その概念が誤解される危険性が強まってきている。この節では、よくある誤解を取り上げ、明快に説明しよう。

心理的安全性は、感じよく振る舞うこととは関係がない

心理的に安全な環境で仕事をすることは、感じよくあるために、誰もがいつも相手の意見に賛成することではない。あなたが言いたいと思うあらゆることに対して、明らかな称賛や無条件の支持を得られるわけでもない。むしろ、その正反対だと言ってもいい。心理的安全性は、率直であるということであり、建設的に反対したり気兼ねなく考えを交換し合ったりできるということなのだ。これなくして学習もイノベーションもあり得ないのは、言うまでもない。どんな職場でも、対立は必ず起きる。ただ、心理的安全性があれば、異なる意見を持つ人同士が、どんなところに納得がいかないかを率直に話せるようになるのだ。

私は多くの会社でコンサルティングやリサーチをしてきたが、そこで耳にするのは「（わが社では）感じのよさが問題だ」、あるいはそれに類する言葉である。そういう会社は、次にこう述べる。会議では互いに「礼儀正しく」話をするが、その後、廊下で個人的に会話するときには「実は賛同できない」と言い、結局、会議で話し合った結果が実行されないことが少なからずあるのだ、と。ひとことで言えば、感じよく振る舞うことは、心理的安全性と同意ではない。同様に、気楽さや心地よさを指すものでもない。対照的に、心理的安全性とは、さまざまな観点から学ぶために、建設的な対立を厭わず率直に発言することなのだ。

心理的安全性は、性格の問題ではない

心理的安全性は外向性と同義だと説明する人がいる。その人は、このように考えているのかもしれない。職場で考えを言わないのは、性格が内気か自信がない、あるいは単に人付き合いが嫌いだからだ、と。だが、研究によれば、職場で心理的に安全だと感じられるかどうかは、内向性や外向性とは無関係だという[17]。というのも、心理的安全性は職場風土であり、それはさまざまな個性を持つ人たちにほぼ同様に影響をもたらすからである。心理的に安全な風土であれば、人は内向的か外向的かにかかわらず、アイデアを提供し、懸念を述べるのだ。

心理的安全性は、信頼の別名ではない

信頼と心理的安全性には多くの共通点があるが、その概念を置き換えることはできない。最大の違いは、心理的安全性がグループレベルで経験される点だ。職場環境が心理的に安全かどうかについて、ともに仕事をする人々は似た印象を持つ傾向があるのだ。これに対して信頼は、二人の個人あるいは二つの組織間での相互作用である。つまり、個人の心のなかに存在し、特定の相手である個人や組織と関連している。あなたにも、信頼できる同僚もいれば、できない同僚もいるだろう。組織に対する信頼について言えば、高い基準を守る会社に信頼を置くのではないだろうか。

また、心理的安全性は、時間的に即座に感じられる経験と言える。信頼が、相手の人または組織が約束をたしかに守ると当てにできるかどうかについての期待と言えるのに対し、心理的安全性と

いう経験は、相手との間にただちに現れる結果についての期待と関係があるのだ。クリスティーナの例で言えば、与えて然るべきだと思う薬の投与について医師に尋ねられないとき、彼女は、質問が生む即座の結果——叱責されたり恥ずかしい思いをしたりするリスク——を心配に思っている。これに対し、信頼はむしろ、「医師は患者にとって適切なことができるし、実際するだろう」というクリスティーナの信じる気持ちに関係している。別の言い方をすれば、信頼とはあなたが他者をとりあえず信じてみるということであり、心理的安全性とは、あなたがたとえば支援を求めたり過ちを認めたりしたときに、他者があなたをとりあえず信じてみようと思ってくれるということなのだ。

心理的安全性は、目標達成基準を下げることではない

心理的安全性とは、高い基準も納期も守る必要のない「勝手気ままな」環境のことではない。職場で「気楽に過ごす」という意味では、決してないのだ。このことは肝に銘じておいたほうがいい。というのも、ミスを報告したり支援を求めたりといった事前対策的な行動をして組織学習を後押しすることを、多くのマネジャーが評価しているからである。一方で、マネジャーは心理的安全性を、業績基準を下げることと同じだと信じ込んでいる——（「部下に責任を持たせ」られるか！ と彼らは表現するが）。そのように思い込んでいると、心理的安全性という現象の本質について誤った認識が伝わってしまう。心理的安全性は、正直かつ率直に話すことを可能にし、ゆえに互いに尊敬し合う環境において確立される。つまり、人々は職場で率直になれるし、ならなければならないと思う

ようになる。実のところ、心理的安全性は野心的な目標を設定し、その目標に向かって協働するのに有益だ。心理的安全性は、より率直に話し、好奇心旺盛で、協力し合い、結果として高い成果をあげる職場環境の土台なのである。第２章で説明するとおり、世界中の研究者によって、心理的安全性がさまざまな労働環境や業界で高パフォーマンスを促進することが確認されている。ひとことで言えば、表１・１に示すように、心理的安全性と業績基準は別々の、同様に重要な側面だ。どちらもが、複雑で相互依存する環境において、チームおよび組織のパフォーマンスに影響するのである。

心理的安全性と業績基準がともに低い場合（表の左下）、職場はいわば「無気力ゾーン」になる。人々は職場に来るものの、心はどこかよそにある。懸命に努力するより保身に腐心する。自発的にすることといえば、ソーシャル・メディアのチェックか、つまらない生活だと愚痴を言い合うことだけである。

次に、心理的安全性は高いが、業績基準が低い職場を見てみよう（左上）。人々はたいてい、ともに気持ちよく仕事をしている。対等な立場で率直に話もする。ただし、難しい仕事

表 1.1　心理的安全性と業績基準の関連性[18]

	業績基準が低い	業績基準が高い
心理的安全性が高い	快適ゾーン	学習および 高パフォーマンス・ゾーン
心理的安全性が低い	無気力ゾーン	不安ゾーン

に立ち向かうことはない。これを「快適ゾーン」と呼ぼう。このゾーンに入ってしまう職場は、今では世界のどこを見ても以前より少なくなっており、それは結構なことである。だが、気兼ねなく本来の自分を出せても、さらなる挑戦をする強力な理由が見当たらなければ、学習もイノベーションもあまり生まれない。エンゲージメントも達成感もまた同様である。

しかしながら、私が最も懸念するのは、快適ゾーンでも無気力ゾーンでもない。夜も眠れないほど私が心配に思うのは、右下のゾーンである。業績基準は高いが、心理的安全性が低いとき――今日、きわめて多くの職場で見られる状況だ――、従業員は考えを言うことにビクビクし、仕事の質と職場の安全性の両方に害が出てしまうのだ。第3章、第4章では、そのような職場を数多く取り上げる。残念ながら、そういう組織のマネジャーは、高い基準の設定とよいマネジメントを混同してしまっている。不確実性か相互依存（あるいはその両方）と心理的安全性の欠如が同時に生じている状況で高い基準を設けても、最高のパフォーマンスを生むことはできない。また、後述するようなとんでもない事態を招いてしまう場合もある。私はこれを「不安ゾーン」と呼んでいる。ただ、私が言っているのは、厳しい目標の達成や競争の激しいビジネス環境についての不安ではなく、対人関係の不安である。疑問や考えがあっても口にできずにいると、職場での大きな不安の種になりかねない。それは不安定性（volatility）、不確実性（uncertainty）、複雑さ（complexity）、曖昧さ（ambiguity）、すなわちVUCA――アメリカ陸軍戦略大学で提唱され、今ではビジネスの世界で広く使われるようになっている言葉[19]――に直面しているあらゆる企業にとって、重大なリスク要因なのである。

最後に、業績基準も心理的安全性も高い場合を（表の右上）、私は「学習ゾーン」と呼ぶ。仕事が不確実だったり相互依存的だったり、もしくはその両方である場合は、「高パフォーマンス・

ゾーン」にもなる。そういう職場では、人々は協力し、互いから学び、複雑で革新的な仕事をやり遂げることができる。VUCAの世界では、人々が積極的に学習しながら前進する場合に、高パフォーマンスをあげられるのである。

心理的安全性を測定する

研究者やマネジャーは、心理的安全性を測定するために、有用なツールを思い思いに使っている。ツールは誰もが使えるものだ。最もよく使われるのは意識調査である。表1・2には、私が博士論文に取り入れ、それ以来、各方面の研究者に広く使われている七つの調査項目を挙げている。私は回答を得るのに七段階（「非常にそう思う」から「全くそう思わない」まで）のリッカート尺度を使うが、五段階でもかまわない。注目してほしいのは、七項目中三項目では「そう思う」という肯定表現を使った回答のほうが心理的安全性が高いことを示し、三項目（表1・2では「Reverse［逆にする］」の頭文字「R」を添えてある）では「そう思わない」という否定表現を使った回答のほうが心理的安全性が高いことを示している点だ。そのため、データ分析の際には、否定表現を使っている項目の得点データを「逆にする」ことが重要である。元データで「1」になっている場合は「7」に、「7」なら「1」に、「2」なら「6」に、という具合に変換させるのである。

幸い、使用される項目数と表現が多様であるにもかかわらず、心理的安全性の測定は安定している。「安定している」という言葉によって伝えたいのは、集まったデータが、必要な統計的特性

――クロンバックのアルファ〔信頼性係数の一種〕によって計測される項目間の信頼性、関心のある他の変数との相関によって計測される予測的妥当性など――を示しているということである。巻末の付録には、私が知っている多様な調査項目から、いくつかを載せている。また、この測定はドイツ語、スペイン語、ロシア語、日本語、中国語、韓国語など多くの言語に翻訳され、いずれも安定した調査結果を生んでいる。

純粋に質的なケーススタディ調査では、インタビュー・データをコード化して心理的安全性の有無を見出す。このアプローチによる調査については、第2章でいくつか例を挙げる。もう一つの有意義なアプローチとしては、インタビューを受ける人たちに、職場でグレーゾーンとなる仮定のシナリオを提示し、その状況で自分や同僚がするかもしれない行動を尋ねるという方法がある。回答が秘密にされると確信している場合、彼らはかなり率直に次のように述べる。言おうと思うことが好意的に受け容れられるとはっきり信じられないときは口を閉ざす、と。どのように反応するかについての質問を組み込んで

表1.2　心理的安全性に関する意識調査[20]

1. このチームでミスをしたら、きまって咎められる。(R)
2. このチームでは、メンバーが困難や難題を提起することができる。
3. このチームの人々は、他と違っていることを認めない。(R)
4. このチームでは、安心してリスクを取ることができる。
5. このチームのメンバーには支援を求めにくい。(R)
6. このチームには、私の努力を踏みにじるような行動を故意にする人は誰もいない。
7. このチームのメンバーと仕事をするときには、私ならではのスキルと能力が高く評価され、活用されている。

うまく構想されたビネット〔具体的に描写された場面や状況〕は、個別のインタビューでは不可能な、より多くの従業員からデータを収集するためにも使われる。どちらのアプローチについても、具体例は第2章で紹介しよう。

心理的安全性だけでは十分ではない

心理的安全性さえあれば高パフォーマンスをあげられる、などと言うつもりはない。いささかも、ない。私が言いたいのは、心理的安全性があれば、可能であるはずのことが不可能になるのを減らせる、ということである。ただ、自動車を動かすのが燃料でないのと同様、組織を動かすのは心理的安全性ではないのだ。業界環境がどれほど厳しいときでも、リーダーにはどうしてもしなければならない仕事が二つある。一つは、心理的安全性をつくって学習を促進し、回避可能な失敗を避けること。もう一つは、高い基準を設定して人々の意欲を促し、その基準に到達できるようにすることだ。高い基準の設定は、マネジャーのきわめて重要な仕事である。価値ある目的を共有し、明確にし、絶えず強調することもまた然りだ。

本章では、次の点を胸に刻み込んでおいてほしい。簡単に模倣できる製品・サービスを念入りにチェックしたところで、それによって卓越することは、今日およそどんな職場でも不可能だ、と。ナレッジワークにおいては、秀逸さを手っ取り早く測定することはできない。より端的に言えば、人々が達した基準が本当に最高の基準だったのかどうかを判断することは、ほぼできない。あるプログラムの結果が明らかになるには時間がかかるし、優れたプロセスを確実に評価することは難しいのだ。言い換えるなら、今日のリーダーが最高の仕事をするよう人々の意欲を高めるためには、人々の情熱をかき立て、コーチングし、フィードバックを与え、さらに、秀逸であることにやりがいを感じられるようにしなければならない。情熱をかき立てることとコーチングすることは、どちらもすでにかなり注目されている。この章ではぜひ、次のことをみなさんに知ってもらいたい。二一世紀においては、難題や懸念やチャンスについて安心して率直に話し合える環境をつくることが、リーダーの特に重要な責任なのだ、と。

第1章のポイント

- 人々は職場で、意識的にも無意識にも、対人関係のリスクに絶えず対応している。そして、アイデアや疑問や懸念を率直に話し合うのを制限してしまっている。
- 人々が率直に発言できない場合、組織の革新・成長する力が脅かされている。
- 心理的安全性とは、率直に発言したり懸念や疑問やアイデアを話したりすることによる対人関係のリスクを、人々が安心して取れる環境のことである。
- チーム、部署、支社など社内グループのリーダーは、心理的安全性をつくるうえで重要な役割を果たす。

第2章
研究の軌跡

CEOとして最も恐れるのは、社員が真実を話そうとしないことだ[1]
——マーク・コスタ

二〇一八年四月下旬のある日、イーストマン・ケミカルのマーク・コスタCEOは、ハーバード・ビジネススクールで、教室を埋め尽くすMBAの学生に向かって話をしていた。学生たちはきわめて熱心に耳を傾けていた。コスタの堂々たる態度もエネルギーも、さらには、みずからの知見を学生に話すために時間を割いていること自体も、これ以上ない「手本」だったのだ。同スクールの卒業生であるコスタは、戦略コンサルタントとして長年活躍し、その後イーストマンの幹部となり、のちに昇進して同社を率いることになった。CEOになって四年目の今は、この会社——テネシー州キングスポートに本社を置く、一〇〇億ドル規模のグローバルな特殊化学品製造企業——を率いるチャンスと責任の両方を存分に楽しんでいた。コスタのリーダーシップのもと、コモディティー化した製品ではなく革新的な特殊製品によって生み出される売上げは、会社に対して打ち出した重要な戦略的目標どおり、着実に伸びた。それに応じて、財務実績も向上した。これだけのことを成し遂げるためには、世界各地にいる一万五〇〇〇人の社員の専門知識、アイデア、それに市場に関する知識を活用することが必須だった。

卒業と新たな仕事を目前にしている学生らのために、コスタは、ビジネススクールを卒業して四半世紀の間に得た学びをじっくりと振り返った。本章冒頭で引用したとおり、彼は――多くの学生が驚いたにちがいないが――こう述べた。CEOとして最も恐れるのは今、本当は何が起きているのかがわからないことだ、と。よくても悪くても、不愉快でも失望させられても、とにかく真実を知りたいと自分が思っていることを、なんとかして従業員にはっきり示そうとしたという。彼は学生たちに次のような話もした。リーダーは「進んで自分をさらけ出し、自分の過ちについて率直に話さなければならない。そうすれば、社員も安心して」自分の過ちを話すようになる、と。[2] 思い上がる危険性に触れて、こんなことも述べた。「もし、自分はすべての答えを知っていると思うなら、辞職しなければならない。きっと道を誤るからだ[3]」

今日の組織にとって、心理的安全性は「あったほうがいいもの」ではない。無料のランチや娯楽室のような、職場で快適に過ごしてもらうために設ける従業員特典でもない。心理的安全性は才能を引き出し、価値を創造するためになくてはならないものだというのが、私の考えだ。優秀な人材を雇うだけでは、もはや十分とは言えない。職場は、人々が才能を活かすことができるし、積極的に活かそうと思う、そんな場でなければならないのだ。ナレッジ（知識）が必要なあらゆる組織、とりわけ、多様な専門知識を統合する必要のある組織において、心理的安全性は成功の必須条件である。つまり、企業がイノベーションと成長のためにナレッジと協力を当てにしている場合、心理的安全性の構築に投資するかどうかについて、もはや選択の余地はない。マネジャーは皆、マーク・コスタの例に倣う必要があるのだ。

特典などではない

不安定性（volatility）、不確実性（uncertainty）、複雑さ（complexity）、曖昧さ（ambiguity）、すなわちVUCAに直面しているあらゆる企業にとって、心理的安全性は最終的な収益に直結している。なぜなら従業員の指摘、疑問、アイデア、懸念は、市場と組織で起きていることについて重要な情報をもたらすからである。これに、今日ではダイバーシティ（多様性）、インクルージョン（包摂）、ビロンギング（自分らしさを発揮しながら組織に関われる心地よさ）が職場で重視されてきていることを加味すれば、心理的安全性の構築がリーダーのきわめて重要な責務であることは明らかだ。従業員が貢献、成長および学習、協力できるかどうかは、心理的安全性によって左右されるのである。

心理的安全性に対する研究者の関心度を知るには、有力メディアにおけるこの言葉の使用頻度が一つの指標になる。心理的安全性への関心の度合いを測るために、私はグローバルな記事検索サービス、ファクティバ（Factiva）を使って新聞、論文、ブログをはじめ各報道機関で、この言葉がどれくらい使われたかを調べた。その結果が、図2・1のグラフだ。「心理的安全性」と類似の表現（「心理的に安全」など）が一九九〇年以来、一年に何回使われたかが示されている。

グラフには、言及される回数が近年増えていることが示されている。これは、新しいことや困難なことをしようとするあらゆる環境で、心理的安全性が重要だという認識の高まりを反映しているのではないだろうか。会社でプロジェクト・チームを率いるにせよ[5]、病棟で患者の治療をするにせよ[6]、あるいは、ピッチでクリケット・チームを監督するにしろ[7]、学校で子どもに教えたり助言したりするにしろ[8]、はたまた不正行為について声をあげるよう皆を促すにせよ[9]、火星(!)に行くにせよ[10]、心理的安全性はさまざまなチームや組織でコミュニケーションを図り、協力し、試し、仲間の幸せを確実にするために、絶対に不可欠なのである。

研究者の関心の高まりは、チームの心理的安全性という考え方と基準を紹介するある論文が、その後の研究で引用されている事実にも表れている[11]。図2・2に示すとおり、その論文は繰り返し引用され、実のところ、一九九九年に発表されて以来、引用回数が毎年増え続けているのだ。これは、心理的安全性という変数に関心が集まっていることを、学術研究が端的に証明していると言える。

この章では、二〇年間の研究でわかった心理的安全性の有益性に関して、そのエビデンスを注意深く検討する。そして、第2部で紹介する心理的安全性の高い職場と低い職場についての

図 2.1　有力メディアにおける心理的安全性についての言及[4]（1990 年～ 2017 年）

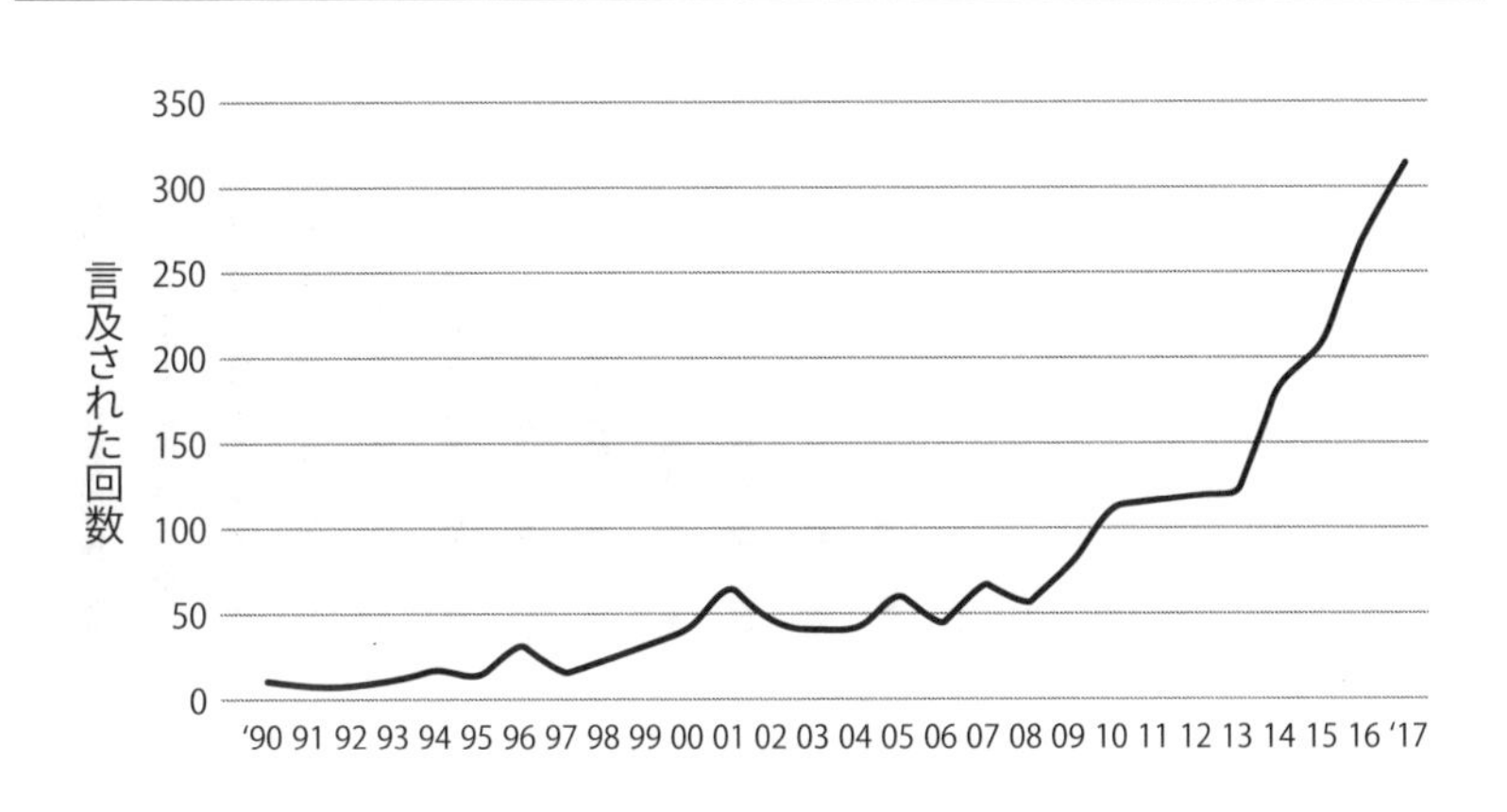

現実世界のストーリーへ向けて、基盤をつくる。過去二〇年以上にわたって、学者やコンサルタントや会社関係者は何十もの綿密な研究を発表し、さまざまな業界での心理的安全性の効果を明らかにしてきた。私は、そのなかで特に注目すべきものをお話しすることによって、現代の職場における心理的安全性の重要性を、読者の皆さんに確信してもらいたい。本書の考えとストーリーに、データによる裏付けがあることを知って、多くの読者に、このナレッジに基づいて行動しようと思ってもらえたら幸いである。

調査研究

私は研究仲間とともに、心理的安全性に関する学術文献を詳しく検討した。結果、驚くほど多くの文献を検討することになった。心理的安全性が検証された場の多様さにも、目を見はった。研究は企業、政府機関、非営利団体、学校組織、病院、教育現場で行われており、心理的安全性に対して、分野に関係なく関心が高まってきていることがはっきり見て取れた。

図 2.2　チームの心理的安全性を提唱する 1999 年の論文の引用回数[12]　（2001 ～ 2017 年）

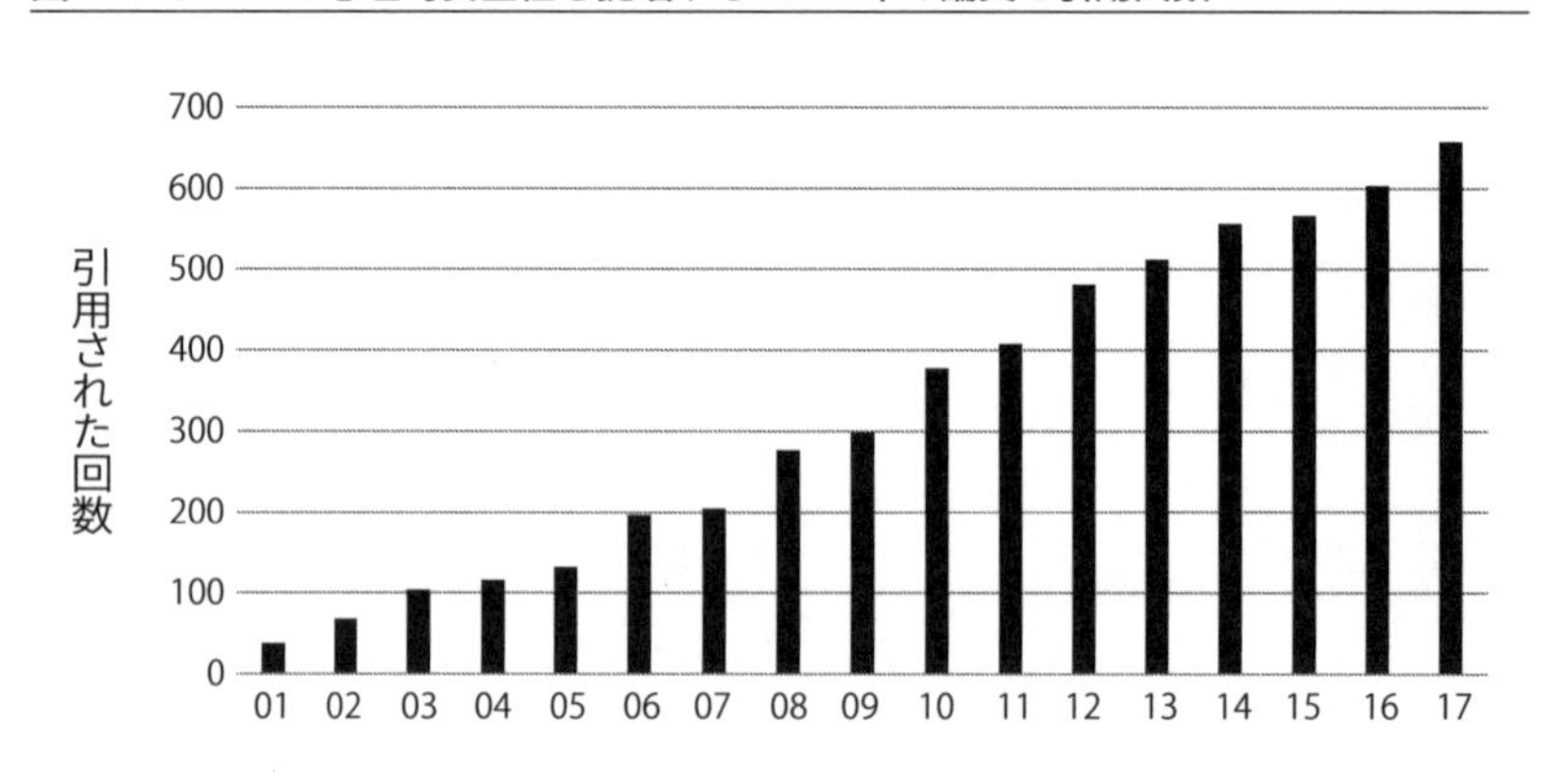

一〇〇を超す論文を読んだ私たちは、心理的安全性の重要性を示すエビデンスを数多く見出した。心理的安全性はたしかに、従業員がミスを報告することから[13]会社の投資利益率まで[14]、重大な結果を左右する。残念ながら、心理的安全性が欠けている職場が多いことも、研究は明らかにしている。そういう職場は、複雑で不安定な世界での成功に不可欠なもの——従業員の声、エンゲージメント、学習——から、みずからを切り離してしまっているのだ。

私は論文を、内容別に五つのグループに分けた。グループ1には、心理的安全性が多くの職場でどの程度欠けているかを明らかにする論文を集めた。グループ2は、心理的安全性と学習の関係を研究するものであり、最も多くの論文が集まった。このグループの論文では、心理的安全性がほかの何より創造力、ミスの報告、ナレッジの共有、さらには、変化の必要性を見抜いたりチームや組織が変化を起こしやすくしたりする行動に結びついていることを示すエビデンスを確認できる。次いで、グループ3の論文には心理的安全性とパフォーマンスとの関係を、グループ4の論文では、心理的安全性と従業員エンゲージメントとの建設的な関係を見ることができる。

最後に、グループ5は研究者の言う「調整変数研究」を包括している。心理的安全性があれば、チームのなんらかの特徴とある結果（チームパフォーマンスなど）との関係が変わるというのだ。たとえば多様な専門性という特徴を持つチームなら、メンバーはどのように仕事をするのが効果的かを理解するよう求められる。同様に、メンバーが複数の地域に配置されているという特徴を持つチームなら、協調できるよう努力する必要があるかもしれない。研究によって、心理的安全性があれば、そのような難題にチームが対処しやすくなることが明らかになっている。考えをはっきり述べたり、質問したり、仕事をやり遂げるのに必要な支援を互いに得たりできるときのほうが、人々は分野の多様性や時差を越えて協力し、障壁を克服する可能性が高いのだ。

1 蔓延する沈黙

尋ねたいのに尋ねられなかったという経験を、おそらくあなたは職場でしたことがあるだろう。あるいは、アイデアを提供したかったのに黙っていたことがあるかもしれない。複数の研究によれば、このタイプの沈黙が当たり前のように起きているという。成人就業者へのインタビューから得たデータを分析した論文で、人々が職場で意見を言えないと感じるのがいつか、そしてなぜなのかが論じられている。その論文からまずわかるのは、人は、言いたい内容が組織や顧客、あるいは自分自身にとって重要だと思われるときでさえ、黙っている場合が多いということである。

こうしてみると、なんとも悲しい。沈黙して得をする人は、誰一人いないのだ。チームは、有用な意見を知るチャンスを失う。考えを口にできない人たちは、しばしば後悔や苦痛を訴える。率直に言えばよかったと嘆く人もいる。もっと貢献できたら仕事へのやりがいと意味が増すのにと思う人もいる。同僚の意見を聞くことがなくなっている人たちは、自分が何を聞き損ねているか、気づいていないかもしれない。だが実は、問題が報告されないままになり、改善の機会を逃し、ときには、回避できたはずの悲劇的な失敗が起きてしまっているのだ。

職場での沈黙について、早くに行われた研究の一つを見てみよう。ニューヨーク大学でマネジメントを研究するフランシス・ミリケン、エリザベス・モリソン、パトリシア・ヒューリンが、コンサルティング、金融サービス、マスコミ機関、製薬、広告の各社に勤めるフルタイムの従業員四〇人にインタビューを行った。従業員が職場で考えをはっきり言わない理由と、どんな問題が最も提起しにくいかを知るためである。[15]口を閉ざす理由として多いのは、悪い印象を与えたくないから、だった。誰かを困らせたり怒らせたりしたくないからという答えも、同じくらい多かった。なかには、伝えたところで無駄と言わんばかりに、「どのみち大した問題じゃない。いちいち言う必要がどこにある?」と答える人もいた。仕返しが怖いと答える人も、少数ながらいた。だが、口を閉ざす理由のトップ2は、悪印象を持たれることへの不安と、仕事上の人間関係が悪くなることへの不安だった。これらの不安は、心理的安全性の反対と定義されるものであり、フィアレスな組織には存在しないものである。

従業員が意見を言いたいと思う問題には、組織に関するものと個人に関するものがある。テーマは多岐にわたり、ハラスメント、上司の能力、ミスをしたことなど、提起しにくいのが無理からぬ問題もある。だが驚くべきことに、業務プロセスを改善する提案であっても、人々は言おうとしない。つまり、あとでより体系的にお話しするが、人々は職場で、悪印象を与えたり恥をかいたりするかもしれない内容について口を閉ざすだけでなく、改善につながるアイデアさえも言わないのである。インタビューを受けた全員が、少なくとも一度は、考えを言えなかった経験があると回答した。なんらかの問題について深く懸念していながら上司に言えないという状況に、いつの間にかなってしまっていたのだった。

のちに、ある製造会社で行われたより大規模な研究では、沈黙する同様の理由が、調査データによって確認された。[16]率直な発言を安心してできない従業員は、その理由として、人間関係を損ねることへの不安や、自信のなさや、わが身のかわいさなどを挙げたという。あるいは、こんな研究もある。社会心理学者のレニー・タイナンが、ビジネススクールの学生を対象に、元上司との関係を調べた。そして、彼らが上司に考えを伝える（あるいは伝えない）場合と理由が明らかになった。それによれば、心理的に安全だと感じている場合、人々は上司に考えを伝えた。また、対人関係のリスクがあっても、支援を求めたり失敗を認めたりすることもできた。逆に、心理的に安全だと感じていない場合には、上司を怒らせないよう、何も言わなかったり内容を歪曲したりした。

数年前、バージニア大学のジェームズ（ジム）・ディタート教授と私は、ある大手多国籍ハイテク企業で二三〇人を超える従業員にインタビューをした。[17] そして、地域も職位も職務もさまざまな彼ら従業員に、自分より地位の高い人（マネジャーなど）に職場で率直に話した、あるいは話さなかった例を挙げてもらった。やはり全員が、重大だと思う問題なのに率直に話せなかったときのことを、すぐに思いつくことができた。ジムと私は、人々が率直に話そうと思う原因は何か、また、おそらくこちらのほうがより重要と思われるが、言わないでおこうと思う原因が何かを突きとめるために、数千ページにわたる膨大な回答を詳細に調べた。

アメリカの工場に勤める製造技術者の例をお話ししよう。彼は、生産工程のスピードアップに関するアイデアを話すことができなかった。理由を尋ねると、彼はこう答えた。「子どもたちが大学に通っているんです」。聞いた瞬間は、脈絡のない答えに思える。だが、彼の言わんとするところは明らかだった。「率直に話すなんて、そんな危ない真似はできない。仕事を失うわけにはいかないからだ」。率直に発言したために職を失った人の話を聞けることを願いながらインタビューを続ける私たちに、彼は、本当はそれじゃ駄目なんでしょうけどと言った。文字どおりには、こう述べた。「でも常識でしょう、誰とも絶対に衝突しちゃいけないなんてことは」。彼は皮肉を言っていたのではなく、よいと思う考えを持っているのに波風を立てまいとして黙っているのはおかしいと認めていた。おかしいということを、心の奥深くで理解していた。だが、沈黙の引力は、――上司が人がよく、威圧的な態度を取っているつもりがないときでさえ――きわめて強くなる場合がある。人々は職場で、「転ばぬ先の杖」という、それとなく教え込まれた考え方をつい、してしまう。学校教育やトレーニングを受け始めた頃に教わったそういう考え方を、多くの人がなんとなく手放せずにいるのだ。落ち着いてよく考えたら、あまりに用心しすぎだと気がつくかもしれない。だが、そのように考えるよう促されるのは、まれだ。

最終的に、私たちは職場で率直に話すことについての、ほとんど常識になっているいくつかの信念を見つけた。そして「発言についての絶対的信念」と名づけた。表2・1にまとめているとおり、いずれも基本的には、組織の上位の人に意見を言うのが適切な場合と適切でない場合についての思い込みである。ある会社から得たこれらの「絶対的信念」を吟味するために、ジムと私は、他のさまざまな会社のマネジャーを対象に、ビネット（具体的に描写された場面や状況）調査を行った。架空のビネットは、人々がいつどんな場合に、発言するかどうかを決める際の特定のルールを使うのかが明らかになるよう構想した。たとえば、あるビネットでは、部下が重要な修正について上司に話したいと思っているという設定にした。別のビネットでは、上司の上司もその場にいた。さらに別のビネットでは、上司だけがいる設定だった。私たちが調査したマネジャーたちは、上司の上司がいない場合に、修正を指摘する傾向が著しく強くなることがわかった。

一般に、発言に関してそのような思い込み（当たり前になっているルール）があると、高い生産性やイノベーション、あるいは従業員エンゲージメントの実現が難しくなってしまう。また、言うまでもないが、悪いニュースはヒエラルキーの上のほうには伝わらない。ただ、調査してわかったこととして、人々は職場で「転ばぬ先の杖」の姿勢を強く持ちすぎているために、悪いニュースだけでなく素晴らしいアイデアまでも言わないのが当たり前になってしまっている。ジムと私が「発言と沈黙の非対称性」と呼ぶものを、彼らは直観しているのである。どのような思考がおのずと働いて、発言を支配するかを考えてみよう。表2・2に示すように、発言するためには努力が必要であり、ここぞというときにもしかしたら効果を発揮するかもしれない（発揮しないかもしれない）。残念ながら、多くの場合、効果が表れるには時間がかかり、成果なく終わる場合も少なくない。一方、沈黙すべきであることは本能的に悟るものであり、そして安全をもたらす。自分の身を守るという効果を発揮し、その効果はただちに、かつ確実に得られるのである。

発言と沈黙の非対称性に関する考え方は、この言葉によっても表現されている――「沈黙していたために解雇された人は、これまで一人もいない」。安全第一で行こうとする本能は強力だ。組織の人々は無意識に、対人関係のリスクを取らない。聖域に足を踏み入れるなど御免被る。黙っていれば安全であることは一〇〇パーセント確信できるが、発言して確実に成果を得られるかどうかは自信が持てない――チームワークなど、とうてい望むべくもない。

「発言についての絶対的信念」には、悪い知らせだけでなくよい考えについてさえ、人々が言わない理由を説明するものもあった。現行のシステムあるいはプロセスには問題があると、もしやんわりとでも伝えたら、組織の上位の人を侮辱することになりかねない。それが不安だから言わないというのだ。もし、現在のシステムが実質的に上司の宝物だったらどうだろう。なんらかの変更を

表 2.1　職場における、発言についての当たり前になっているルール

発言するか黙っているかを決める際の、当たり前になっているルール	インタビューで聞いた具体例
上司が手を貸した可能性のある仕事を批判してはいけない。	「これは本質的にリスクがある。私が、問題ありとして指摘しようとしている仕事に、上司が愛着を持っているかもしれないからだ」 「このプロセスを考案したのは上司かもしれない。もしそうなら、思い入れがあるために、気を悪くするかもしれない」
確実なデータがないなら、何も言ってはいけない。	「検討・検証し切れていない考えを述べるのは、絶対によくないと思う」 「アイデアに疑問を呈する場合は、疑問を裏付ける証拠がなければならない」
上司の上司がいる場で意見を言ってはいけない。	「上司の上司がいるときに意見を言うのは危険だ。上司に、自分を飛び越えて話をしているように感じさせてしまいかねない」 「[上司の上司に意見を言ったら、] 上司は自分をないがしろにしている、反抗的だと思うだろう」
ほかの社員がいるところで仕事についてネガティブなことは一切言ってはいけない。上司の面目をつぶさないためだ。	「マネジャーは人前で追いつめられるのを嫌う。マネジャーに対しては、事前に一対一で要点を伝えておき、他の社員の前で恥をかかせないようにするに限る」 「情報は、他の社員のいないところで真っ先に上司に伝えるべきだ。そうすれば、上司の面目をつぶさずにすむ」
率直に意見を述べることはキャリアに影響する。	「プロジェクトを中止したり批判したりすると、わが社では出世できなくなる」 「長期的な結果が思わしくない。[上司が] 返答に窮するようなことがあるとすぐ怒るからだ」

提案すれば、上司の宝物をお粗末呼ばわりすることになりかねない。そのため、黙っているほうがいい、となる。

発言についてのこうした当たり前になっているルールに異議を唱えられないことによって、この特定の会社（皮肉なことに、その成功は従業員の専門知識とアイデアにかかっていた）の世界各地にいる従業員は、仲間からアイデアと発想力を奪っていた。そして、自分自身もまた、アイデアと発想力を発揮できなくなっていた――みずからのアイデアに基づいて行動し、変化を生み出すチャンスという喜びを逃していたのである。彼らは、学習する組織をつくる手助けをする代わりに、出社して自分の仕事をするだけになってしまっていたのだった。

2 学習を後押しする職場環境

職場において人々が発言するより沈黙することを選ぶという傾向に確かな裏付けがある点を考えると意外に思えるが、慎重な扱いを要する、あるいは人間関係を脅かしかねない内容について意見を述べた経験は、およそ誰もが持っているだろう。そ

表 2.2　発言するか沈黙するかの計算で、沈黙が勝ってしまう理由

	効果を実感する人	効果が表れるとき	効果の確実性
発言する場合	組織または顧客（あるいは両方）	少しあと	低い
沈黙する場合	自分	今すぐ	高い

こにはきっと、心理的安全性がある。ますます多くの論文で述べられているとおり、心理的安全性を職場につくることは可能だ。そして実際につくられると、人々は率直に考えを述べ、アイデアを提供し、ミスを報告し、私たちが「学習行動」として分類する行動をいっそう多くするようになる。

失敗から学ぶ

ベルギーの四つの病院で行われた研究を例にとろう。ハネス・ルロイ率いる研究チームは、看護師長たちがどのようにして、看護師にミスを報告させると同時に、安全性に対する高い基準を設定しているのかを調査した。[18] 最高の質の（おそらくノーミスで）仕事をする一方で、してしまったミスについて進んで話すよう求めるのは、難しい仕事だ。ルロイと研究者たちは、五四の部署の看護師を対象に調査を実施し、一連の相関因子を測定した。その因子とは、心理的安全性、ミスの報告、実際にしたミスの数、そして、部署として患者の安全をどれくらい優先しているか、看護師長は安全手順を実行しているかについての看護師の考えであった。

ルロイは、心理的安全性が高いグループのほうが、看護師長に多くのミスを報告していることを見出した。それは、私が大学院時代に医療ミスの調査で得た結果と一致する。[19] さらに驚くべきことに、患者の安全が部署内で特に優先されていると看護師が思い、なおかつ心理的安全性が高いグループのほうが、ミスの数が少なかった。対照的に、患者の安全に全力を尽くすという部署のモットーに納得してはいるが、心理的安全性が低い場合、看護師はより多くのミスをしてしまっていた。

つまり、心理的安全性の高いチームのほうが、ミスが少なく、してしまったミスについて率直に話す頻度が高かったのである。今では、同様の状況で次のこともわかっている。仕事が複雑で相互依存していることを誰もが明確に認識し、そのうえで優れたリーダーシップが発揮されると（安全と率直さを重視する姿勢を看護師長がみずから示すなど）、グループが心理的安全性をつくりやすくなる。すると、現代の病院において患者ケアの質を確保するのに不可欠な、率直な発言ができるようになるのである。

質の向上――ラーン・ホワットとラーン・ハウ

およそすべての組織が、質を向上させたいと思っている。なかでも病院は、数え切れないほどある患者ケアのプロセス改善に、腐心し続けている。病棟の責任者が、心理的安全性の構築に必要な条件をつくり出すか、それとも、改善プロジェクトに取り組むようスタッフに命じるかで、違いが生じるのだろうか。

私は、ペンシルベニア大学ウォートン校のイングリッド・ネンバード教授、ボストン大学のアニタ・タッカー教授とともに、北米にある二三の病院で行われた、新生児集中治療室（NICU）の医療の質向上（QI）プロジェクトを一〇〇以上、調査した。[20] QIチームメンバーに、治療室のプロセス向上のためにとった行動を報告してもらったところ、それらは顕著に違う二つの学習行動に分けられることがわかった。すなわち、「ラーン・ホワット（learn-what）」と「ラーン・ハウ（learn-how）」の二つである。「ラーン・ホワット」は自主的な行動が中心であり、たとえば、医学文献を読んで最新の研究結果を把握するなどの行動が挙げられる。これに対し、「ラーン・ハウ」はチームベースの学習であり、知識を共有したり、提案したり、よりよいアプローチをブレーンストーミングで話し合ったりといった行動を指す。

私たちが関心を引かれたのは、心理的安全性があればラーン・ハウの行動（対人関係のリスクを伴う行動）が増えると予測されるが、ラーン・ホワットの行動の特徴、すなわち、より自主的な行動と心理的安全性には、統計的関係が全くないことだった。この結果によって、心理的安全性があれば、対人関係のリスクを克服してラーン・ハウの行動をとりやすくなり、そのため学習が促進されることがはっきり証明された。驚くことではないが、学習が一人でできるもの（本を読む、オンラインで授業を受ける、など）の場合、心理的安全性は不可欠ではない。以上の結果は、心理的安全性がかつてはそれほど重要でなかった理由の裏付けにもなる。昔は、上司のために手紙をタイプで打ったり、外科医に適切な外科用メスを渡したりといった、明確に定義された仕事が主流だったのだ。

次善の策を減らす

アニタ・タッカーは、二〇〇〇年代初めに看護師を対象にして素晴らしいフィールドワークを行い、そのなかで「次善の策」という現象を特定した。これは問題にぶつかり、命じられた仕事を遂行できそうにないときに、人々が職場でする近道のことである。[21] 次善の策を用いれば、当面の目標は達成できる。ただし、近道することになったそもそもの原因である問題を、診断したり解決したりする役には立たない。

次善の策が厄介なのは、とりあえずうまくいってしまうことだ。だが、仕事を片付けられたように見えるものの、その際、巧妙に新たな問題を生み出してしまう。まず、次善の策は、思いも寄らないリスクや問題を、ほかのところで生み出す可能性がある。例として、必要なもの（たとえば、病棟のシーツ）の不足という事態にぶつかったとしよう。看護師は、別の病棟でシーツを見つけ、自分の必要なものを手に入れる。しかしその病棟の看護師たちが、あとでシーツ不足の問題に直面することになってしまう。また、次善の策は、プロセス改善を遅らせたり邪魔したりする。次善の策をとるきっかけとなったそもそもの問題は、システムやプロセスを変える必要性を示すちょっとしたサインだったかもしれない。だが次善の策は、問題を回避し、それによってサインの声を黙らせる――目の前の仕事を、長い目で見れば何の役にも立たないやり方で片付けてしまうのである。もっとも、全病棟に適うシーツの供給システムを新たに考案するというのは、他の病棟と連携して取り組む必要があるため、看護師たちにとって、おいそれとできることではない。

次善の策がとられるのは、システムを改善するための意見を、安心して述べたり提案したりできないときである。実は、ジョナソン・ハルビズレブンとシェリル・ラザートも病院を対象にした調査を行って、がんの治療に際し、心理的安全性が低いチームのほうが次善の策を多く用いる一方、心理的安全性の高いチームでは、二度と同じ事態が起きないよう、問題の診断および問題を引き起こしたプロセスの改善のほうに集中していることを見出した[22]。ハルビズレブンとラザートは、プロセスを改善したいと思う組織にとって心理的安全性が重要である証拠も、調査によって新たに見出した。心理的安全性があれば、問題について率直に話すことや、作業プロセスを変えたり改善したりすることがたやすくなり、望ましくない結果しか生まない次善の策を講じることがなくなるというのだった。

プロセス改善プロジェクトについては、ある製造会社でも調査が行われ、心理的安全性が高いほうが、よい結果を得られることが突きとめられた。研究者たちは、総合的品質管理（TQM）を実施している五二のプロセス改善チームを対象にした。そして、高度に構造化されたプロセス改善テクニックを使っているときでさえ、対人関係に関する風土が成功にとって重要であることを見出した。[23]

自信があまりないときに知識を共有する

建設的な考えについて率直に話すのは、ミスのことを話すより簡単だと、あなたは思うかもしれない。では今、あなたは職場にいて、自分の考えは建設的だ、あるいは注目に値するという自信を九五パーセント持っているとしよう。あなたは多分、何ら苦労することなく発言できるだろう。では、やはり職場にいるが、自分の考えに四〇パーセントしか自信がないと想像してみよう。多くの人は躊躇し、同僚が受け容れてくれるかどうか状況をうかがおうとするだろう。つまり、述べようと思う事柄の価値や正確さに大いに自信があるときには、さっと口をひらいて発言する可能性が高い。だが、考えや知識にあまり自信がないときは、尻込みしてしまうかもしれないのだ。

ミネソタ大学のエンノ・シームセン教授らは、数社のメーカーおよびサービス企業を対象に、きわめて説得力ある研究を行い、自信と心理的安全性の間にある大変興味深い関係に気がついた。[24]予想に違わず、自分の知識に自信があればあるほど、人々は率直にその知識について話をした。

面白いのは、心理的に安全な職場では、人々が自信のなさを克服しやすくなることである。つまり、職場が心理的に安全なら、自信があまりなくても話せるようになるのだ。ある人の自信と考えの価値とに必ずしも強力な関連があるわけではないとなれば、知識の共有を促進するうえで、心理的安全性の有効性は絶大だと言える。また、ともに働く人々の間でコミュニケーションを密にすることも、心理的安全性を生む。つまり、互いに話をすればするほど心地よく話せるようになるのである。

3　心理的安全性がパフォーマンスにとって重要である理由

心理的安全性がパフォーマンスを高める理由を理解するために、まず、今日の組織では大半の仕事がどのような性質を持っているかをあらためて考えてみよう。機械的で予測可能な規格化された仕事が減り、判断、不確実性への対処、新たなアイデアの提案、他者との協力とコミュニケーションが欠かせない仕事がいよいよ増えてきている。つまり、率直に発言することは、もはや不可欠である。そのため、他と全く関連のない独立した作業やルーチンを除くすべての仕事にとって、心理的安全性と、人々がどこまでも秀逸であろうとすることには、切っても切れない関係がある。

一九九〇年代に、私はあるメーカーで販売、製造、新製品開発、経営など五〇のチームについて研究を始めた。目標は、心理的安全性と学習行動の関係を実証することである。研究を進めつつ、私はパフォーマンスを測定した。方法は次の二つだ。一つは自己報告、つまりチームメンバー自身にチームのパフォーマンスを一～七段階で内々に評価してもらった。もう一つは、少し客観的だった。チームの仕事を評価するマネジャーに、各チームのパフォーマンスを同じく一～七段階で、仕事を引き継ぐ（社内）顧客とともに、完全に内密に評価してもらったのである。うれしいことに、心理的安全性のあるチームはパフォーマンスも高いことが、データによって示された。二つどちらの方法であっても、であった。[25]

研究者のマーカス・ベーアとマイケル・フレーゼは、なぜ心理的安全性がパフォーマンスにとって重要なのかという問いを、次の分析レベルへ引き上げた。ドイツの中規模企業（製造業とサービス業、合わせて四七社）の実例において、心理的安全性が会社の業績を伸ばすことを示したのである。業績は、二つの方法で測定された。総資産利益率の経時的変化（総資産利益率が一定レベルに保たれているかどうか）と、会社の目標達成度を幹部がどのように評価しているかである。[26]どの会社も、プロセス・イノベーションに取り組んでいた。ただ、その取り組みが業績の伸びにつながるのは、組織として心理的安全性を構築しているときだけだった。つまり、プロセス・イノベーションは会社の業績を伸ばすのに適しているが、その投資が結果を出すには、心理的に安全な環境の後押しが必要なのである。

心理的安全性とイノベーションの関係も、研究から明らかになっている。たとえば、チ・チェン・ハンとピン・チェン・ジアンは、台湾のテクノロジー企業数社で六〇の研究開発（R&D）チームの二四五名から調査データを収集し、心理的に安全なチームのほうがパフォーマンスが高いことを突きとめた。[27]彼らによれば、心理的安全性がない場合、チームメンバーは拒絶されたり恥をかいたりするのではないかという不安のせいでアイデアも知識も提供しようとしなかったという。

そして、この点を強調していた。心理的安全性はR&Dチームにとって特に重要である。なぜなら、成功までに必ずリスクを取り失敗を経験することになるからだ、と。

最後に、グーグルのチームを対象に数年がかりで行われた研究（通称プロジェクト・アリストテレス）によって、あるチームが他のチームより高いパフォーマンスをあげる理由として、心理的安全性が重要な要素であることが明らかになった。これは、チャールズ・デュヒッグが、二〇一六年の『ニューヨーク・タイムズ・マガジン』の特集記事で詳しくリポートし、ブロゴスフィア（ブログのつながりがつくる世界）で広く議論されているとおりである。[28] グーグルの高度な「ピープル・アナリティクス」グループの研究者たちは、有能なチームに関する学術文献を丹念に調べた。そして、まずチーム編成を検討した。編成は、チームについての研究で昔から重視されてきた変数だ。有能なチームのメンバーは、やり遂げることを期待されている仕事にぴったり合うスキルを持っているのかどうか。そこがポイントになる。

ジュリア・ロゾフスキ率いる研究者たちは全社の一八〇のチームについて分析し、メンバーの学歴、趣味、友人関係、性格的特性などを詳しく検討した。だが、何も発見できなかった。性格的特性、スキル、経歴のどれと考え合わせても、チームのパフォーマンスとの関連の説明がつかない。なぜ成功するチームと失敗するチームがあるのかという疑問には、答えがないかのようだった。ところがその後、デュヒッグが書いているように、「ロゾフスキとグーグルの仲間たちは、学術論文のなかで、心理的安全性という考えに出合った。そのとき突然、すべてのつじつまが合ったように思われた」[29]。グーグルのずば抜けて優秀で有能な社員でさえ、持てる力を確かに役立てるには心理的に安全な環境が必要であることを、彼らは突きとめた。また、ほかにも四つの要因――明確な目標、頼れる仲間、個人的に意味のある仕事、その仕事に影響力があるという信念――が、チームのパフォーマンスに影響することを見出した。しかしながら、ロゾフスキが述べたように、また、第1章の冒頭で引用したとおり、「心理的安全性の重要性は、群を抜いている。……それは、他の四つの土台なのだ」[30]。

4　心理的安全性を得ている従業員は、エンゲージしている従業員である

エグゼクティブたちは、離職者数を予測するための重要な物差しとして、従業員満足度に長らく注意を向けてきた。だが近年は、従業員エンゲージメントに高い関心が寄せられてきている。今日、ほとんどのマネジャーが、従業員満足度は重要だが十分ではないことを理解しているのである。「満足」とは、従業員が楽しんでいる、あるいは不足を感じていないという意味であり、仕事への感情的コミットメント、つまり、いい仕事をすることに全力投球する意欲を表してはいない。一方、仕事への情熱と組織へのコミットメントの程度と定義される「エンゲージメント」は、自発的に仕事に取り組む熱心さの指標と考えられる。従業員エンゲージメントについては、有効な測定が広く行われている。そして、ほとんどのエグゼクティブが、従業員エンゲージメントを、会社として高い業績をあげるためのきわめて重要な要素だと認識している。

従業員エンゲージメントについての最近の研究を見ると、心理的安全性に対する関心がうかがえる。たとえば、アメリカ中西部の保険会社で行われた調査では、心理的安全性によって社員

エンゲージメントが予想できることがわかった。続いて、心理的安全性が同僚との支援関係によって高められることも明らかになった[31]。経営陣に対する従業員の信頼と従業員エンゲージメントとの関係に重点を置く研究もある。アイルランドの六つのリサーチ・センターの研究者（リサーチ・サイエンティスト）一七〇人から調査データが集められ、経営陣を信頼していると心理的安全性が生まれ、続いてワーク・エンゲージメントが促されることが突きとめられたのである[32]。また、ドイツで働くトルコ人移民に関する調査では、心理的安全性がワーク・エンゲージメント、メンタルヘルス、離職の意志と関連していることが明らかになった。さらには、心理的安全性がもたらすよい影響は、同じ会社に勤めるドイツ人従業員より移民のほうに大きくもたらされることも突きとめられた[33]。

社員エンゲージメントが特に重要な職場は、医療機関だ。最前線で活動するスタッフは、生死にかかわる事態を目の当たりにしながら、極度の緊張と心に負荷のかかる仕事とに向き合っている。従業員がエンゲージしていない場合、安全性に関するリスクとスタッフの離職が引き起こされる。離職者が増えれば、未熟なスタッフの割合が高くなるだけでなく、採用とトレーニングにかかるコストも上がる。スタッフの離職に対する専門家たちの懸念がきっかけとなり、やがて医療の職場環境の向上を、従業員を繋ぎ止める戦略とすることに関心が持たれるようになった。最近のある論文によれば、都会の大病院で臨床スタッフを対象に行われた調査から、心理的安全性が組織へのコミットメント、および患者の安全に関連していることが突きとめられたという。従業員が問題について安心して話せる職場環境は、医療においては特に重要だ。そういう環境であれば、人々は安全な医療を提供できると感じ、仕事にエンゲージし続けやすくなるのだ[34]。

5 特別な構成要素としての心理的安全性

五番目にして最後の論文グループでは、他の変数同士の関係の強さを変える際に、心理的安全性が果たす役割にスポットが当てられている。これらの論文では、心理的安全性が(統計学的な用語を使えば)調整変数として作用し、他の関係を弱めたり強めたりする。心理的安全性があれば、チームが地理的分散の問題を克服したり、対立を効果的に使ったり、多様性を活かしたりしやすくなることが明らかにされたのである。

地理的分散を克服する

世界各地に分散し、じかに顔を合わせたことがないかもしれないメンバーと仕事をする状況は、チームにとってますます当たり前になっている。このいわゆるバーチャル・チームが直面しているのが、そのようなチームならではの問題——電子メディアによるコミュニケーション、多様な国民文化に対する対応、時差への対処、時間の経過とともに起きるメンバーの入れ替わりへの対応といった問題だ。心理的安全性があれば、そうした難題にチームが対処しやすくなることが明らかになってきている。たとえば、ウェスタン・オーストラリア大学のクリスティーナ・ギブソン教授とラトガーズ大学のジェニファー・ギブス教授が、一八カ国に分散するメンバーから成る一四のイノベーション・チームを対象に実施した野心的な研究によると、心理的安全性があれば、各地に散らばるチームが地理的分散の問題に対処しやすくなることが突きとめられた。[35] 心理的安全性のおかげで、チームメンバーはほかの人にどう思われているかをあまり心配に思わず、率直にコミュニケーションを図りやすくなったのだった。

対立を効果的に使う

意見の衝突も、多くのチームが直面する難題だ。顔を合わせて仕事をするのであれ、世界各地に分散しているのであれ、それは変わらない。理論的には、意見がぶつかったほうが、よい決定ができるし、イノベーションも促進される。なぜなら、さまざまな意見や考え方が確実に掘り下げられるからである。だが実際には、衝突を活用できているとは言いがたい。[36] じきにカッとなったり自分の意見に固執したりしてしまい、衝突を乗り越えてよりよい仕事をするチャンスを、事実上ふいにしてしまうのだ。最近の調査によって、意見の衝突を有効に使うか、それともチーム・パフォーマンスの障害とするかを分ける要因が、心理的安全性である可能性の高いことが明らかになった。たとえば、ブレット・ブラッドリーらが一一七人の学生プロジェクト・チームを対象に行った調査では、衝突とパフォーマンスの関係が、心理的安全性しだいで変動することがわかった。心理的安全性が高ければ、衝突によってチーム・パフォーマンスが向上し、心理的安全性が低ければ、パフォーマンスも低くなるという具合である。[37] ブラッドリーらは、結果を左右するのは、恥ずかしい思いをしたりメンバーの間で個人的に対立しすぎたりすることなく、意義ある考えを述べたり批判的な討論を行ったりできるかどうかだと考えた。

おわかりのように、心理的安全性を調べる研究は、工場や病院や教育現場などさまざまな場で行われてきた。ただ、事実として、戦略的判断に全力を尽くすエグゼクティブはやはり、好奇心にあふれ、率直に話せる環境（つまり、心理的安全性）をつくろうと注力することによって、よい成果を得ている。私は、アクション・サイエンスを研究するダイアナ・スミスとともにトップ・マネジメント・チームを研究し、彼らの会話の詳しい記録を分析した。その結果、戦略的課題に立ち向かう彼ら幹部チームにおいても戦略上の意見の不一致について率直に討論できる心理的に安全な環境が生み出されうることと、それによって実り多い意思決定が可能になることが明らかになったのである。(38)

ダイバーシティから価値を引き出す

チームはたいてい、さまざまな専門知識を活用するためにつくられる。だが、多様な知識、考え方、スキルを一つにまとめるという大変な仕事が甘く考えられてしまっているケースが、あまりに多い。最近のある研究で、各種チームのチーム・パフォーマンスが心理的安全性しだいで上下することが突きとめられた。研究は、フランスの大学で一九五のチームに所属する修士課程の学生を対象に行われた。そして、多様な専門知識が集められたチームは、心理的安全性が高ければパフォーマンスも高くなるが、心理的安全性が低ければパフォーマンスも下がることが明らかにされた。(39)

最後に、人口統計的多様性（デモグラフィック・ダイバーシティ）〔性別・国籍・年齢などの多様性〕がチーム・パフォーマンスにおよぼす影響も、多くの研究によって調べられていることを紹介しよう。研究には、ダイバーシティによってパフォーマンスが向上することを示すものもあれば、ダイバーシティとパフォーマンスの関係にこれといった特徴がないことを明らかにするものもある。このように研究の結果が一致しないときは、調整変数が欠けているサインであるのがふつうだ。ここでは、心理的安全性という要因――多彩・多才なチームが多様な考え方を活用できるか否かを左右する要因――が欠けていると考えられる。実際、アメリカ中西部の中規模な製造会社で行われた調査によれば、ダイバーシティが尊重され、心理的安全性が確立されている環境のほうが、仕事により自発的に取り組まれることがわかった。この関係は、白人よりマイノリティのほうに強く見られた。つまり、マイノリティがエンゲージし、職場で評価されていると感じるうえで、心理的安全性が特に重要な役割を果たしていると考えられる。(40)

研究を実践に活かす

この章で紹介した研究は今もたゆまず進められ、業界に関係なく一貫した結果を得ている。そのため、心理的安全性があれば世界中の組織や国にたしかにメリットがもたらされると、いっそう確信を強めることができる。心理的安全性は、もはや学者が関心を寄せるだけでなく、およそあらゆる業界で実務に携わる人々の注意を引いている。とりわけ、グーグルでプロジェクト・アリストテレスが行われ、その特集が『ニューヨーク・タイムズ』やCNNの番組『ファリード・ザカリアGPS』で報道されると、一気に注目を集めるようになった。(41) ますます多くの専門家――コンサルタント、マネジャー、医師、看護師、エンジニア――が、心理的安全性を話題にするようになっている。だが、その重要性を裏付ける証拠を十分に理解している人はほとんどいないかもしれない。ましてや、心理的安全性が欠けている場合に自分の会社が何を失っているかについてじっくり考えたことがある人となると、さらに少ないかもしれない。

あなたがどこで仕事をしているのであれ、ぜひ心に留めておいてほしい。大事な局面で従業員が意見を言えずにいることは、見た目にはわからないのだ、と。これはその従業員がカスタマー・サービスで活躍していようと、取締役会であなたの隣に座っていようと、同じである。そして、意見を言えずにいることが見た目にわからないために、軌道修正がすぐにはできない。これは、競争の激しい業界において、心理的に安全な職場が圧倒的に優位に立つということにほかならない。

第2部の四つの章では、職場にはびこる不安（第3章、第4章）および心理的安全性の効果（第5章、第6章）が、組織のパフォーマンスと人々の安全の両方にどのような影響をもたらすかを詳しくお話しする。新旧、大小、官民、国内外を問わず二〇を超える組織の事例を紹介しよう。フォルクスワーゲンやウェルズ・ファーゴ銀行などさまざまな企業で起きた出来事を検証するときには、不安を基盤とする職場が失っているものについて直観的にわかることをお伝えする（二〇年にわたる研究によって不安が損害をもたらすことが明らかにされてなお、世界各地で当たり前のように不安を基盤にしてしまっている組織のなんと多いことか）。一方、ピクサー・アニメーション・スタジオやダヴィータ・キドニー・センターをはじめとするフィアレスな組織を詳しく検証するときには、手に入れているものを残らずお伝えしよう。

第2章のポイント

- 心理的安全性は、従業員特典などではない。ＶＵＣＡ世界で高パフォーマンスをあげるために不可欠なものである。
- 今日、心理的安全性が欠けている組織があまりに多い。
- 心理的安全性が確立されている場合には、さまざまな業界の組織において学習、エンゲージメント、パフォーマンスに素晴らしい効果がもたらされることが、二〇年にわたる研究によって明らかになっている。

第 2 部
職場の心理的安全性

第3章 回避できる失敗

私は会社に、誤った使われ方をしている気がする[1]
——オリバー・シュミット
（フォルクスワーゲンのエンジニア）

上司の考えがわかるまでは、言いたくない[2]
——ニューヨーク連邦準備銀行の監督官

二〇一五年五月、フォルクスワーゲン・グループは、無理もないことだが鼻を高くしていた。[3]前年の販売台数が一〇〇〇万台を突破したことで、世界最大の自動車メーカーの座に就いたのである。ドイツ有数の企業である同社は、二〇〇八年の世界金融危機から同国が立ち直るのに貢献していると高く評価されていた。さらに、あとからすれば皮肉と言うべきだが、同社のジェッタＴＤＩ（クリーン・ディーゼル車）が二〇〇八年ロサンゼルス自動車ショーでグリーンカー・オブ・ザ・イヤーを受賞した。七八年の歴史を持ち、一九六〇年代に代名詞的存在だったビートルによって有名になり、卓越した技術を持つことで誉れ高い。そんなフォルクスワーゲンという星は今まさに、目がくらむほどの輝きを放っていた。

だがやはり、驕れる者は久しからずである。わずか数カ月後、世界最大の自動車メーカーであるフォルクスワーゲンは、思いも寄らないスキャンダルに直面することになった。アメリカでの驚異的な販売を支えるクリーン・ディーゼルエンジンが事実上、作り話であったことが発覚したのだ。ドイツ当局が、ヴォルフスブルクにある本社に入り、有罪を示す証拠を探した。アメリカとＥＵ（ヨーロッパ連合）による犯罪捜査が始まり、何が、いつ、どのように行われたかを知る人物が突きとめられた。フォルクスワーゲンは販売を停止した。一五年ぶりとなる四半期損失を計上し、時価総額の三分の一を失った。ＣＥＯのマルティン・ヴィンターコルンは「全責任」を取って二〇一五年九月に職を辞したが、一方で「不正行為」は否定し、少なくとも九人のシニア・マネジャーが停職または休職になった。[4]

それから数年のうちに、アメリカとドイツの検察官たちは「少なくとも世界四都市で、三つのフォルクスワーゲン・ブランドに関係して」いた四〇名余りの人物を特定した。政府規制当局をだますための手の込んだ企みに関わっていた人々である。[5]「ディーゼルゲート事件」と呼ばれたとおり、このスキャンダルはつまり、合衆国内での自動車販売についてアメリカ環境保護庁（ＥＰＡ）が設けている規制を、フォルクスワーゲンが意図的に逃れていたということだった。

厳しい基準

なぜ、こんなことが起きたのか。ヴィンターコルンは、二〇〇七年にフォルクスワーゲンのリーダーになったとき、同社のアメリカでの売上げを一〇年以内に三倍にし、それによってライバルのトヨタやゼネラルモーターズを抜いて世界一の自動車メーカーになるという、明確で野心的な目標を掲げた。そんな戦略の柱となったのが、高性能と抜群の低燃費が売りの、同社のいわゆるクリーン・ディーゼル車だった。ただ、一つだけ問題があった。ディーゼル・エンジン車は窒素酸化物（NOx）の排出量がガソリン・エンジン車より多く、アメリカの環境規制に適合しないことである。フォルクスワーゲンのマネジャーでありエンジニアでもあるヴォルフガング・ハッツは二〇〇七年、アメリカ市場向けのクリーン・ディーゼル車をつくる難しさを認めて、こう述べた。「カリフォルニア大気資源局（CARB）の要求は現実的じゃない。われわれは多くのことができるし、実際やろうと思う。だが、不可能なことは、できない[6]」

その後、ハッツと仲間のエンジニアたちは作業にとりかかった。「クリーン・ディーゼル」車をつくるために書く何百万行ものソフトウエア・コードに、アメリカの厳しい排出テスト合格を目的とする命令を埋め込んだのである。仕掛けは、理論的にはとてもシンプルだった。実験室で排出テストを受けているときはタイヤが二本だけ回転し、通常の走行時にはタイヤが四本回転するという判断を下すソフトウェアを、エンジニアたちは設計・実装した。こうすれば、テスト中のディーゼル・エンジンのNOx排出量は、許容レベル内になる。本当の基準を満たしていたら、性能と燃費を犠牲にすることになり、そんな車は消費者に見向きしてもらえなくなるというわけである。そのため、車体が規制当局の検査台を離れたら、ソフトウェアの命令によって排ガス規制装置が停止した。走行中は、いわゆるクリーン・ディーゼル・エンジンが、許容量の四〇倍ものＮＯｘを大気中に吐き出していた。(7)

それからほぼ一〇年間は、うまくいっているように思われた。のちにデフィート・デバイスと呼ばれるようになるその装置によって、フォルクスワーゲンは野心的な販売目標を、計画より四年も早く達成した。(8)二〇一三年、ある国際的な非営利団体が、ウエスト・バージニア大学の代替燃料・エンジン・排ガスセンターと連携し、さらにカリフォルニアの環境規制当局も加わって、ディーゼル・エンジンの性能に関心を寄せ始めた。そして、フォルクスワーゲンのディーゼル車を含む数種のディーゼル車について、実験走行および通常走行での排ガス量と燃費を比較した。デフィート・デバイスが明るみに出るのに、大して時間はかからなかった。それから二年にわたって、アメリカ環境保護庁が明らかになったことを発表し、フォルクスワーゲンは否定したりごまかしたりしていたが、ついに不正を認めた。その後、辞任したヴィンターコルンはこう述べた。「不正行為について、私は一切知らなかった(9)」。不正なソフトウェアが搭載されたディーゼル車は全世界、フォルクスワーゲン・グループ全体で約一一〇〇万台にのぼった。

このような過ちは、どうすれば避けられたのか。五九人がいたずらに命を落とし、三〇人が慢性気管支炎になったのは、排ガス量をめぐるフォルクスワーゲンの不正行為の結果だと研究者らは述べており、せめてその責任くらいは取るべきではないかと、関係者（あるいは関係者たち）を非難せずにはいられない。

マルティン・ヴィンターコルンは、悪役のキャスティングに格好の人物だ。横柄で、細部へのこだわりが尋常でなく、完璧主義のやかまし屋として有名だったのだ。フォルクスワーゲンのあるエグゼクティブは、記者にこう言った。「いつも距離と不安と遠慮があった……彼［ヴィンターコルン］が来るか、こっちが会いに行く必要のあるときには、鼓動が速くなったものだ。よくない報告をしようものなら、大声で罵倒され、不快で屈辱的な思いを味わうことになった」。別のマネジャーはこんな話をした。塗装がわずかでも基準を超えてしまうのも、売れ行きのいい他社モデルと同じ赤の色味が出せないのも、エンジニアの責任だとヴィンターコルンは述べたという(10)。二〇一一年のフランクフルト・モーター・ショーで撮影され、YouTubeで誰もが見ることのできる映像には、ヴィンターコルンの苛立ちが表れている。運転席でのハンドル調整を無音で行うというフォルクスワーゲンが実現できていなかった技術を、二流と言われる自動車メーカーのヒュンダイが完成させていることを知ったのだ(11)。「ビスチョフ！」と、ヴィンターコルンが吠えるように言う。まるで、責任は設計チーフのクラウス・ビスチョフにあると言わんばかりに。そして、競合他社が「ゴツンという音」を取り払ったことについて、不機嫌をあらわにする。

一癖あるこの悪役の特徴を簡潔に捉えたエピソードをことさらに取り上げたが、これには理由がある。第一に、組織のリーダーはたいてい、「報告がない」のは万事が順調である証だと信じ込んでいる。ある指示を実行するのに社員が苦労していたら、声高に延期を告げる。自分の言葉は歓迎されるものと思っており、指揮命令系統に逆らって上へ悪い知らせを報告するなどできないと従業員が感じているかもしれないことを理解していない。このように周囲が見えなくなっていることは、道徳的に悪いとは言えないが、効果的なリーダーシップでもないのはたしかである。第二に、そしてこの事例に特有なこととして、ヴィンターコルンのリーダーシップは他と無関係に生じたわけではなかった。彼は、強大な力を持っていたフェルディナント・ピエヒ——フォルクスワーゲンの元会長、CEO、筆頭株主——の秘蔵っ子だったのである。優秀で先見の明のある自動車エンジニアのピエヒは、売れるデザインを完成させるには部下を恐れさせるべきだと信じて疑わなかった。クライスラーのエグゼクティブ、ボブ・ラッツが、一九九〇年代にひらかれたある業界夕食会でピエヒと話したときのことを詳しく語っている。ラッツが、フォルクスワーゲンのゴルフの新型モデルの外観デザインを称賛し、クライスラーもあやかりたいものだと述べると、ピエヒが次のような方法を説明したという。それは、心理的に安全でない環境をつくって社員をやる気にさせようとする、典型と言うべき方法だった。

コツを教えよう。私は車体設計エンジニア、スタンピング担当者、製造担当者、エグゼクティブの全員を会議室に集めた。そしてこう言った。「このボディはどこもかしこもみっともなくて、うんざりだ。六週間で世界トップレベルのボディを完成させろ。誰が何の担当かは、すべてわかっている。六週間で完成できなかったら、全員クビだからな。以上だ[12]」

フォルクスワーゲンが失速してほどなく著した本のなかで、ラッツはこう推測している。十中八九、ピエヒこそがディーゼル車の排気ガス不正測定スキャンダルの根本原因だったにちがいない。なぜなら、不安と脅しによってパフォーマンスを上げる恐怖支配および文化を生み出していたからだ、と。[13] これは極端な例かもしれないが、実を言えば、特定の目標を従業員に達成させるために権力を使うことを、多くのマネジャーが支持している。すなわち、明確なメトリクス（指標・目標数値）とデッドラインを与えるのである。目標を達成できなかった場合のマイナスの影響をはっきり理解しなければ、従業員は努力を怠るかもしれない――そんな思い込みが広まり、職場でのモチベーションについて話したり書いたりする人々はもとより、多くのマネジメント担当者がその思い込みを当然と捉えている。気づいている人はあまりいないが、不安によるモチベーションアップは、目標を達成しつつあると錯覚させるうえで絶大な効果を発揮する。だが、知識集約型の職場に創造力、適切なプロセス、必要な情熱を確実にもたらし、難しい目標を達成するうえでの効果はない。

しかしながらピエヒでさえも、ラッツが指摘したような、ディーゼルゲート事件の「根本原因」ではなかった。従業員の意欲を高める最適な方法としてCEOたるマルティン・ヴィンターコルンの信じる考えがメンターのフェルディナント・ピエヒから教わったものであるのと同様、ピエヒが信じる管理法も彼のメンター、つまり祖父のフェルディナント・ポルシェ――ビートルを開発した優秀な主任エンジニア――から教わったものだったのである。だがこのポルシェ氏も、彼に言わせれば根本原因ではなかった。仕事に関してヘンリー・フォードから強い影響を受けた彼は、一九三〇年代半ばにデトロイトへ行ってフォード社のリバールージュ工場を見学し、やがて学んだことを活かしてドイツ初となる自動車組立ラインを完成させた。[14] 当時は、製造業の歴史にとって黄金期ではあった。工場労働者の仕事の速さと正確さをアップさせる実証済みの管理テクニックとして不安と脅しが使われていたと言って、まず間違いない時代だ。有無を言わせぬ管理者の要求およびプロセス改善によって、フォードの工場と同様、自動車組立ラインの製造時間を一二時間から三時間に短縮できたとき、フォルクスワーゲンは本格的に利益をあげられるようになった。

二〇一五年のフォルクスワーゲンのディーゼルゲート事件が誰か一人、あるいは数人の性格やリーダーシップに根本原因があって起きたなどということはない。ただ、労働者の意欲を刺激する方法について、時代遅れの考え方にしがみついたために失敗したとは言えるだろう。チャーリー・チャップリンの傑作『モダン・タイムス』のワンシーンでは、不安によって意欲を刺激するという古いやり方がどんなものであるかが風刺されている。チャップリン扮する組立ラインの労働者は、ベルトコンベアに乗って流れてくるネジを締めているが、ペースを上げられず、同じ労働者に蹴られ、マネジャーには怒鳴られたりぶたれたりし、エグゼクティブにスピードを上げろと命令されるのだ。[15] 今日では、そのような方法はなおさら滑稽に思われる。現代は、単純作業がますます自動化され、ナレッジ・ワーカーはネジを締めるのではなく、協力し、さまざまなものを総合し、意思決定し、絶えず学習する、そういう時代だからである。

面白いことに、ビスチョフ（ステアリング・シャフトの音がうるさいことで、ヴィンターコルンに非難された設計者）は、この管理スタイルを支持して「言うまでもなく、［ヴィンターコルンは］何か不具合があるとカンカンになって怒った……」と記者に話し、その一方で、上司であるヴィンターコルンは社員の個人的な不運を気にしており、たいへん人間的でもあるのだと指摘することによって、そういう行動を弁護した。[16] ただ、ここで問題なのは、CEOがきわめて人間的かどうかではない。だいたい、ヴィンターコルンの「思いやり」や「気遣い」は、他者と比べて格別どうと言うレベルではなかっただろう。問題は、従業員のやる気を高めるのに最良だと彼が思っている方法であり、そうした方法が、今日の仕事にとって妥当か否かである。心理的安全性と学習との関連について現在、私たちが知っていることを考えれば、六週間で世界トップレベルのボディを完成させられなかったらマネジャーもエンジニアもクビだと脅すようなリーダーは、サイレント映画の配役にならうってつけだろう。

フォルクスワーゲンの欠陥ディーゼルエンジンが有毒ガスを出すのと同様、心理的安全性が低い環境は、そこで呼吸する全員に悪影響をもたらす。デュースブルク・エッセン大学で教鞭を執る自動車の専門家フェルディナント・ドゥーデンヘッファー教授は、「……フォルクスワーゲンには特別なプレッシャーがある」と述べた[17]。特別なプレッシャーの一因は、同社のガバナンスにおけるダイナミクスだった。ドゥーデンヘッファーによれば、ドイツの他の自動車メーカーでは監査役会が最終的にCEOを監督するが、フォルクスワーゲンの取締役会には「そのような権限が全くない」という[18]。理由は、取締役二〇名のうち、創業家であるポルシェ家の一族が五名、地方の政治家（地元での雇用を守るためなら何でもしようと思っている）が二名、そしてカタールのソブリン・ウェルス・ファンド（政府系ファンド）の代表者が二名を占めているからかもしれなかった。

知らぬ間に進行する、このような不安の文化を考えれば、克服できそうにない技術的障害（アメリカの環境試験に適うディーゼルエンジンをつくること）に直面し、会社のターゲット・ゴール（計画された目標実現のための小さな目標）を達成する解決策を考えよと迫られたときに、フォルクスワーゲンのエンジニアと規制担当者がなんとかしていい方法を見つけなければと思ったのは無理もない。だが、思いついた方法が当時どれほど巧みで利益を生むものに思われたとしても、会社の売上げと評判がどんなにうなぎ上りになったとしても、長い目で見れば実行可能な解決策でなかったことは、歴史が示すとおりである。

監査役会メンバーの少なくとも一人は、恐れず意見を述べた。従業員を代表する選出メンバー（アメリカで言えば労働組合代表）一〇名のうちの一人であるベルント・オステロフが、フォルクスワーゲンの首脳陣に手紙を送ったのだ。二〇一五年九月二四日、つまりアメリカ規制当局が同社の不正行為を明らかにした直後のことである。まるで心理的安全性の中心的理念を引用するかのように、オステロフはこう書いた。「将来的に、私たちには問題を隠さず率直に上司に話せる環境が必要です。最良の道筋について上司と議論することが可能かつ許容される文化が必要なのです[19]」

排ガス問題が起きたのち、ヴィンターコルンは社内により厳しい規則を設けて、二度とこのようなごまかしが起きないようにしなければならないと述べた。だが、より厳しい規則を設けたところで、環境保護の観点から見て安全なディーゼルエンジンをつくれたかどうか、世界最大の自動車メーカーになるという会社の目標を達成できたかどうかは定かではない。今から考えれば、そんな目標を立てること自体、首を傾げたくなる。ただ、もしエンジニアが心理的に安全な環境で働いていたら、そして、求められる条件を満たすクリーン・ディーゼルエンジンを完成させるなど無理だという「悪い知らせ」を上司に告げることができていたら、失敗せずにすんだのではないだろうか。

もしかしたら、フォルクスワーゲンの排気ガス不正スキャンダルに関して何より驚くのは、この事件が全く特異ではないことかもしれない。達成不可能なターゲット・ゴール、不安によって意欲を高めようとする指揮統制型ヒエラルキー、ミスをしたらクビになるのではないかと不安に思う従業員――そういうシナリオが、何度も繰り返されてきたのだ。理由の一つは、このシナリオが過去には有用だったからである。昔は、目標が達成可能で、進歩をじかに観察でき、ほとんどの仕事が個人単位で行われていた。そのような条件下でなら、不安と脅しによって人々に目標を達成させるのが可能だったかもしれない。だが、今日のような不安定で（volatile）不確実（uncertain）、複雑（complex）、かつ曖昧な（ambiguous）ＶＵＣＡ世界では、このシナリオがビジネスに役立つことは、もはやない。それは成功するためではなく、回避可能な、しばしば苦痛なほど注目される失敗を招くための戦術でしかないのだ。

本章のここから先では、同様のシナリオが他の三つの組織――ウェルズ・ファーゴ銀行、ノキア、ニューヨーク連邦準備銀行――で展開された話を紹介する。いずれも、心理的に安全でない文化を持っていた。その文化は、しばらくはうまくいっているように見えたが、時限爆弾のように、最終的には内側から爆発し、かつて尊敬の的だった企業の名声を台無しにしてしまった。

ストレッチ目標を伸ばす（ストレッチする）

ウェルズ・ファーゴ銀行は、かのスキャンダルで勢いを失う一年前にはまだ、最も価値の高い銀行であるとみずからを称することができた。時価総額はアメリカの全銀行で一位、そして全米のおよそ三分の一の世帯と取引があったのだ。[20] 投資情報週刊誌『バロンズ』が行った「世界で最も尊敬される企業」調査で高い評価を受けたウェルズ・ファーゴだが、その成功にほかのどの部署より貢献していたのはコミュニティ・バンキング部だった。二〇一五年には、全米にある六〇〇〇を超す地方支店が、会社の収益の半分以上を生み出していたのである。[21] コミュニティ・バンキング部は当座預金口座、普通預金口座、融資、クレジットカードをはじめとする広範な金融サービスを、個人や小規模企業に提供していた。

このコミュニティ・バンキング部は成長戦略として、クロス・セル（既存顧客に追加で他の商品を売ること）に大きく依存していた。顧客の金融ニーズすべてを満たすワンストップ・ショップになれば銀行業界で競争優位性を得られると、ウェルズ・ファーゴは考えていたのである。顧客に追加して商品を買ってもらうのを、同行は得意としていた。それどころか、CEOのジョン・スタンフは二〇一〇年の株主宛て年次書簡で、同行は「クロス・セルの王者」だと自慢した。[22] 二〇一五年には、いよいよその名にふさわしくなったように思われた。顧客一人あたりの販売商品数が、業界平均二・七一なのに対し、ウェルズ・ファーゴは六・一一だったのである。[23]

だが、ウェルズ・ファーゴにとってのずば抜けたクロス・セルは、フォルクスワーゲン・グループにとってのクリーン・ディーゼルと同じだった。従業員は、どう考えても達成不可能な目標を課せられ、不可能を可能にできなければクビだと経営陣に申し渡されていた。

二〇一六年九月八日には、何もかもが終わっていた。時限爆弾はすでに内部から爆発し、クロス・セルの王者が描いたワンストップ・ショップの夢を粉みじんにした。コミュニティ・バンキング部全体で行われていた不正な営業行為が発覚したのち、ウェルズ・ファーゴは米消費者金融保護局（CFPB）および二つの規制機関に対し、一億八五〇〇万ドルを支払うことを発表した。翌月、ジョン・スタンフは辞任した。[24]

ウェルズ・ファーゴで起きたことは、予測も回避も可能だった。もし同行の文化が心理的に安全な文化であったなら、あれほど長引くことはなかっただろう。一連の出来事がどのように起きたか、ここから詳細に見ていこう。

二〇〇〇年代初めに、ウェルズ・ファーゴはクロス・セルに関して「Going for Gr-Eight（めざせ、8商品販売）」というキャンペーンの実施を決めた。コミュニティ・バンキング部の従業員のやる気を促し、顧客一人につき、前代未聞の平均八商品を販売するのが狙いだ。この目標を達成するために、ヒエラルキーの至るところで報奨制度が導入された。パーソナル・バンカーや窓口係には、販売ごとに歩合が支払われた。地区の責任者には、特定の売上げを達成することで特別手当が支給された。そして、トップ管理職にとっては、クロス・セルの成功が年間賞与に影響した。[25]

メトリクスの追跡は、厳格で容赦がなかった。支店の職員は、無謀とも言える販売数を割り当てられたうえ、進捗状況を毎日「モチベーター・リポート」で念入りに追跡された。[26] 各支店は一日に四回――午前一一時、午後一時、三時、五時――、日々の売上げを報告しなければならなかった。[27] ある地域の責任者は従業員たちに、売るために「必要なことは何でもせよ」と命じた。[28] 伝えられるところでは、日々の販売目標を達成するまで従業員を帰宅させない支店もあったという。[29]

販売目標を達成できない同行の職員は、客にさらなる商品を購入させるための「異論対処」トレーニングをはじめ、販売数を増やせるよう指導を受けた。それでも目標を達成できない場合は、会社をクビになった。十分な成果をあげられないマネジャーは、ほかの人々の前で批判されたり、解雇されたりした。[30]

二〇一三年に入ると、報道によって、ウェルズ・ファーゴの従業員が販売ノルマを達成するために不正行為を過去に行い、さらに現在も行っていることが明るみに出始めた。元従業員の男性は次のように話している。自分が勤めたロサンゼルス支店では、客の承諾を得ずに口座をひらいたりクレジットカードをつくったりしていた。客からクレームが来たら、コンピュータの故障ですと答えていた、と。さらに、こんな話もしている。セットでしか販売していない商品なんですよと客に嘘をついて、従業員はノルマを達成していた、と。[31] 販売目標達成の戦術には、無駄な当座預金口座をふだんの生活用、旅行用、緊急用といった具合にいくつもつくらせるという方法もあった。[32] また、偽の電子メールアドレスをつくって、客にインターネット・バンキングの利用を始めさせるという方法もあった。[33]

スキャンダルがまだ表沙汰になっていなかった頃、おそらくは問題を解決しようとして、ウェルズ・ファーゴはさまざまなことを変えた。二〇一一年から二〇一六年の間には、倫理規定に反したとして五三〇〇人を解雇した。[34]「営業の質」報告書を公開し、販売条件に制限を設けた。[35] 倫理研修を拡充し、架空の口座をつくるなと従業員に明言した。[36] だが、明らかに抜け落ちていることが一つあった。「Going for Gr-Eight（めざせ、8商品販売）」については一切、変更されなかったのである。フォルクスワーゲンのエンジニアが、「許容される」方法ではクリーン・ディーゼルエンジンを設計できなかったのと同様、ウェルズ・ファーゴの従業員は、不正なやり方を使わずに販売目標を達成することはできなかった。制限が設けられたのは、顧客一人が購入しうる商品の数だけだった。ある元従業員はこう述べた。「こういう［倫理に反する］行動をしないようにと、彼ら［上層部］は言った……だが、私たちは目標を達成するほかなかった。皆、給料が必要なのだから」[37]

ついに、連邦および州の規制当局が同行の行為について調査を始めた。そして次のことが判明した。二〇一一年から二〇一六年にかけて、コミュニティ・バンキング部の従業員たちは販売数を伸ばすために、計二〇〇万にのぼる不正な顧客口座開設とクレジットカード作成を行い、客に嘘をついて商品・サービスを売った。[38] さらに次のことも明らかになった。従業員のなかには、倫理違反行為を目撃して、上司や企業倫理ホットラインに報告した者もあった。CEOのスタンフに電子メールを送ったと話した従業員も一人いた。内部告発したために、のちに解雇された従業員もいた。[39]

フォルクスワーゲンと同じく、回避できたはずの失敗をウェルズ・ファーゴが避けられなかったのは、誰か一人がろくでもないことをしたせいではなく、あまりに無茶で、やりきるには嘘をつくほかない目標の達成を要求するシステムが原因だった。従業員は、異議を一切認めない不安の文化のなかで仕事をしていた。マネジャーは、販売員の経験に関心を寄せつつクロス・セル戦略を実行し、学びを活かして会社の戦略を変更あるいは改善するのではなく、[40] 明らかに次のメッセージを送っていた――利益を出せ。出せなければどうなるか、わかっているな、と。

真実を恐れる

フォルクスワーゲンおよびウェルズ・ファーゴと同様のシナリオは、もっと前に、海の向こうで別業界の企業がすでにたどっていた。ノキアである。同社は一八六五年、フィンランドの町ノキアで、製紙会社として創業。[41] 一九八〇年代には、急速に広がる世界の携帯電話ネットワークにおいて先駆的な電話会社になっていた。CEOのカリ・カイラモに率いられ、一九九〇年代末になると、携帯電話端末メーカーとして世界トップに駆け上がり、市場占有率も二三パーセントを誇るようになる。[42] 二〇〇〇年代初めには、シンビアンOSの開発者である同社は、スマートフォンの需要が急激に増えても、その波に難なく乗れるように思われた。

ところが、ノキアもまた、回避可能な失敗の犠牲者になってしまった。二〇一一年六月にはすでに、スマートフォン市場における同社のシェアは大きく落ち込み、二〇一二年には市場価値が七五パーセント減少する。[43] ノキアは革新力と、携帯電話機メーカーとしてのトップの座と、二〇億ユーロ以上を失ってしまっていた。二〇一三年九月に敗北を認め、携帯電話事業をマイクロソフトに売却することを発表した。[44]

ノキアはフォルクスワーゲンやウェルズ・ファーゴと違い、偽りが幾重にも重なり絡み合って崩壊したわけではなかったが、不安の文化が足かせになったことは三社に共通していた。たとえば、次の調査結果を見てみよう。二〇〇五年から二〇一〇年のスマートフォン業界におけるノキアの盛衰について行われた、ノキアのマネジャーおよびエンジニア七六人へのインタビューを含む詳細な調査である。それによると、ノキアがスマートフォン事業での競争に敗れたのは、ビジョンがお粗末だったからでも一握りの無能なマネジャーのせいでもなく、「不安をかき立てる風土」のせいで、（強力な競合他社がもたらす脅威も大きな引き金となり、）無気力が会社中に蔓延してしまったことが一因だという。[45] 調査を行った人々はこんなことも述べた。そのような不安は、「気むずかしいリーダーと、本当のことが怖くて言えない怯える中間管理職という構図が常態化して生み出される」と。[46]

実は、二一世紀が幕をあけた頃、携帯電話業界ではすでに競争が激化し始めていた。だが、フィーチャー・フォンが得意分野と自負していたノキアは、今日のスマートフォンとなる複雑で開発費のかさむソフトウェア・プラットフォームの可能性を認識しようとしなかった（あるいは、できなかった)。一方、アップルとグーグルは、ブラックベリーを発売したカナダのRIM(リサーチ・イン・モーション)社に続き、独自のプラットフォームとしてそれぞれiOSとアンドロイドの開発に巨額の資金を投じた。そしてどちらのプラットフォームも、ノキアのシンビアンの影を薄くし、優位な立場を築いてスマートフォン革命に乗り出した。別の言い方をするなら、ノキアは知らぬ間に変化の激しい知識集約型産業に身を置くことになり、そこではまたたく間に、協働とイノベーションとコミュニケーションが未来の成功に不可欠になっていったのだった。

心理的に安全な職場では率直に発言するのが当たり前だが、その風土を持たないノキアでは、中間管理職と経営幹部が互いに不安を覚えながら、言うなれば反りの合わない相手とダンスを踊っていた。中間管理職は、会社の方向性について重要な疑問を呈しても、「計画の実行に集中しろ」と言われるのが落ちだった。[47] 経営陣の理不尽な要望に応えられなければ、「能無し」のレッテルを貼られたり恥ずかしい思いをしたりした。[48] あるエグゼクティブ・プレジデントは、「果物が飛んで落ちるくらい激しくテーブルを叩く」よう指示されたという。[49] ノキアの元会長兼CEOのオリペッカ・カラスブオは、「とんでもなく気むずかしい」と言われていた。[50] 中間管理職たちは次のように述べている。カラスブオが「声高に社員を怒鳴りつけている」のを何度も目にした。また、「彼の聞きたくないことを耳に入れるなど、まずできなかった」[51]と。

一方、経営幹部は会社が直面している外部市場、とりわけアップルやグーグルにいるソフトウェア開発者がもたらす脅威を不安に思っていたが、そうした脅威の重大さを中間管理職に伝えることはなかった。ある幹部は、自分たちが覚える不安と、そのことが経営実務に及ぼす影響を認めつつ、次のように述べた。「紛れもなく、iPhoneが脅威だった。そこで中間管理職に、『タッチフォン』をただちに発売しなければならないと申し渡した[52]」。ところが中間管理職は、悪い知らせを伝えることになるのを不安に思った。そのため、フィーチャー・フォンに関するノキアの技術力があれば何も心配ない、長期投資をしてより複雑な新製品を開発する必要などないと、上司たちが楽観視するように仕向けた。あるマネジャーが述べたように、「上司を喜ばせようとするのが、ノキアの研究開発部の文化だった。彼らがしようと思うのは、現実と向き合うことではなく、よい知らせをもたらすことだった[53]」

現実と向き合うためには、（気むずかしく、かつビクビクしている）マネジャーたちが不安を脇へ置き、互いに率直に話す必要がある。だが、そのように率直になるのは不可能だったらしく、彼らはイノベーションと方向転換のためのチャンスを逃すことになってしまった。二〇〇七年、業界がさらにソフトウェアに依存するようになると、このフィンランドの通信会社はいよいよ落ち目になっていった。グーグルのオープンソースのOS、アンドロイドを、ますます多くの携帯電話会社が使うようになった。二〇〇八年、アップルがiPhone3Gを発売し、App Storeのサービスを始めたときには、ノキアはもはや追いつくに追いつけなかった。ソフトウェアを開発し、新製品を発売し続けたものの、業績にしろ売上高にしろ、より機敏な競争相手たちとは比ぶべくもなかったのである。

むろん、心理的安全性があれば、競争が激化していく業界にあってもノキアは確実に成功できたなどと言えるわけではない。成功には、専門知識と創意工夫とチームワークに支えられた、たゆまぬイノベーションが欠かせないのだ。ただ、心理的安全性がなかったら、専門知識や創意工夫を十分に活かすことは難しい。現にノキアのシニア・エグゼクティブたちは、会社と会社が持つテクノロジーの現状がわからず、生き残れるだけの速さで学ぶことができなかった。もっとも、一〇年後にノキアは復活を遂げる。第8章で紹介するとおり、のちに経営幹部たちが気づいたのだ。もっとよい戦略を立てるには、話の仕方も協力の仕方も変える必要がある、と。

誰が監督官を監督するのか

ノキア、ウェルズ・ファーゴ、フォルクスワーゲンの例では、野心的な夢を持つ会社の内部における不安の文化の悪影響を検討した。では、ある会社が別会社にサービスを提供したり、別会社の活動を調査したりする場合はどうだろう。実は、会社と会社の関係が不安の文化によって妨げられると、両社にとっても社会にとってもリスクが増大する。

二〇〇八年～二〇〇九年の世界金融危機ののち、ニューヨーク連邦準備銀行（ニューヨーク連銀）は、アメリカの大手銀行が金融リスクを過度に負担するのを適切に規制しなかったとして、国民と議会から大変な非難と批判を受けた。[54] そこで同行は、みずからを調査対象とする報告書を作成してもらうことにした。ニューヨーク連銀総裁ウィリアム・ダドリーが、コロンビア・ビジネススクールのデビッド・ベイム教授に、同行の「組織と業務に関し、とりわけ銀行監督の分野に重点を置いた」調査と評価を依頼したのである。[55] 目的は、得られた学びを明らかにし、その学びを活かして、銀行監督やシステミック・リスクの高まりの監視といった同行の能力を高めることだった。

ベイムと数人から成るチームは、ニューヨーク連銀に勤める二〇人余り（大半がそれなりの地位に就いていた）にインタビューをした。尋ねた内容は、同行が適切に行動できたことと、行動できず危機を招いてしまったことについてである。インタビューの結果は、「2009 Report of Systemic Risk and Bank Supervision（システミック・リスクと銀行監督に関する報告書２００９）」としてまとめられた。かなりのウエイトが、ニューヨーク連銀の文化とコミュニケーションに置かれている。報告書のなかで、ベイムは次のように述べた。職場には心理的安全性がほとんどなく、ゴールドマン・サックスをはじめとする個々の銀行を監視する監督官たちは「ビクビクし、言われることをするほかない」と感じていた。そのため、「他の部署と効果的にコミュニケーションを図り、独自の意見をまとめ、何か重要なことが間違っているときにサインを発することができなくなっていた」。結果として、監督官たちは「命令に従うだけになっていた」と。[56]

監督官は業務の一環として、銀行全体のプロセスや方針を話し合う会議に参加していた（すでに行っている、あるいはこれから行う特定の大規模な取引に的が絞られていることも多かった）。また、すべての大手銀行に対して同行の監督チームが担当を持ち、特定の取引が適法かどうかを判断していた。ここでベイムが気がついたのは、グループシンク（集団浅慮）、つまり「なんとかしてコンセンサスに到達しようとする」せいで、まともな意思決定ができなくなってしまっているということだった――だらだらと問題点が話し合われるが、建設的な行動へ移ることがないのだ。議論の場には、ざっくばらんな話し合いも協調性も驚くほど存在しなかった（きわめて複雑なプロセスが絶えず猛スピードで展開している組織であれば必ず、人々は問題について率直に話し合い、解決策を提供する）。報告書では、率直な発言への不安が、同行の会議および従業員のあらゆる仕事上の経験を特徴づけるものとしてたびたび指摘されていた。また、インタビューを受けた人たちの、次のような辛辣な言葉も記されていた。「この文化のなかで日々仕事をしてみるといい。些細なミスが許されないことがわかるはずだ」し、「経営陣の考えからあまり離れてはだめだと思うようになる」[57]

要注意としてスポットが当てられているのは、監督官と各銀行の経営者との関係だ。一例を挙げると、監督官を不利な立場に置く情報の非対称性が、両者の間には存在した。監督官は銀行に情報を求めなければならないため、銀行は門番として行動しうる。すると監督官は、欲しいと思う有用な情報を快く積極的に提供してもらえるかどうかは銀行しだいだと感じることになる。これにより、（ベイムが記しているとおり、）監督官はできるだけラクに情報を入手するために正面衝突を避け、しばしば丁重になりすぎるようになった。[58] ベイムはきわめて批判的に、次のように報告している。調査を始めて三週間と経たないうちに、規制の虜の兆しが見えた、と。規制の虜とは、ジャーナリストのアイラ・グラスがのちに、「番犬が、侵入者に向かって吠えるどころか、その顔をなめ、一緒にボール遊びをする」ようなものだと述べた現象である。[59] 言うなれば、監督官は不安と服従の文化のせいで、監督業務をきちんと果たせなくなっていたのだった。

歯がゆくてならないのは、連銀から求められる情報は何でも渡さなければならないという法的な義務を銀行が負っていてなお、このような力学が働いてしまう点だ。ベイムの調査後に監督官になったカルメン・セガーラは、「連銀には情報を得る権限があった。銀行が情報を提供しない場合には、その銀行を罰する権限もあった」と述べた。そのような権限があってなお、なぜ監督官は各銀行の意向に沿うことを選ぶのだと思うかと尋ねられると、彼女は簡潔に答えた。「不安を覚える職場にいるからだ[60]」と。

一九三〇年代以来となる金融システムの大崩壊は、もし銀行と監督官が心理的に安全な環境で仕事をしていたら、起こらずにすんだのだろうか。それは拡大解釈かもしれない。生ぬるい規制、貪欲さ、誤ったインセンティブが重要な要因だったのは間違いないのだ。だが、このこともたしかだ——不安の文化のせいで、質問や批判をしようと思っても誰も何も言わない、あるいは言えなくなり、そのために、過度のリスク負担をはじめとする経済的失敗の原因に気づいて正す多くの機会が無駄にされたのである。

回避できる失敗を回避する

フォルクスワーゲン、ウェルズ・ファーゴ、ノキア、ニューヨーク連銀には明らかに、専門知識、意欲、優れたリーダー、明確な目標が有り余るほどあった。業界で組織として成功するためには関連するあらゆる分野に関して有能な社員が必要だが、それもそろっていた。つまり、四つの組織はいずれも優秀だった。欠けていたのは、リーダーシップだ——心理的安全性が確実に職場に広がり、人々が社内の有力者に（連銀のケースでは業界のパートナーに）、本当のことを話せるようにするリーダーシップである。どんなことをリーダーがすれば心理的安全性を生み出したり回復したりできるかについては第7章に委ねるとして、今は、本章で紹介したような大規模なビジネスの失敗は回避可能であるとだけ述べておく。

四つの組織の失敗はどれも、ある日突然、起きたわけではなかった。その正反対である。失敗の種が何カ月も、あるいは何年もかけて根を張ってきているというのに、経営陣は何も気づかず、のほほんとしていたのである。本章の四つの組織と同様、多くの組織で、数多（あまた）の小さな問題が日常的に起きている。そして会社の戦略が暗礁に乗り上げるかもしれない、あるいは再考の必要があるかもしれないという初期兆候を示している。ところが、そうしたサインは、みすみす見逃されてしまっている。ゆえに、回避できる失敗を回避する第一歩はこれだ——異論・反論を述べ、データを共有し、研究所や市場で実際に起きていることについて積極的に報告するよう社内中の人々を促し、絶え間ない学習と機敏な実行力を生み出すのである。

この章のストーリーはどれも、戦略的失敗の事例として見ることができる。現実の経験（エンジニアの経験であれ、販売員の経験であれ）から生まれた新しい情報が会社の活動の見直しや路線変更に活かされなかったときに、実行上の些細な欠陥だったものが、やがて大々的に報じられる大規模な失敗になったのだ。[61] たとえばウェルズ・ファーゴのクロス・セル戦略は、顧客の現実の購買力と対立し、戦略的失敗の種をまくことになった。だが、失敗をのっぴきならないものにしたのは、目標が達成できないことをシニア・マネジャーは決して許さないだろうという販売員の思い込みである。現場での学びを報告するより架空の口座をつくるほうがたやすいと思ってしまったのは、心理的安全性が低いことを示す、このうえなく強力なサインなのだ。

心理的安全性にスポットを当てているからといって、どの事例においても倫理的側面を無視するつもりはない。ただ、たとえばウェルズ・ファーゴのケースで、個々の販売員が不正を働いた結果として顧客口座に関する詐欺が起きたと考えても、この会社に広く根を張っていた行動の意味を説明してはいない。そうした行動が暗示するのは、システムがいつ破綻してもおかしくないこと——つまり、トップダウン型の戦略と、悪い知らせを上層部へ伝えられない心理的安全性の不足という最悪の組み合わせのせいで、いつ破綻してもおかしくないということだ。この点は、フォルクスワーゲンと連銀の事例でも同様である。本章で述べたとおり、複雑なダイナミクスが働いていることを考えれば、邪な、あるいは愚かな人や人々を探すだけでは、どのような説明をしたところで不十分だろう。しかしながら、考えてみれば面白い。欠陥について情報をどれだけ持っているかをできるだけ早く明るみに出すと、失敗の規模と影響をたいてい小さくできるし、ときには完全に避けられる場合もあるのだ。

戦略に、機敏なアプローチを使う

まとめると、本章の四つの事例はこのことを示している――戦略に対して用いるべきは、今日のVUCA世界での価値創造という特質にもっと合う別の考え方である、と。ソルヴェイ・ビジネススクールのポール・バーデン教授と私は、組織戦略を、計画ではなく仮説と捉える考え方を打ち出している。[62]この考え方では、すべての仮説と同様、戦略の古典的ツールである状況の評価と分析をまず行う。そして、やはりすべての仮説と同様、必ず行動して試す。戦略を仮説として捉えて絶えず試していると、顧客との経験から、幹部の興味を引かずにおかない貴重なデータがもたらされるのだ。もし、ウェルズ・ファーゴが戦略に対してアジャイル・アプローチを使っていたらどうなっていたかを考えてみよう。同行の経営陣は、目標を達成できなかったり架空の口座がつくられたりする事態が繰り返されるのを有用なデータとして捉え、もともとのクロス・セル戦略の有効性を評価するのに活用しただろう。次いで、その学びによって、ぜひ必要な戦略的適応を進めることができただろう。

むろん、単にパフォーマンスが悪くていい結果が出ない場合もある。社員の働きがよくなかったり、努力が足りなかったり。また、社員のモチベーションを高めて上手に管理し、望ましい業績をあげられるようにする方法を、会社として探さなければならない場合もある。しかしながらVUCA世界では、それだけでは、期待される目標に届かないことを説明できない。説明として説得力もない。結果と計画がズレていることを示す早い段階でのサインは、従業員のパフォーマンスが基準に満たないからズレが生じるのだと決めつける前に、まずデータとして捉え、続いて分析をする必要があるのだ。

詐欺と隠蔽は、返答として「ノー」も「無理です」も認めないトップダウンの文化でおのずと生まれる副産物である。そして、そのような文化と、過去に練られた素晴らしい戦略は未来永劫続くのだという思い込みが組み合わさると、確実に失敗することになる。フォルクスワーゲンでもウェルズ・ファーゴでも、必要な手続きが行われていないことを示すサインが、何度となく無視された。その結果、トップダウン型の戦略がうまくいっているのだと、錯覚し続けることになってしまった——しばらくの間ではあったが。ことのほか残念なのは、戦略の不当性を示すデータが驚くほど長い間、利用可能であったにもかかわらず、活用されなかったことである。

VUCA世界で成功するためには、シニア・エグゼクティブが、あらゆるレベルおよび部署での業務に、思慮深く頻繁に関わる必要がある。最前線に立って製品をつくったりサービスを提供したりする人々は、会社が収集しうる最重要の戦略データに精通している。彼らは顧客が望むもの、競合他社の動き、最新のテクノロジーによってできることを知っているのだ。また、組織学習――会社のリーダーたちによって推し進められ、全員によって実行される――には、現在の戦略を支える仮定に疑問を呈する積極的な逸脱が必要だ。むろん、そうした逸脱は、歓迎されなければならない。現状に合うよう元の戦略を変えるだけの情報的価値があるためだ。皮肉なことに、期待どおりの業績が出ていないことを示す初期のサインに反応していっそう「実行」を推し進めても、もし、何らかの不十分な点によって以前のマーケット・インテリジェンス（市場戦略情報）あるいはビジネスモデルについての仮定に不備のあることが明らかになったら、事態が悪くなってしまうだけかもしれない。

最後になったが、この章で取り上げたビジネスの失敗がどれほどひどいものであったとしても、それらは、心理的に安全でない環境がもたらすヒューマン・コスト（人々が払うことになる代償。第４章で掘り下げる）に比べれば、さまざまな意味で、全く大したものではない。第４章では、回避可能な失敗を回避するうえで、率直な発言が果たすいっそう重要な役割についてお話ししよう。

第3章のポイント

- よい知らせしか歓迎しないリーダーは、不安を生み出し、そのせいで真実の声が聞こえなくなってしまう。
- 高い基準の設定とよいマネジメントを、多くのマネジャーが混同している。

- 心理的安全性が欠けていると、うまくいっているという錯覚が生まれ、やがてビジネス上の重大な失敗を引き起こしてしまう。
- 不十分な点に関して早くに情報を出すと、将来起きるかもしれない大失敗の規模と影響を、およそ常に小さくできる。

第4章

危険な沈黙

してしまったことに対する後悔は、時間（とき）が和らげてくれる。
だが、しなかったことに対する後悔は、どんなものも慰めにならない[1]
――シドニー・ハリス

心理的安全性が低いときに起きる問題は、ビジネス上の失敗などという生易しいものではない。多くの職場で、人々は不安を感じる出来事や不正を目にしながら、怖くて報告できずにいる。あるいは、恐怖や威圧感を覚えているのに、上司にもカウンセラーにも話せずにいる。残念ながら、そんな調子で話さずにいると、やがて不満や心配や憂鬱な気分が引き起こされ、健康までも損ねかねない。ひとことで言えば、私たちは発言しないことが健康に害をもたらす、そんなコミュニティや文化や組織のなかで生活し、仕事をしているのである。

この章では、職場での沈黙がどのように、防げたはずの害をもたらすかを探っていく。紹介するストーリーは、すべてではないが大半が危険度の高い産業のものだ。どのストーリーにおいても、従業員はある瞬間に、率直な発言ができなくなる。そして、その後の沈黙によって生じる状況に心身をむしばまれてしまう。一方、決してたやすいことではないが、第5章・第6章で紹介するような職場では、率直な発言が安心してできるし、促されているとも従業員が感じている。そのため、建設的な解決策を編み出し、有害な結果を避ける機会を、全員が持てるようになる。

危険度の高い職場ではたいてい、決まった手順とリスクが危ういバランスで存在している。そのような職場における、沈黙が原因で大事故が引き起こされたストーリーをこれから紹介しよう。まず、空で起きた二つの事故から。次いで病院、津波、最後に、世論のうねりの順でお話ししよう。

率直に意見を言えない

二〇〇三年二月一日、NASA（米航空宇宙局）のスペースシャトル・コロンビア号は地球へ向けて大気圏に再突入し、そして悲劇が起きた[2]。七人の宇宙飛行士が全員、命を落としたのだ。宇宙へ行くのはむろん危険を伴っており、死亡事故が起きてもやむを得ないように思える。だが、この事故は「唐突に」起きたわけではなかった。二週間前、ロドニー・ローシャという名のNASAのエンジニアが、打ち上げ日のビデオ映像をチェックしていた。晴れたフロリダで朝に行われた打ち上げは、何の問題もなかったように見える。だが、何かが違う感じがする。ローシャは映像を何度も見た。断熱材がシャトルの外部燃料タンクから剥がれ落ち、左翼を直撃したように思った。映像は粒子が粗く、遠距離から撮られており、断熱材がダメージを与えたかどうか確かなことはわからなかったが、ローシャは、画面上の不鮮明な動く点の大きさと位置について懸念を抱かずにいられなかった。曖昧さを解消するためには、シャトルの翼の衛星写真が要る。ただ、それを手に入れるには、NASAの上層部から国防省へ協力を依頼してもらう必要があった。

ローシャは、衛星写真を要請する許可を出してもらえないかと、上司に電子メールを送った。上司はそんな写真は必要ないと判断し、そのように返答した。落胆したローシャは仲間のエンジニアらに失意のメールを送り、のちにはこう述べた。「序列がはるかに上の人間にものを言うなど……エンジニアには無理だ」と。[3] 臨時のエンジニア・チームとともにダメージの具合を調べながら、ローシャは、衛星写真なしに果たしてしっかり調べられるのか、懸念を拭えなかった。一週間後、ミッション・マネジメント・チームの定例会議でシニア・マネジャーらによって断熱材直撃の可能性が少し議論されたとき、ローシャは片隅に座り、黙って成り行きを見守った。

のちに、専門家による正式な調査によって、スーツケースほどの大きさの断熱材がシャトルの翼の前縁を直撃して大きな穴があき、それが事故を引き起こしたことが判明した。[4] また、困難できわめて不確かではあるが救出策が二つあり、実行すれば悲惨な死を回避できたかもしれなかったとも突きとめられた。調査をリポートしていたABCニュースのアンカー、チャーリー・ギブソンはローシャに、定例会議でなぜ意見を述べなかったのかと尋ねた。ローシャは次のように答えた。「言えるわけがない。私は［組織の］底辺にいて……彼女［ミッション・マネジメント・チーム・リーダーのリンダ・ハム］ははるか上にいるのだから」。そして片方の手を頭上に突き上げた。[5]

ローシャの発言には、職場で率直に発言する心理についての、ともすれば見落としがちな、だが重要な側面が表れている。詳しく検討しよう。ローシャは、「発言しないことにした」とも、「発言すべきでないように思った」とも言わなかった。発言「できなかった」と言ったのだ。意外にも、この表現は的を射ている。言うべきことがあるのに言えないと感じるという心理的経験は、多くの従業員にとって他人事ではなく、組織階層で当たり前に起きている――二〇〇三年にNASAで起きたように。皆、この現象に気づいている。ローシャの手がなぜ無意識に、如何ともしがたい階段の上方を指し示したのかも、誰もが知っている。ギブソンに尋ねられたときのローシャと同じく、多くの人が、厳格なヒエラルキーが存在するときには発言できないと感じると述べている。一方、耳を傾け学ぶべき立場にいる上層部の人々は、自分の存在が下位層の人々を押し黙らせてしまうことに、なかなか気づかずにいる。

口にされなかったこと

その二六年前、一九七七年三月のカナリア諸島でも、ある島の滑走路で二機のボーイング747が衝突した際、職場での沈黙が重大な影響をもたらした。[6] 衝突によって二機のジャンボ機は炎上し、五八三名が死亡した。テネリフェの惨事と呼ばれるこの衝突は今なお民間航空史上最大の事故と考えられているが、続いて行われた調査は、死者を出した航空事故において人的要因がどのように関与したかを調べる最初の調査となった。結果として、飛行手順やコックピット・トレーニングに変更が加えられ、今日の何より重要な心理的安全性を生む手順の土台が築かれた。

三月末のその午後、テネリフェ島にある小さなロス・ロデオス空港でどんな問題が起きていたかを検討しよう。滑走路は濃い霧で覆われ、空港は小さく、そのせいで両機のパイロットは滑走路と互いの機体がよく見えなかった。同日のもっと早くに近くのラス・パルマス空港に対しテロ予告があった影響で急遽テネリフェに着陸することになり、そのためクルーにはふだん以上のストレスがかかり、予定の到着時刻を守ることに意識が傾いていた。また、管制官たちは、スポーツ観戦か何か別のことに注意が向いていた。だが、いずれも、好ましくはないとしても比較的よくあることであり、こうした状況が悲劇を引き起こしたとは考えにくい。では、航空機のコックピットでの発言――いや何より、発言されなかった内容とその理由――を詳しく探っていこう。そうすれば、心理的安全性が果たす桁違いの役割を深く理解できるようになる。

当該機を操縦していたのは、ヤーコプ・フェルトハイゼン・ファン・ザンテン機長だった。KLMオランダ航空における最上級のパイロットにして、ボーイング747型機操縦のチーフ・トレーナーであり、飛行安全の責任者でもある人物だ。[7]「ミスターKLM」の異名をとるファン・ザンテンは、パイロットたちの免許を交付する権限を持ち、さらには六カ月ごとにフライトをチェックして免許を更新するかどうかも判断していた。KLM機内誌の見開き広告に、彼の姿があった。白いシャツに身を包んで操縦席に座り、自信たっぷりに微笑んでいる。責任ある立場を心底楽しんでいるように見えた。

その日、ファン・ザンテンとともに乗っていたのは、一流の腕を持つ二人のベテラン・パイロットだった。副操縦士のクラース・メールス（三二歳）と、航空機関士のウィルム・シュルーダー（四八歳）である。一つ、気に留めるべきことがある。二カ月前、メールスの「査察操縦士」（ボーイング747を操縦する能力をテストする）を担当したのは、ファン・ザンテンだった。

悲劇への序章となったのは、ＫＬＭとパン・アメリカン（パンナム）の両機が離陸準備をしているときである。滑走路に入るとただちに、ファン・ザンテン機長が苛立たしげにスロットル・レバーを上げ、機体が前進し始めた。副操縦士が、前進するには早すぎると言い、管制承認がまだ出ていないことを指摘した。

ファン・ザンテンは、怒ったように応えた。「ああ、そうだな。聞いてみてくれ[8]」

機長の指示を受けて、メールスは管制塔へ無線連絡し、「離陸準備完了」、「管制承認をお願いします」と言った。それから管制官が、同機の離陸後の経路を詳細に告げた。管制官は「離陸」という単語を使ったが、ＫＬＭ機に離陸許可を出しているると、そのやりとりのなかで明確に述べてはいなかった。メールスは管制官に対し飛行許可を復唱し始めたが、ファン・ザンテンがさえぎって命令した。「行くぞ」

この機長の立場が強力であったことを考えると、まさにその瞬間、メールスは不安を覚え、考えを口にできなくなったと思われる。間髪を入れず「許可を待つべきです！」とメールスは言えなかったのだ。

一方、管制塔は、ＫＬＭ機が離陸滑走を始めたのちのタイミングで、パンナム機のクルーに「滑走路を出たら報告する」よう指示をした。これに対し、パンナム機のクルーは「ＯＫ、滑走路を出たら報告します」と応えた。この言葉を耳にした瞬間、航空機関士のシュルーダーはパンナム機がまだ滑走路にいるのではないかと懸念し、疑問を呈した。「パンナム機はまだ滑走路にいるんじゃないでしょうか」

ファン・ザンテンはきっぱり、「いや、出たさ」と返答し、離陸を続けた。

その瞬間、シュルーダーは何も言えなくなった。行く手にパンナム機がいるかもしれないと正しく予測していたのに、ファン・ザンテンの自信たっぷりな返答に異議を唱えることができなかった。「パン・アメリカン機はまだ滑走路を出ていないのですか」と尋ねて、管制塔に確認してもらうこともしなかった。シュルーダーが発言しなかったことは、心理的安全性の欠如を示している。欠如していなければ、考えるまでもなく、そういう問いができるのだ。

もはや、手遅れだった。KLMのボーイング747は止まれる速度をすでに超えており、ファン・ザンテン、メールス、シュルーダーの眼前に、ついにパンナム機が迫ってきた。KLM機の左翼エンジン、胴体下部、主着陸装置が、パンナム機の胴体右側上方に激突し、中央部分を粉砕した。KLM機はつかの間飛行したが、すぐに失速し、大きく傾いて、墜落・炎上した。

これはヒエラルキーが著しく影響を及ぼした典型例であり、他者の命はもちろん自分たちの命も危険にさらされてなお、副操縦士と航空機関士が機長の権威に逆らうことはなかった。率直に意見を述べるべきときだと思われる場合、私たちは皆、暗黙の意思決定プロセスをたどり、発言することが自分にとってプラスになるか、それとも高い代価を払うことになるかを天秤にかける。問題は、第2章で説明したように、プラスの効果はたいてい不確かであとでしか得られないのに対し（起きうる衝突を回避する、など）、高い代価を払うことになることは明白で今すぐ起きるという点だ（ファン・ザンテンは苛立っていたし、下手をすると怒ったかもしれない）。結果として、私たちはとかくプラスの効果を軽視しすぎ、高い代価を払うことになる点を重視しすぎる。テネリフェの事故では、偏りのあるこのプロセスが、悲惨な結果を生み出したのである。

この事故のような悲劇――若手が率直に発言していたら、回避できたかもしれない悲劇――の原因を分析する多くの人が、必ずと言っていいほど次のように指摘する。人々はもう少し気骨、すなわち勇気を持つべきだ、と。この主張には賛同しないわけにはいかない。ただ、賛同できても、効果的な主張かどうかはまた別問題だ。正しいことだからという理由で人々に率直な発言を促すことは、倫理観に訴えており、確実によい結果をもたらす戦略とは違う。勇気を出して行動すべきだと主張すれば、そうしてもらえるだけの状況をつくらないまま、人々に責任を負わせることになってしまうのだ。

率直に意見を言うことが当たり前になるためには、心理的安全性（および発言を期待すること）が制度化・組織化される必要がある。テネリフェの事故後、コックピット・トレーニングが刷新された。クルーの意思決定をより重視し、妙だと思うことがあったら意見を述べるようパイロットを促し、機長が副操縦士とクルーの懸念に耳を傾けるのを後押しする内容になったのである。[9] これらの対策が、やがて正式なクルー・リソース・マネジメント（CRM）訓練となり、今ではすべてのパイロットが受けることを義務づけられている。

権威に対する過信

航空業界と同じく医療現場でも、権威は皆に知られ、厳格なヒエラルキーにおける地位と密接に関連している。直接的な命令系統なら、全員が分をわきまえていることでメリットもある。しかしながら、上の者に服従することは業務、とりわけ判断に迷った場合における「当たり前」になってしまい、ひいては、「トップに立つ人間は最良の策を常に知っている」と誰もが信じる状況を生み出しかねない。ときには、ヒエラルキーの最上位の人は支配者でもあるべきだという絶対的な思い込みによって、致命的な結果が引き起こされる場合もある。また、医療制度それ自体の権威に対する絶対的な思い込みが命取りになる場合もある。

一九九四年一二月三日、『ボストン・グローブ』紙の医療コラムニストで二児の母親でもあるベッツィ・レーマン（三九歳）が、ダナ・ファーバーがん研究所で死亡した。乳がんのために、三回目の大量化学療法を受けているときのことである。[10] レーマンの死は、ジャーナリストであったことも影響してメディアで広く報道され、特に医療過誤が明るみに出てからはいっそう大きく報じられた。[11]

レーマンが治療を受けたダナ・ファーバーがん研究所は、がん研究と、複雑で難しい症例の治療に成功していることで知られていた。病床数わずか五七での患者ケアは、いわばブティックのように、質の高いサービスを限られた患者に提供するものであり、コミュニケーションのあり方も、従来の病院のような事務的なものではなく、医師、看護師、調剤部スタッフの間でざっくばらんに情報を共有することが可能になっていた。ベテランのがん専門医スティーブン・サランは次のように述べた。「われわれの自信の根底には、全員が問題なく仕事をすれば投薬の安全性も問題ないという仮定があった」[12]。残念ながら、その仮定のせいで、疑問に思ったり定期的に点検したりする機会をあまり持てなくなっていた。看護部長のポストが一年以上前から空いており、レーマンを受け容れたときも空いたままだった事実も、医療および臨床チームの仕事が相互依存する複雑なものであることを、彼ら自身がきちんと認識していなかった証拠だ。

一九九四年一一月四日、レーマンは計画的化学療法を受けるため、ダナ・ファーバーに入院した。化学療法剤は、よく使われるシクロホスファミドだったが、用量がきわめて高かった。というのも、レーマンの治療計画では、最新の幹細胞移植も行われることになっていたからである。プロトコル（治験実施計画書）に従い、化学療法が四日間行われ、所定の量が二四時間ごとに「致死量の一歩手前」まで投与された。[13] 臨床試験の一環として、レーマンはシメチジンという薬も投与された（シクロホスファミドの効果を高めると予想されたため[14]）。

通常のがん治療では、化学療法剤の投与量は標準化されているのがふつうだ。だが、レーマンが受けていたような臨床試験では、上限が曖昧になりかねなかった。ダナ・ファーバーでは常に、患者の三〇パーセントが臨床試験に登録されており、化学療法を管理するスタッフ・メンバーは、通常と異なる薬の組み合わせや用量を見慣れてしまっていた。[15] それも理由の一つで、処方箋――がんの臨床研究フェローが記し、看護師がレーマンのカルテに書き写し、三人の薬剤師が調剤の際に従った処方箋――の指示が間違っていても、誰もおかしいと気づかなかったのかもしれない。処方箋には、全四日間で投与するはずの量を毎日、つまり本来の四倍の量をレーマンに投与せよという誤った指示が書かれていた。

その治療では、激しい吐き気と嘔吐が引き起こされると予想されていた。ところが、続く三週間の入院中、レーマンは特異な症状を示した。高用量治療の二回目まではそれほど具合が悪くなることはなかった。だが今では「ひどくむくみ」、血液と心電図の検査が異常な結果になっていた。[16] 高用量治療が心臓に悪影響をもたらすことはわかっていた。レーマンの夫は次のように語った。「ティッシュペーパーがいくらあっても足りないほど嘔吐している。［医者たちは、］ここまでひどいのは初めてだと言った。だが、骨髄移植では至ってふつうのことだとも言った」[17]。レーマンが「私、嘔吐が原因で死ぬのかしら」と、看護師に尋ねたこともあった[18]。ちょうどその頃、別の患者――レーマンより少し早く入院し、やはり誤った量の化学療法剤を投与されていた――の容態が急変し、急いで集中治療室へ移された。

退院の前日、レーマンの症状は落ち着いてきているように思われた。実験的な幹細胞移植がうまくいっている兆しも見られた。だが、心電図が異常だった。一二月三日――レーマンが退院を予定していた日であり、心不全のために死亡した日――、彼女が最後に話した人々、すなわち友人、ソーシャル・ワーカー、看護師の話によると、レーマンがひどく怯え、不安がり、何か「おかしい」と感じているのは確かだったという[19]。その懸念を、レーマンがそれまでの数週間の間に明確に、あるいは筋道を立てて話したのかどうかはわからない。だが、違和感を覚えていたのは間違いなかった。もっとも、重症の患者が治療計画について、とりわけ試験的な計画について強く疑問を投げかける立場にないのは言うまでもない。

医療ミスが発見されたのは、三カ月後だった。それも、臨床治療上の調査ではなく、日常的なデータ調査をしているときのことだった。是正処置の一環として、ダナ・ファーバーは化学療法の手順に二重、三重の薬剤確認を組み入れた。最終的には、レーマンの死がきっかけとなり、アメリカの病院や健康管理機関は医療ミスを減らす方針を策定することになった。そのなかには、当たり前になっている手順を、患者の治療プロセス全体にわたってより組織的にチェックすることや、（専門的地位が何であれ）治療に関わる者に確実に報告させる規定を設けることが含まれていた。

しかしながら、心理的安全性の観点からすると、より大きな疑問が残っている。レーマンは極度の身体的苦痛を訴えていたのに、なぜ誰も、重大な手違いか何かが起きているのではないかと真剣に問い、追究しなかったのか。レーマンと夫は、高い評価を受けている医療機関を信頼しすぎていたのか。同様に、薬剤師はなぜ、そもそも高用量である化学療法剤を四倍も投与することを不思議に思わなかったのか。疑問は看護師に対してもわき起こる。ことによると、研究者でもある医師たちの専門知識を絶対的に信頼するあまり、看護師は無関心になってしまっていたのかもしれない。あるいは、治療計画の根拠を質したところで、上の立場の人たちに批判されるだけなので、声をあげるのを渋るようになってしまっていたのかもしれない。レーマンの症状を見た看護師や医師が、大量化学療法によって引き起こされたそのような副作用を軽んじてしまったのかどうか、定かではない。ただ、関係者は誰も、レーマンの状態の深刻さを正しく評価していなかったように思われた。究極的には、ベッツィ・レーマンの母親であるミルドレッド・K・レーマンが、次のように簡潔にまとめたとおりだろう。「もし、治療が本来の方向から大きく逸れてしまっていることを示すいくつものサインに、スタッフが積極的に注意を払ってくれていたら、ベッツィは命を落とさずにすんだかもしれない」[20]

このストーリーの学びであり、今日の大半の病院がなんとかして避けるべきもの、それは次のような環境だ。人々が、ひたすら沈黙し、情報の提供が不可欠かもしれないときでさえ保身と恥ずかしい思いの回避を無意識に優先し、それが重大なリスク要因になってしまう環境である。黙ったままでいるより、疑問を呈したり懸念を表明したりして結果的に問題はなかったとわかるほうがはるかにいいに決まっているのだが、この事実をはっきり認識している人はほとんどいない。懸念を表明したが杞憂だったとわかることによって、率直に発言する人にも耳を傾ける人にも学習の機会がもたらされる。その結果、両者は状況や課題について皆が理解している、あるいは理解していないきわめて重要な情報を収集できるようになるのだ。

沈黙の文化

ギリシャ神話に登場する悲劇の王女カッサンドラは、予言の力を授かったが、その予言を決して信じてもらえないという呪いもあわせてかけられた。心理的安全性のレベルが低いと、沈黙の文化がつくられかねない。カッサンドラの文化――率直な発言が軽んじられ、注意を促しても無視されてしまう環境――が生まれる可能性もある。わけても、率直な発言によって不快な結果に注意を向けさせられる場合には、ほかの人たちに、耳を傾けても信じてももらえない事態はたやすく起きる――トロイの滅亡を予言したときのカッサンドラがそうだったように。かくて沈黙の文化とは、率直な発言を妨げるだけでなく、率直に発言する人の言葉に、とりわけその人がもたらす知らせが不愉快なものである場合には、注意深く耳を傾けられなくなる文化なのである。

一九八六年に起きたスペースシャトル・チャレンジャー号の爆発事故を考えてみよう。ロドニー・ローシャが職場の重要な局面で沈黙したのとは違い、ロジャー・ボイジョリー（NASAの受託業者モートン・チオコール社のエンジニア）は、はっきりと意見を述べた。悲惨な結果となる打ち上げの前夜、ボイジョリーは懸念を提起する。シャトルの接合部に装着されたOリングの性能が、想定外の外気温低下によって失われるかもしれない、と。彼のデータは不完全で、論理も曖昧だった。

だがもし、集まった人々が熱心かつ丁寧に耳を傾けていたら、簡単な分析と実験を行って曖昧さを解消できていただろう。つまり、発言が成果をあげるためには、耳を傾ける文化が不可欠なのである。

「聴く」文化が軟弱な場合どんなことが起きうるか、近年の例を見ていこう。

警告を軽んじる

二〇一一年三月一一日、日本の北東部の海岸沖で、マグニチュード九・〇の地震が起きた。のちに「東北地方太平洋沖地震」と命名されたこの地震によって、高さ四五フィート（約一三・七メートル）の津波が発生し、福島第一原子力発電所を襲った。[21] 想像を絶する巨大な波は発電所の低い防波堤を呆気なく越え、施設に浸水し、非常発電機、冷却用海水ポンプ、電気配線システムを完全に破壊した。原子炉を冷却できなくなったため、三基の原子炉が高温になり、結果として複数回の爆発が起き、現場の作業員が負傷した。最も驚くべきことには、核燃料に触れた水が海に放流され、放射性核種が発電所から大気中へ放出された。メルトダウン（炉心溶融）の結果として、何十万もの人々が、被曝を回避するために、家を離れて避難することを余儀なくされた。わが家に帰ることは、多くの人にとって望み薄かもしれない。除染には三〇〜四〇年かかると推定されているのだ。[22]

防ぎようのない壊滅的な被害をもたらし、およそ一万五〇〇〇人の命を奪ったのは、日本史上最大の地震それ自体だったが、[23] 結果として起きた原子力発電所での大惨事は実は回避可能であったことが、今では広く認められている。二〇一二年夏には、九〇〇時間におよぶ聞き取り（すなわち九つのプラント、一九の委員会会議、三つの市役所・町役場の一〇〇〇人を超える人々へのインタビュー）を実施して第三者による調査が発表され、「事故は明確に人災」であり、「事故の直接原因はすべて予測可能だった」と結論づけられた。[24] 証拠を検討するうちに、明らかになったことがある。第一原子力発電所で惨事が起きるまでの数年間に、カッサンドラのような人が何人か、そうした事故の可能性を再三にわたって警告していた。もし実施されていたら発電所の崩壊を防いだか軽減しただろう合理的な安全対策について、勧告がなされていたのである。だが毎回のように、勧告ははねつけられたり真剣に聞いてもらえなかったりした。ここで浮かぶ疑問はこれだ。一体、なぜなのか？

二〇〇一年、神戸大学都市安全研究センターの石橋克彦教授が、日本の原子力安全委員会・耐震指針検討分科会委員に任命された。彼は、活断層の調査基準を委員会が再検討することを提案したり、地震活動性が高いかもしれない地域に福島第一原子力発電所のような発電所の建設を許可する政府の資料を批判したりした。だが、委員会の他のメンバー（大半が電力会社と関係のあるアドバイザー）は彼の提案を却下し、懸念を軽んじてしまった。[25]

二〇〇七年、石橋は将来を予見するような論文「なぜ懸念されるのか。地震の被害の深刻なリスクにさらされている日本の原子力発電所」を発表し、地震活動が長らく比較的穏やかだったために、日本は誤った自信を持つようになっていると主張した。日本列島およびその周辺の地震活動とプレート・テクトニクスの専門家である彼は、プレート運動に規則性があり、当該地域ではもはやいつ地震が起きてもおかしくないと考えていた。彼の警告は率直だった。「原子力発電所は地震に対して脆弱だ。ただちに抜本的な対策を講じなければ、日本は近い将来、核の大惨事（津波によるものを含め）に見舞われるだろう」。[26] 残念ながら、ほかの人々は石橋の警告に見向きもしなかった。

たとえば、事故当時、原子力の監督官であり原子力安全委員会委員長だった班目春樹は日本の議会に対し、石橋は「取るに足りない人物」であり、心配には及ばないと述べた。[27]

班目が石橋を「取るに足りない人物」と非難したのは辛辣だったとしても、産業界の人間でも政府関係者でもなく研究者である石橋が、アウトサイダーだったのはたしかだろう。日本は長くエネルギーを輸入に依存してきたが、その状態からなんとかして脱却しようとする第二次世界大戦後の努力に、もしかすると彼はそれほど強くとらわれていなかったのかもしれない。一九五〇年代半ば以降、化石燃料をほとんど持たないこの島国は、原子力エネルギー安全保障の強化を実現するためにエネルギー供給を石油依存状態から離れて多様化し、エネルギー安全保障の強化を実現するためである。[28]その後の四〇年間には、一九七〇年代の「石油ショック」や、一九七九年のスリーマイル島および一九八六年のチェルノブイリの原発事故もあったが、日本は国内での原子力発電能力を高めるためにひたすら猛進した。[29]たとえば政府は、原発立地自治体に交付金などのインセンティブを与えた。また、原子力は安全だと国民に信じさせるために、広報活動も行った[30]（もっとも、原子力をめぐる世論には否定的な意見もあり、反核デモが行われたり、さらなる発電所の建設計画を断念させたりすることもあった[31]）。こうした政治的なコンテクストを考えれば、安全性に対する石橋の懸念は、愛国心に欠けるとか余計な真似であるように見えたかもしれない。

福島第一原子力発電所を所有する日本最大の電力会社、東京電力ホールディングスが行った二〇〇〇年の社内調査では、日本で高さ五〇フィート（約一五メートル）に達する津波が発生するかもしれないことが指摘されていた。それどころか、洪水のリスク回避のために、よりよい措置をとることが提言されていた。だが、何の対策も講じられることはなかった。およそ起こりそうにないそのような出来事のリスクを考えるなど非現実的だと、東京電力が判断したためである。[32]また、原子力安全・保安院をはじめとする日本の規制当局も、東京電力を取り締まることに積極的になれなかったように思われる。というのも、その頃には、原子力エネルギーが日本にとっていっそう戦略的な優先事項になっており、京都議定書によって立てられた温室効果ガス排出量目標の達成のために原子力発電の増加が不可欠になっていたからである。二〇一一年までに、一〇を超える発電所の建設が予定されていた。[33]福島の事故以前には、日本の発電供給は原子力が三〇パーセントを占めていたが、将来的に四〇パーセントに増やすことを政府は計画していた。[34]

安全性の問題は、原子力発電拡大計画に織り込み済みであるかのように見えたが、過去にさかのぼって調べてみると、政府と企業が体質的に、既存の脅威の重大さをきちんと受けとめず適切な配慮もしなかったことがわかる。たとえば、原子力安全・保安院が二〇〇九年六月にひらいた会議は、福島第一原子力発電所の自然災害に対する備えが万全か否かがテーマだったが、津波については議題にさえならなかった。同院のメンバーは、福島付近で津波が起きる可能性は低く、真剣に考慮するに値しないと思っていたのである。福島への安全指針をつくる際に同院が使ったデータは、その地域における史上最大の地震（マグニチュード七・九の、小さな津波しか起きなかった一九三八年の地震）のデータだった。福島第一の原子炉は海の近くにあるため、東京電力は防波堤を建設したが、その高さは一九三八年の津波と同程度であれば食い止められるものにすぎない。だが同院は、その高さの防波堤なら将来のどのような津波も防げると考え、結果として、発電所にはあくまで地震に対する備えをさせるという方向で話を進めた。

この六月の会議でも、ある人物がカッサンドラのような発言をした。活断層・地震研究センター長を務める岡村行信博士が、東京電力の判断には賛成できないと述べたのである。[35] 彼は、一九三八年の地震の規模は福島第一原発の安全基準の根拠として不十分であると考え、それよりはるか昔、西暦八六九年の巨大地震後に発生した貞観津波の例を指摘した。東京電力の担当者たちは、岡村の信用を傷つけるためか彼の懸念を最小限に抑えるため、あるいはその両方のために、貞観地震の被害について「大したことはなかった」と主張した。岡村は、それは違うときっぱり否定した。貞観津波は城郭を破壊し、少なくとも一〇〇〇人の命を奪ったのだ。歴史書では、そのすさまじさが次のように語られている。「津波は悪夢を見ているかと思うほどの荒れ狂いようで、すぐさま町の中心へ押し寄せた」。岡村は、貞観津波級の津波が来たら福島地方が壊滅してしまうかもしれないと懸念していること、そして有効なあらゆるデータをなぜ使おうとしないのか理解に苦しむと、会議の出席者たちに述べた。

岡村の懸念は、心理的安全性の高い文化であれば耳を傾け真剣に考えられたかもしれないが、東京電力のあるエグゼクティブはそのような行動をとらず、代わりに、現代のツールや技術によって調べたわけではない伝説的な地震に基づいて安全性に関する提言をするのはナンセンスだと反論した。さらに、この会議は津波ではなく地震のリスクについて話し合う場だとも述べた。東京電力のエグゼクティブたちは、詳しく検討する努力をすると述べ、会議は先へ進んだ。次の会議で、岡村はもう一度、脅威の重大さをなんとかして出席者たちにわかってもらおうとした。彼の研究センターがつくった予測モデルを説明し、現在の防波堤の高さでは、もし地震の規模がマグニチュード八・四より大きければ十分でないことを示した。貞観津波が残した砂の詳細な調査についても説明した。だが結局、会議のメンバーが耳を傾けることはなかった。

波風を立てないために歩調を合わせる

以上見てきたように、沈黙の文化とは、懸念の表明より周囲との同調が大勢を占める文化だと理解していいだろう。根底にあるのは、人々の意見にはたいてい価値がない、ゆえに尊重するには及ばないという前提だ。もしかしたら、福島の事故を引き起こすに至った一連の考え方を、沈黙の文化がどのように伝え続けてきたかについて、最も的を射た批判をしたのは、国会事故調（東京電力福島原子力発電所事故調査委員会、ＮＡＩＩＣ）の委員長、黒川清かもしれない。彼は、英語版の報告書の冒頭に、次のように記した。

どんなに詳しく書いても、この報告書では――とりわけ世界の人々に対して――十分に伝えきれないことがある。それは、この大惨事の背後にある、過失を促したマインドセットである。これが「日本であればこそ起きた」大惨事であったことを、われわれは重く受けとめ、認めなければならない。根本原因は、日本文化に深く染みついた慣習――すなわち、盲目的服従、権威に異を唱えたがらないこと、「計画を何が何でも実行しようとする姿勢」、集団主義、閉鎖性――のなかにあるのだ。[36]

黒川が挙げた「染みついた慣習」はいずれも、日本文化に限ったものではない。それは、心理的安全性のレベルが低い文化（率直な発言も抵抗もしたがらない姿勢と、世間に対して体裁をよくしておきたいという強烈な願望とが混ざり合っている文化）に特有の慣習なのだ。評判を気にするせいで、従業員は、外部に対してだけでなく内部でも意見を言えなくなる。福島第一原発の安全性——および、よりたしかな安全対策の実施に必要なもの——に対する警告をはねつけたことは、原子力エネルギーを推進したいという国の強い希望とも密接に関連していた。

第3章で取り上げたニューヨーク連邦準備銀行のストーリーでは、規制を受ける側の強力な組織がそれとなく結託し、勇気を出して率直に発言したり拒否したり反対したりする少数の人々を黙らせてしまったが、同様に、日本の原子力産業も「規制の虜」に苦労していた。黒川によれば、原子力によって国家のエネルギー安全保障を実現するという日本の長年の政策目標が強力な命令になったために、原子力が、シビル・ソサエティ(市民社会)による監視の目などどこ吹く風の、止めようのない力と化したという。原子力の規制が、その推進について責任を負う同じ政府の役人に委ねられてしまったのだ[37]。このように、必要性にとらわれ、何が何でも実現しようとしたことが、「規制当局の圧力をものともしない、小さな事故を隠すのが慣例の」文化を生み、「……福島第一原発の事故を引き起こしてしまった」のである[38]。

二〇一三年、スタンフォードの調査によって、五〇〇〇万ドルもあれば、十分な高さの壁を建設し、この大惨事を回避できたはずだったことが突きとめられた[39]。しかしながらこの事例はやはり次の点を示している。メッセージを聞こうとしないことが支配的な文化になっているときに耳を傾けてもらうこと——意見を歓迎し、じっくり話し合い、ときにはその意見に基づいて行動を起こしてもらうこと——が、どれほど困難であるかを。

ソーシャル・メディア全盛時代における沈黙

二〇一七年一〇月五日、女優のアリッサ・ミラノがツイッターに投稿した。「性的嫌がらせ、あるいは性的暴力を受けたことがあったら、このツイートに『Me too』と返信して」。二四時間と経たないうちに、「#MeToo」のハッシュタグをつけたツイートが五〇万件近く投稿された。[40] MeTooはその一〇年前にタラナ・バークが始めた運動だが、[41] ミラノがツイートしたのはセクハラをした有名人の告発報道が相次いでいるさなかであり、ソーシャル・メディアを使ったアクティビズム（積極行動主義）・キャンペーンを一気に広げた。目的は、声をあげるというシンプルな行動を起こすこと。多種多様の望まない性的関心を引いてしまった各界・各方面の男女——その多くが、最も近しい人にさえ話せずにいた——が、みずからの経験を、いわば公開討論会となった場で思い切ってツイートし、投稿し、メッセージを発した。

声をあげる行動は、ミラノのツイートが最初だったわけではない。九カ月前の二〇一七年二月一九日、若いソフトウェア・エンジニアが書いた三〇〇〇ワードのブログ記事が、ソーシャル・メディアで話題になった。[42] 配車サービス会社ウーバー・テクノロジーズの元サイト・リライアビリティ（信頼性）・エンジニアで、同社を辞めて間もないスーザン・ファウラーが、個人のウェブサイト上において、率直に述べる権利を使ったのだ。具体的かつ正直に述べられた、彼女曰く「奇妙な、興味をそそられる、少しぞっとするストーリー」であるその経験には、権力と沈黙の仕組みのせいで心理的安全性に欠ける文化がいつまでもなくならないことについて、多くが示されている。

また、ファウラーがあげた声は、同様に声をあげた同僚たちに後押しされ、ソーシャル・メディアを通して広がり、主要報道機関によっていっそう大きくなり、心理的に安全でない文化がどのようにしてついに持続不可能になるかを教えてくれる。

ファウラーがウーバーで仕事を始めた初日、社内チャットでマネジャーが何通もの不適切なメッセージを送ってきた。「ベッドをともにしてくれる女性がどこかにいないだろうか」という。「私のことを指しているのは明らかだった……」とファウラーは述べた。彼女はメッセージのスクリーンショットを撮り、人事部へ送って報告した。だが、期待したようには事は進まなかった。人事部も上層部も、次のように述べた。「彼がそういう振る舞いをしたのは初めてであり、厳重注意以上のことをするのは具合がよくない」、なぜなら彼は「高い業績をあげているからだ」と。ファウラーは、別のチームに移って仕事を続けるか、それとも今のチームに残るかを選ぶように言われた。残る場合は、そのマネジャーに「次の人事考課でおそらく低く評価されるにちがいないが、それについて人事部には何もできない」と承知することになる。ファウラーはそのような「選択」に抗議しようとしたが、うまくいかず、結局、別のチームに移ることにした。

それからの数カ月の間に、ファウラーは、ウーバーで同様のセクハラを受けたという女性エンジニアたちと知り合った。彼女たちも人事部に報告したが、やはり埒(らち)が明かなかったという。なかには、ファウラーにセクハラをした同じマネジャーと、似たやりとりをした女性たちもいた。誰もが、それが初めてだと言われた。いずれの場合も、何もなされなかった。ファウラーと女性エンジニアたちは、無視されているのを感じ、黙り込んだ――ただし、つかの間だった。

運命のいたずらと言うべきか、ブログにもあるとおり、ファウラーは二〇一五年一一月にウーバーに入社して、最初は胸を躍らせていた。そして次のように書いた。「自由にチームを選び、したい仕事ができるという、めったにない機会を得た」と。

昇進し、守られる

ウーバー・テクノロジーズは、シリアルアントレプレナー（連続起業家）で友人同士のトラビス・カラニックとギャレット・キャンプによって二〇〇九年に設立され、シリコンバレーの有名なベンチャー・キャピタルから資金提供を受けて二〇一一年に創業した。[43] 歴史の長いタクシー業界をゆるがし、ライドシェア経済圏がそれに取って代わるという明確な意図に違わず、ウーバーは成長するにつれ、挑戦的で迅速かつ大胆であるという評判も高くなった。[44] 業績のよい社員は「昇進し、守られた」――目標を達成するか上回れば、それだけで昇進できたのである。[45] ファウラーのブログ投稿が一気に広まると、次のように述べて内部告発する現役あるいは元社員が現れるようになった。ウーバーの文化は「やりたい放題」、すなわち「イギリスの思想家トマス・ホッブズが説いた『万人の万人に対する闘争』状態であり、……従業員同士が対抗し、業績のいい社員の不正には見て見ぬふりがなされる」と。[46] ファウラーに対するマネジャーの行為は、その一例にすぎなかった。

ファウラーは、ウーバーの他の新入社員と同様、会社の中心的価値観を教わった。[47] なかには、心理的に安全でない環境を生む原因と思われる価値観もあった。たとえば、会社にとって特に価値の高い「段違いのやる気」には、やればできるという強い気持ちと、会社を前進させるために必要なことは何でもする姿勢が含まれていた。結果として長時間勤務になることもしばしばだったが、それ自体は心理的に安全でない環境の特徴というわけではなく、ファウラーにしても、知的な難題には楽しく取り組んでいたらしく、自分たちのチームが成し遂げたエンジニアとしての仕事を「誇りに思う」と述べている。しかしながら、スポーツや男性ホルモンさえも暗に示す「段違いのやる気」は、大騒動が起きる兆しであったように思われる。ウーバーの中心的価値観にはほかに、「大胆な賭けをせよ」というものがあり、事前の許可ではなく事後の許しを求めよと説明された。つまり、ルール違反をすることについてあらかじめ許可を求めるより、一線を越え、ルール違反だったことがわかり、それから許しを求めるほうがいいというのだった。さらに、「実力主義と人の領分を侵してでも発言すること」という価値観もあった。これは、従業員に対し、たとえ関係を少し損ねる結果になろうとも、チームとしてではなく自律的に仕事をすることと、他人を踏みつけてでも仕事をやり遂げ、前進することを奨励するものだった。[48]

だからどうだというのか、とあなたは言うかもしれない。スーザン・ファウラーのような優秀で熱心なエンジニアたちを黙らせ、傷つけ、結局失うことになってしまった会社とはいえ、それでもなお、何百万もの人々に「to uber（ウーバーを使って行く）」という新語を使って話してもらえるほどの成功を収めていたのだ。同社の成長はまさしく破竹の勢いであり、二〇一八年初め時点の時価総額は七〇〇億ドルを上回っていた。[49] ひょっとして、現代において前進するためには、少しばかり「段違いのやる気」を持って「人の領分を侵してでも発言すること」が必要なのだろうか。

ソーシャル・メディアを使うことで今までとは違うタイプの率直な発言ができるようになったために、企業は、心理的に安全でない文化を臆面もなく積極的に支持することが、はるかに難しくなっている。ファウラーが事を明るみに出したのがきっかけで、記者がこぞって調査に乗り出したのだ。『ニューヨーク・タイムズ』は、ウーバーの現役社員と元社員三〇人にインタビューし、数多のハラスメントの事例を報告した。なかには、マネジャーが「ラスベガスで行われた会社のリトリートで同僚女性の胸をまさぐった」、上司が「会議で部下と激論を戦わせ、同性愛者を中傷する言葉を言った」など、とんでもないものもあった。[50]ファウラーによれば、サイト・リライアビリティ・エンジニアリング部門で女性が占める割合は、彼女の入社時には二五パーセントを超えていたが、辞める前は六パーセントになっていたという。ブログ投稿後の影響や判断を受けて、いくつもの訴訟が起き、あらゆるレベルの従業員が大量に解雇されたり自発的に辞めたりし、会社の評価額と評判が地に落ちた。[51]不要な害を社員が被るという、新たな問題が起きているのである。

二〇一七年六月二一日、トラビス・カラニックが、五人の主要株主から辞職を要求され、ウーバーのCEOを辞した。[52]ファウラーは、雇用契約にある集団訴訟について従業員が権利を失う可能性があるかどうかを判断するにあたり、ウーバーでの自分の経験を考慮するよう連邦最高裁判所に申し立てたが、その提案はのちに否決された。[53]同年、ファウラーは『タイム』誌の表紙を飾った。セクハラに関して「沈黙を破った」五人のうちの一人として、二〇一七年の「パーソン・オブ・ザ・イヤー（今年の人）」の一人に選ばれたのである。[54]さらに、『フィナンシャル・タイムズ』紙のパーソン・オブ・ザ・イヤー、[55]米誌『バニティ・フェア』主催のニュー・エスタブリッシュメント・サミットの一人、[56]Recode's Top 100で（第一位のジェフ・ベゾスに次ぎ）第二位にも選出された。[57]

ウーバーをめぐるスーザン・ファウラーの一件は、職場の権力者に真実を突きつけることがソーシャル・メディアによって可能になった一つの例にすぎない。二〇一七年、数千人の女性が職場でのハラスメントに対して「MeToo（私も）」と声をあげた。そして、高い地位にある数百人の男性が、長らく――数十年間、つまり入社してからずっと――問題視されずにいた行為の報いを受けた。通信技術のおかげで、MeTooやブラック・ライヴズ・マターのようなソーシャル・メディアを使った運動は勢いよく広がり、主要メディアや世論や、ときには法廷にまで入り込む力を得た。そして、従業員が最高の仕事ができるよう、心理的に安全な組織を何としてもつくって持続させなければという危機感を生み出した。

二〇一七年八月、ウーバーの新たなCEOに就任したダラ・コスロシャヒは何よりもまず、女性エンジニアたちに会った。同社の組織文化が崩壊していることを重く受けとめ、手はじめとして心理的に安全な職場の土台づくりに取りかかったのだ。ウーバーのピープル・エクスペリエンス部のグローバル・ディレクターを務めるジェシカ・ブリンザは、次のように述べた。「彼［コスロシャヒ］は、銃を乱射するような姿勢ではなく、耳を傾ける姿勢でやってきた[58]」

ここでのキーワードは、「耳を傾ける」である。次の第5章および第6章では、素晴らしい成功を収めている八つの組織を紹介する。いずれも、耳を傾けることと率直に発言することが特別ではなく当たり前とされる状況が、リーダーによってつくり出されている組織である。そのようなフィアレスな職場では、従業員が価値ある情報、発見、あるいは疑問を言うのを控えることはまずない。そしてリーダーは、悪い知らせや早期の警告に対し、はねつけるのではなく耳を傾けるのだ。

第4章のポイント

- 顧客や従業員が懸念や疑問を率直に言えない場合、彼らの身体的安全がリスクにさらされ、ときには悲惨な死につながることもある。
- 権威を過信することは、心理的・身体的安全におけるリスク要因である。
- 沈黙の文化は、すなわち危険な文化である。

第5章 フィアレスな職場

不安に思う必要があるのは、不安そのものだ(1)

――フランクリン・D・ルーズベルト

もしかしたら、文字どおり不安のない職場をつくるのは、不可能かもしれない。同僚や上司の前で面目を失いたくないと思うのは、無理からぬことだからである。一方で、フィアレスな職場を一大目標に掲げる組織がしだいに増えてきている。そのような組織のリーダーは、ナレッジ（知識）が価値の重要な源泉であるなら、心理的安全性を生み出すことが重大な使命であることに気づいている。その意味で、フィアレスな組織とは、一度目標を達成したらそれで終わりではなく、目標に向かって絶えず努力し続けるものだと言える。その旅は果てしなく、かつダイナミックに続くのである。

この章では、成功している一握りの企業が努力してつくったやり方や築いた文化を紹介し、心理的安全性がどのように作用しているかを示していく。人々が率直に発言し、質問し、活発に議論し、学習と改善に全力を傾け続けると、素晴らしいことが起きる。簡単ではないし、楽しいときばかりではないが、これから述べるように、この困難な取り組みに投資して積極的にチャレンジすると、きっと報われる。自分たちの意見が尊重されることを従業員が知っている職場には、本物のエンゲージメントと桁違いのパフォーマンスを生む新たな可能性がもたらされるのである。

本章に登場する組織からは、心理的に安全な職場がどのようなものかを垣間見ることができる。すなわち、従業員が考えや疑問や懸念を気兼ねなく述べる場合、製品のクオリティ、顧客、株主にとってプラスになることが起きる。そのような組織は、不安うずまく同業他社と比べて、数としては少ない一方、競争優位の源泉をたしかに秘めており、それがそれぞれの業界や会社のリーダーや仕事の性質に応じた形で成果を生み出すのである。

後述するとおり、職場における心理的安全性の現れ方はさまざまだ。チーム、部署、あるいは組織が心理的安全性を適切に生み出している場合には、驚くほど率直な感じを覚えるだろう。これは、不安と不信が生み出す複雑な人間関係と会話に日々苦労する人々のストーリーとはきわめて対照的だ。そのため、本章の「申し分のない職場」のストーリーを読むとき、あなたはそのシンプルさに目を留めるかもしれない。また、ペースの速い世界で成果をあげる職場についてのビジョンと哲学について、リーダーたち自身の言葉から、さらに多くを聞くことになる。というのも、本章に登場する人々の傾向として、従業員の力を最大限に引き出す職場づくりに関する意識的な決定を、しっかり知らせようとしていたからである。

この章で紹介する会社は、映画やファッションのようなクリエイティブな分野から、ハイテク・コンピューティング、金融、機械製造業まで多岐にわたる。ただ、業界は全く違っても、従業員の学習と創意工夫とエンゲージメントがあればこそ成功している点は、すべての会社に共通している。

率直さを実現する

一九九五年に三歳より上の年齢であったなら、あなたはおそらく『トイ・ストーリー』という映画に関心を持っていた、あるいはほどなく持つようになっただろう。『トイ・ストーリー』は、ピクサーが公開した史上初のコンピュータ・アニメーション長編映画である。その年、『トイ・ストーリー』が第一位の興行収入をあげ、ピクサーのＩＰＯ（新規株式公開）も同年最大となった。[2] その後のことは周知のとおりである。ピクサー・アニメーション・スタジオは以来、一九の長編映画を制作し、そのすべてが商業的に大成功を収めている。これは、ヒットを出すことが重要だが簡単ではない業界において、きわめて意義深い。また、ただ一社によって失敗なくヒットを飛ばし続けるというのは、他にほぼ例がない。同社はどのようにして、そんな偉業を成し遂げているのか。答えはこれだ――創造性と批判の両方が次々生まれる状況を、リーダーシップが生み出しているのである。ピクサーの仕事はストーリーの創造とアニメーション化かもしれないが、会社としてのあり方には、その映画と同様に普遍的で大切なことが、心理的安全性に関して示されている。

ピクサーの共同創設者であるエドウィン（エド）・キャットムルは、同社の成功の一因は率直さだと述べている。彼は、率直さとはざっくばらんに、あるいは腹蔵なく話すことだと説明し、[3]「率直さ」という言葉からは遠慮のない正直な話し方が連想されると指摘しているが、それらはまさしく心理的安全性の考え方に通じている。率直さが職場の文化の一部になっていると、人々は発言を禁じられているように感じない。考えを胸にしまっておくこともない。皆、思うことを述べ、アイデアや意見や批判を共有する。理想的な場合は、ともに笑いながら、やかましいくらいに話をする。キャットムルは、率直さを促すために、組織においてそれを制度化する方法を模索している。わけても注目すべきは、「ブレイントラスト」というミーティングである。

数名が数カ月ごとに集まって、制作中の映画を評価し、忌憚のない意見を監督に伝え、創造的問題の解決を手伝うブレイントラストは、一九九九年に生まれた。ストーリーに難のあった『トイ・ストーリー2』を面白いものに変えようと急いでいたときのことである。ブレイントラストが用いる方法は、いたってシンプルだ。監督たちとストーリーづくりに関わる人たちが、直近につくられたシーンを一緒に観て、ランチをともにし、その後、面白いと思うところと思わないところについて監督にフィードバックするのである。カギとなるのは、率直さだ。もっとも、率直であることはシンプルだが、決して簡単ではない。

素晴らしいものをつくるプロセスで悪いものを受け容れる

キャットムルが率直に認めているように、「……どの作品も、最初は箸にも棒にもかからない駄作」である。[4] つまり、『トイ・ストーリー』はまかり間違えば、おもちゃたちの秘密の暮らしを描いた感傷的でつまらない映画になりかねなかったということだ。実のところ、その創造的なプロセスは本質的に繰り返しの作業であり、面白い作品になるかどうかは、誠実で正直なフィードバックを得られるかどうかにかかっている。もし、ブレイントラスト・ルームに集まって制作途中のシーンを観た人々がよくない、何かが足りない、わかりにくい、理解できないと思う部分を率直に述べても大丈夫だと安心できず、お世辞のような言葉を口にするだけであったら、『トイ・ストーリー』と『トイ・ストーリー2』が空前の大ヒット映画になることは、おそらくなかっただろう。

ピクサーのブレイントラストには、いくつかルールがある。第一に、フィードバックする際には建設的に、そして個人ではなくプロジェクトについて意見を述べなければならない。同様に、監督は批判に対して過敏になったり個人的なものとして受け取ったりせず、事実を告げる声に喜んで耳を傾ける姿勢を持つ必要がある。第二に、トップダウンにしろその逆にしろ、相手に強制することはできない。監督は作品について最終的な責任を負っており、提案された解決策を採用も却下もできる。第三に、率直なフィードバックは「あら探しして恥をかかせること」ではなく、共感の観点から行わなければならない。これについては、批評する側の監督たち自身も過去に何度もフィードバックを受けているため、その経験が活きてくる。わけても監督の構想や夢に対しては、称賛と好意的な批評が惜しみなく与えられる。キャットムルも述べているとおり、「ブレイントラストは心が広く、力になりたいと思っている。利己的な考えは持っていない」のだ。[5] ブレイントラストは、臆病な「彼ら」ではなくむしろ中立的で自由に動ける「一団」と言ってよく、個々のメンバーの総和以上の存在と考えられる。人々が安心してひらめきや意見や提案を言うことができると、部屋のなかのナレッジが飛躍的に増える。これが起きるのは、個々の見解や提案が互いをもとにして進化し、新たなものを形づくったり今までと違う価値を生み出したりするためである。これは、フィードバックが別々に集められる場合とは対照的だ。

専門家集団(ブレイントラスト)――意見を率直に仲間に伝える、共通の目標を持つ人々から成る一団――は、メンバー一人ひとりの個性やメンバー同士の相性に影響されやすい。言い換えるなら、誰かが先頭に立ってうまくプロセスを導かなければ、あっという間に収拾がつかなくなりかねない。素晴らしい結果を出すためには、マネジャーは長期にわたり絶えずダイナミクスに気を配る必要がある。また、人々が互いの専門知識に敬意を払い、意見を信頼し合うと、とてつもなく大きな成果をあげられるようになる。ピクサーのアンドリュー・スタントン監督は、効果的にフィードバックするグループにふさわしい人材の選び方について、次のようにアドバイスする。曰く、その人材とは「より賢く考える力をもたらし、短時間に多くの解決策を提案できる人」でなければならないという。[6] より賢く考える力をもたらす人を集めるというスタントンの重要なアドバイスは、革新と進歩に心理的安全性が不可欠である理由の核心を突いている。集まった人が心に思っていることを述べないかぎり、より賢く考えることはできないのだ。

残念だが、ひとつ言っておかなければならないことがある。二〇一七年の終わり頃、エド・キャットムルとともにピクサーを創設したチーフ・クリエイティブ・オフィサーのジョン・ラセターが、不適切な行為が原因で休職し、「望まないハグや、どんな形であれ一線を越えていると感じる行為を受けたあらゆる人」に対し電子メールで謝罪した。[7] ほどなく、ラセターのハラスメントについて、ピクサー従業員から抗議の声があがり始める。第6章で詳述するが、MeToo運動のなかで起きたラセターの行為とそれに続く休職は、心理的安全性の脆く持続しにくい性質を明確に示している。一線を越えて身体的に関心を寄せると、苦労して獲得した信頼がたやすくむしばまれてしまうのである。

ピクサーのブレイントラストは、研究者が査読と呼ぶもの――論文の草稿や執筆中の本を、同分野の別の専門家が読んで建設的な批評をするプロセス――に似ている。これは改善のためのきわめて貴重な情報になる可能性があり、ほとんどの場合、当初より格段によくなった原稿が世に出ることになる。ただ、同業の専門家の意見は（匿名の場合は特に）ライバル意識混じりで冷ややかにもなりうるのに対し、ピクサーのブレイントラストならまず起きない。また、ピクサーのブレイントラストは、「芸術批評」にも似ている。芸術を学ぶ学生たちが、多くは教授かプロの芸術家の指導を受けながら、互いの作品について率直に批評し合うものである。この芸術批評は、他のグループプロセス同様、共感して支援する姿勢を伴わず、率直さがかえって足を引っぱってしまう場合、心理的安全性が弱まってしまいかねない。[8] 一方で、必ずしもそうとは限らない。仲間のフィードバックは貴重であり、それがあれば、若い芸術家たちは自律的に行動できるようになるのだ。[9] 一大スキャンダルになったフォルクスワーゲンのディーゼルエンジンを、失敗を恐れ率直に話そうとしない人々ではなく、エンジニアという専門家集団(ブレイントラスト)が管理していたらどうなっていたかを考えてみよう。そのようなエンジンの実現可能性について、もしエンジニアたちが率直に意見を言えていたら。そうすれば、状況は全く違ったものになったかもしれなかった。

遠慮なく失敗する

ピクサーがヒット作を出し続けるもう一つの要因として、キャットムルは失敗を挙げる。興行的失敗がピクサーとして何としても避けたい事態である点を考えると、これは奇妙に思えるかもしれない。だが実は、そのような事態を避けられるかどうかは、制作の早い段階で積極的に失敗できるか否かにかかっているのである。ブレイントラストはリスクや失敗を、クリエイティブなプロセスに不可欠と捉えている。キャットムルによれば、最初はどの作品も「箸にも棒にもかからない駄作」だという。スタントンも、自転車の乗り方を学ぶときに何度も失敗することなくすいすい乗れるようになる人はいないが、映画制作のプロセスも同様だと述べている。[10] キャットムルはこう信じている。もし何度でも失敗することができなかったら、皆「かつて成功した、うまくいくとわかっているやり方に、いつまでも甘んじるようになるだろう。そんな仕事は模倣でしかない。革新的じゃない」と。[11] 他の多くの仕事がそうであるのと同様、イノベーションには試行錯誤のプロセスが欠かせないのである。

キャットムルは正直に、また人間らしく、失敗は怖いものだと認めている。積極的に失敗するのは実のところ、言うは易く行うは難しなのだ。彼は次のように述べている。「失敗のいい面と悪い面を見つけるためには、痛みと、その結果として生じる利益の両方を理解する必要がある」。[12] 失敗したときにそれを認め、この先は避けたいものだと願いながら歩み続けるだけでは不十分だ、とも説明している。私たちは失敗を、不安に思ったり避けようとしたりするのではなく、学習と冒険に必ずついてくるものだと理解する必要がある。自転車の乗り方を学ぶときに膝をすりむいたり肘にあざをつくったりといった身体的な痛みが伴うのと同様、オリジナリティあふれる映画をつくるには、失敗という心理的な痛みが伴う。さらに言えば、学習するときに失敗という痛みを避けようとすると、さらにひどい痛みを味わうことになる。キャットムル曰く、「そんな戦略、つまり先回りすることによって失敗を回避するなどという戦略を採るのは、特にリーダーにとって命取りだ」[13]

言うまでもないが、興行的に失敗すれば費用が莫大になる可能性があり、ピクサーは制作の早い段階での積極的な失敗を促すべく、策を講じている。たとえば、監督が構想に数年かけるのを認めているし給料も支払うが、制作コストの超過には制限を設けるといった具合だ。結果につながる失敗かどうかは、どうすればわかるのか。プロジェクトを打ち切って損失を減らすほうがいいのは、どんな場合か。キャットムルによれば、プロジェクトがうまくいっていない場合にピクサーが監督をクビにする理由はただ一つだ。すなわち、監督が明らかにチームから信頼されなくなっているか、ブレイントラスト会議で出される建設的な意見を受け容れ、その意見に基づいて行動するのを長期にわたって拒否している場合である。このように、ピクサーは「ミスをしても社員が恐怖を感じない」くらい心理的安全性の高い環境をつくり、それによって、キャットムルが「不安と失敗を切り離す」と呼ぶもの[14]を制度化しようとしている。言うまでもないが、率直に話したり積極的に失敗したりすることを重視しているのはピクサーだけではない。実際、成功しているクリエイティブな事業では、それとなくであれ目に見える形であれ、必ず実践されている。例としてもう一つ、大成功を収めている（そして何かと物議を醸す）ブリッジウォーター・アソシエイツ（世界有数のヘッジファンド運用会社）のレイ・ダリオを次に取り上げよう。

徹底した率直さ

一九七五年、二〇代のレイ・ダリオはニューヨークにある二部屋のアパートで、ブリッジウォーター・アソシエイツを創業した。以来、同社は成長を続け、従業員は一五〇〇人になり、（二〇〇八〜二〇〇九年の金融危機のときでさえ）高い利益を獲得し、数々の業界賞を受賞してきた。ダリオは、米長者番付「フォーブス４００」および『タイム』誌の「世界で最も影響力のある１００人」の常連だ。彼によれば、ブリッジウォーターの成功の要因は「有意義な仕事と有意義な関係を重視する」文化であり、これは「徹底した真実と透明性」によって実現されているという。[15] 二〇一一〜二〇一二年には、同社の文化を守る計画の一環として、自身が育てた実証済みのアイデア、メソッド、プロセスを記録するために、「プリンシプルズ（原則）」と題する文書を作成した。[16] また、ベストセラーになっている著書『PRINCIPLES（プリンシプルズ）人生と仕事の原則』（日本経済新聞出版社）には、[17] 心理的安全性が作用して学習、イノベーション、成長を促すようになるひとつの——唯一の、ではない——方法についての、広範で詳細な指針が示されている。

ダリオの徹底した率直さはまず、彼のこの原則に見ることができる——リーダーは、「批判的な意見があるときにそれを胸に秘めている権利は誰にもない……そんな環境をつくらなければ」ならない。[18] 「権利」という言葉が使われていることに注目しよう。ここでは、この組織でやっていいこと・いけないことが枠組みになる。ブリッジウォーターでは、考えたことは口にしなければならない。胸に秘めていてはいけないのである。ダリオの考えによれば、率直であることは、どれほどつらかろうと、必ず真実につながって成果を生むことになる。なぜなら、真実と向き合ってこそ、豊かな実りを得るための効果的な行動をとれるようになるからである。例として、彼は次のように述べている。なんらかの病気で余命幾ばくもないなら、どんなに恐ろしくても真実を知ったほうがいい。そのとき初めて、何をすべきかがわかるから、と。[19] 沈黙をやってはいけない行為と定めるダリオの姿勢は、私以上に徹底している。そんな彼の主張に詳しく検討する価値があると思うのは、「あなたには自分の意見や考えを、ともに仕事をする人々に伝える義務がある」ことが示唆されているためだ。ある意味、あなたの意見や考えは、あなたや人々が所属する企業のものと言える。ゆえに、胸に秘めている権利はあなたにはないのである。

このように、ブリッジウォーターでは、率直なフィードバックが絶え間なく事細かに行われている。また、全従業員がイシュー・ログと「ペイン・ボタン」を保持する必要がある。イシュー・ログには、一人ひとりのミス、長所、短所が記録される。「ペイン・ボタン」には、明確な批判に対する反応、短所を改善するための行動上の変化、それらの変化が成果をあげているかどうかが記録される。

透明性ライブラリー

ブリッジウォーターでは、徹底した透明性と極端なまでの率直さが密接に関連している。席を外していて他者の意見から学べないときは、席を外しているその人について話をしてはならないという禁止令まである。マネジャーも、部下のことを、当人がいないところで話してはいけない。ダリオ曰く、「わが社では、陰口を言う者は卑劣な密告者と呼ばれる」[20]。社員それぞれの継続評価の統計データは、「ベースボール・カード」に記録される。社員なら誰でも閲覧できるこのカードは、報酬、報奨、昇進、解雇について判断するためにマネジャーによって使われる。社内の誰も、不透明性のなかに隠れることはできず、これはダリオも例外ではない。全重役会議の動画をおさめる「透明性ライブラリー」は、方針や戦略がどのように議論されたかを従業員が知りたいと思った場合に、観ることができる。

学習プロセスにはミスや賢い失敗が欠かせないとするダリオの考え方は、成長の仕方やイノベーションの生まれ方について私たちが知っているものと一致している。ダリオは次のように考えている。「現代社会の失敗恐怖症は深刻だ」[21]、なぜなら、正解を探すことを小学校時代の初めに教えられてしまい、革新的・自立的思考へつながる道として失敗から学ぶことを身につけないからだ、と。また、彼は早くから次のように述べている。「誰もがミスをするし欠点もあること、それらにどう対処するかで決定的な違いが生じることを学んだ」。だからブリッジウォーターでは、「失敗するのは構わないが、失敗に気づき、分析し、そこから学ばないのは容認されない」のである[22]。

実りある衝突

ダリオは「プリンシプルズ（原則）」のなかで、率直さと、透明性と、失敗から学ぶこと――心理的安全性の三点セット――が、自分の人生と会社の両方にとって基盤になっていると、はっきり述べている。このセットにはもう一つ、「コンフリクト・レゾリューション（衝突の解決）」を加えることができる。これは、イノベーションと適切な意思決定を行うための、重要で心理的安全性が不可欠な情報提供の場である。ブリッジウォーターでは、「真実と、その真実について何をすべきか」を知るために衝突する。[23] それは、誰が何をするかに関してタスクベースの会話をしたり、別の視点を教え合ったり、相違や誤解を乗り越えたりすることでもある。人間は衝突するとつい競いたくなるものだと認めて、ダリオはこう助言する。「議論に『勝とう』としてはいけない。自分の間違いに気づくのは学んでいる証拠であり、それは正しくあることよりはるかに価値が高い[24]」。重要なのは、些末なことにあまり時間をかけず、考えの不一致を解決するタイミングを見きわめることだ。ダリオ曰く、ブリッジウォーターでは「偏見のない衝突」が日常茶飯であり、当然ながら社員の頭に血が上ることもある（驚くことではないが、ブリッジウォーターの新入社員は離職率が高い。同社の文化が万人向けではないためだ）。マネジャーは、人々が手に負えないほど感情的になっているときには「会話の論理性にポイントを置く」よう指示を受けている。これを実行するためには「常に冷静かつ分析的に、他者の考えに耳を傾ける」のが最良の方法である。[25]

ダリオは、会話の三タイプ（ディベート、議論、ティーチング）を区別しており、どのタイプが目前の問題にとって最適かを明確に判断するようマネジャーに助言している。ダリオによれば、議論とは、組織においてさまざまなレベルの経験や権限を持つ人々が参加し、考えや可能性をオープンに探究するものである。ここでは、質問し、意見を述べ、提案をすることが、参加者全員に求められる。そして、すべての考えが歓迎され、じっくり検討される。一方、ディベートは「ほぼ同等の人々」の間、ティーチングは「理解度がまちまちな人たち」の間で行われる。フィアレスな組織では、コミュニケーションがおそらく三タイプすべてを併せ持っており、境界が流動的になりがちだが、反面、三タイプともが存在しているために、心理的に安全な環境での話し合い方について、有用な考え方とその構築の仕方がもたらされる。

ここでわかるのは、明確なヒエラルキーと心理的安全性が、フィアレスな組織では相容れないものではないということである。ブリッジウォーターでは考えを頻繁かつ率直に言うのが当たり前になる必要があるが、一方で、率直に話すことがヒエラルキー——個人の実績を基盤の一部とするヒエラルキー——と共存している。ただし、コンセンサスによる意思決定は行われない。ピクサーのブレイントラスト同様、率直な討論の目的は、主要な意思決定者に別の視点をもたらして、最良の結果を見出しやすくすることなのだ。また、もし独断的で自信たっぷりな社員の意見をあらかじめ選んでおきがちな文化であるなら、傲慢さに対して注意が必要だとダリオは警告する。「意見を述べる資格を得ているかどうか、自問してみるといい」と彼は言う。[26] そのような資格は、実績を積み、責任を果たすことによって得ることができる。ダリオはこれを、難しい斜面をスキーで滑り降りる技に例えて言う。他人に教えるためには、まず自分がその技をしっかりできるようになる必要がある、と。[27] 一方、マネジャーとしては、(経験に基づいて導き出されているために)最も価値のある意見と、推測にすぎない意見を区別する必要がある。

リーダーとしての輝かしいキャリアがそろそろ終盤を迎えるダリオだが、自信過剰という落とし穴を回避するために、次の原則を、特に重要な原則の一つとして加えている。それは、「『無知』であることを心得るパワー」である。[28] この原則に気づいて忠実に守ってきたことが、成功の一因だと彼は言う。なぜなら、このパワーのおかげで、質問し、助言を求め、難題に対する最良の答えを見つけてきたからである。驚くべきことに、要求の厳しいこの投資家だけでなく、穏やかな話し方をするファッション・デザイナーのアイリーン・フィッシャーも、「無知」に価値を置いている。もっとも、それ以外の点でダリオと似ているところは、ほぼ何もないけれども。

「無知の人」になる

アイリーン・フィッシャーは、みずからを「無知の人」と呼ぶリーダーの一人である。[29] 今や誰もが知るアパレル・ブランドを立ち上げたのは一九八四年、三四歳の、裁縫の仕方を知らず、ファッションやビジネスについてもほとんど何も知らなかったときだった。今日、フィッシャーはリーダーとして弱さと謙虚さを体現しており、そのために、案に違わず職場に心理的安全性が生まれやすくなっている（この点については、第7章で詳述する）。フィッシャーは、自分の努力や不安について、正直に話をしている。以前は極度に内気で、初めてのデザインを断られたらどうしようと思うと不安でたまらず、百貨店のブルーミングデールズになかなか入れなかったというのだ。そんなフィッシャーだが、グラフィック・デザイナーとして日本で仕事をしていたときに目にした着物からヒントを得て、さらには、友人からブティック・ショー（アート・フェアのようなもの）のブースを借り、別の友人にはミシンの腕前を頼んで、みずからの会社を創業した。借りたブースに展示するために、初めは四種類、のちには八種類の衣服をデザインしたのである。そして、最初のショーで三〇〇〇ドル分の注文を、二回目のショーではなんと、買い手が列をなし、計四万ドルの注文を受けた。[30]

今では、アイリーン・フィッシャー社は七〇軒近い直営店を運営し、二〇一六年現在、四億〜五億ドルを売り上げている。[31] 他の多くの小売業者にも商品を供給し、ぜひ勤めたい企業という評価も獲得し続けてきた。第3章で取り上げた手痛い失敗をした企業と違い、経済的にも法的にも、また安全性の面でも過ちを犯して汚点をつけることなく、絶えず成長し、思慮深く建設的な変化を続けている。その経営スタイルとガバナンス構造が、見本と言うべき心理的安全性を生み出しているのである。

謙虚に耳を傾ける

フィッシャーは自分はもともと話をよく聞く人間だと述べているが、それは「無知の人」であることを長所にするのに役立っている。会社を立ち上げるにあたって彼女が気づいたとおり、この二つの特質は相乗効果を発揮して強みになるのだ。彼女曰く、「知らないから、真剣に耳を傾けます。すると、みんなが力を貸そうとしてくれます。教えてあげたいと、皆思うんですね[32]」。息の長いファッション・ブランドの経験豊かなリーダーになってなお、もともとあった「知らない」という弱さとそれゆえの知識を吸収する力を、彼女はたしかに持ち続けていた。無知を活かすマネジメントから得た結果の一つを、フィッシャーは次のように述べている。「指示どおり実行しなければと思うだけでなく、誰もが安心して自分の考えを突きつめていけるようになる[33]」

アイリーン・フィッシャーの衣服は、シンプルなラインと流れるようなデザインが特徴だ。この特徴は、同社のミーティングの進め方にも当てはまる。人々は円になって座る。ヒエラルキーが目立たず、「皆がリーダー」と呼ばれるものを促すためである。[34] マインドフルネスの状態と集中力を生み出し、全員が協力・貢献する環境をつくるために、ミーティングは沈黙から始まる。ときには、たとえば瓢簞（ひょうたん）などが、出席者から出席者へ手渡されていくこともある。瓢簞を手にしている人だけが発言できるしそれを期待されているという意図である。[35] 注目すべきは、本章に登場する他のリーダー同様、フィッシャーも、心理的安全性を生み出しやすくする具体的なプロセスを制度化している点だ。

フィッシャーが知っていることの一つは、不安で発言できないのがどういうものかということである。学生の頃、彼女は率直に発言することを、批判されたり恥ずかしい思いをしたり戸惑いを覚えたりするリスクを冒すことであるように感じていた。結果として、「相手の考えや主張を理解するより、何も言わないほうが安全だ」と思うようになった。[36] もしかしたら、それも一因で、彼女は従業員が安心して考えを話せる環境を、きわめて意識的かつ注意深くつくったのかもしれない。フィッシャーもやはり、次のように述べている。「私は質問し、適切な人たちと会話し、全員に発言してもらいたいと思っています。グループみんなで協力するプロセスは、大きなエネルギーを生み出します——それは、創造性とイノベーションの源なのです」[37]。興味深いことに、フィッシャーは服飾デザイナーとして、「正しい答え」ではなく、協力するプロセスと創造的なエネルギーを生み出す多様な声を求めている。成功についても、目前の結果ではなく、ある種のエネルギーだと表現している。

情熱を大切にしていいと言う

プロジェクトや新規事業が社内でどのように生まれるかを話すとき、フィッシャーが力を込めるのは、従業員に情熱を持つことを促し、「その情熱を大切にするのを認める」という点だ。[38] たとえば、アシスタントのエイミー・ホールは昇進してソーシャル・コンシャスネス（社会的意識）部の部長になったが、それは、工場の経営方法および工場労働者との接し方に対する自分の情熱を追いかけ、最終的には工場の世界展開に関する基準の設定に関わるようになった結果であった。また、二〇一三年には、持続可能性についての四日にわたるオフサイト・カンファレンスで、従業員たちが二〇二〇年までにすべての衣服を環境的に持続可能なものにすると決定した。自分の指示によるものではなかったが、フィッシャーは後押ししたいと思い、そのためにはただ「イエス」と言うだけでいいのだと気がついた。みずからをCEOとは呼ばないフィッシャーだが、「自分がイエスと言えば（そのまま進めていいと）伝える」ことになると知ったのである。[39]

企業なら例外なくそうであるように、アイリーン・フィッシャー社も、変化と成長を余儀なくされてきた。フィッシャーは、公開企業になってはどうかという申し入れも、リズクレイボーン（規模のより大きなレディース・アパレルメーカー）への売却オファーも、彼女の会社の商品とビジョンにあまり情熱を持っているように思えないという理由で断った。一方で、二〇〇五年に会社の所有権の一部を従業員に移譲した。二〇〇九年には、同社はマーケティングと製品ラインに関して大転換を図った。フィッシャーとともに歳を重ねた忠実な顧客基盤に加え、より若い層の女性の心をつかむためだった。近年のフィッシャーは、女性と少女の地位を向上させることが会社の使命だと考えており、その目的のために、アイリーン・フィッシャー・リーダーシップ協会を設立した。また、同社は女性起業家、および女性と少女のリーダーシップを育てる非営利団体に、補助金を提供している。[40]

結局のところ、フィッシャーはよく知っているのだ。彼女の言うとおり、「長い時間（とき）をかけてわかりました。私には、とりわけサステナビリティとビジネスのような、一つのムーブメントになっている問題に関して言うべきことが、実のところたくさんあるのだ、と。私が発する言葉に重みがあることも、わかりました[41]」。それは、みずからの言葉の力に、誰よりも遅れて彼女自身が気づいたということかもしれない。メイシーズ・ノースのフランク・ガゼッタ社長も、アイリーン・フィッシャー社から仕入れる季節ごとの商品ラインについて、こう述べている。「そこにはいつも、アイリーンの考えがある[42]」

結果として、アイリーンの考えはファッション業界において広く耳に（そして目に）されるようになっている。彼女が進んでリスクを取り、積極的に失敗したからである。クリエイティブな業界はどこも、失敗が日常茶飯事だ。デザインに関するアイデアは大半が採用に至らない。映画にしても、撮ったシーンはほとんどが編集室でカットされるし、ヒット作ができる前に資金繰りが苦しくなることもしばしばだ。世界のトップ企業においても、たしかに、賢く失敗して早く成功するという考えをますます多くの人が受け容れるようになってきている。もっとも、失敗から学ぶという考えがどんなに理に適い、心に響こうと、失敗をしたくてたまらない人は実のところ一人もいないけれども。

失敗がその役割を果たすとき

優秀で意欲あふれるパロ・アルトの人々が、丸二年にわたって、ある革新プロジェクトに取り組んだことがあった。海水を低価格な燃料に変えるプロセスの開発プロジェクトである。そんな目標を達成するのは不可能だと、あなたは思うかもしれない。だが、科学者たちはすでに必要な技術を編み出し、ごく少量では成功を収めていたのだ。プロジェクト・フォグホーンという名のこの取り組みの課題は、採算に合うくらい大規模なプロセスにできるかどうかを見きわめることだった。だが、研究を重ねること二年、チームはやむなく認めた――経済的に競争力のある燃料をつくれるほど生産コストを抑えられない。今は原油価格が下落してしまったから、と。そしてプロジェクトの打ち切りを決断した。

チームは解雇されたのだろうか。面目丸つぶれだったのだろうか。何週間もばつの悪い思いをしたのだろうか。とんでもない。フォグホーン・チームのメンバーは誰もが、会社からボーナスを受け取ったのである。[43]

安心して失敗できるようにする

その会社とは、グーグルX（エックス）。発明と革新を行う研究所であり、グーグルの親会社アルファベットの社内独立部門として活動している。改名してX（エックス）となったこの研究所のミッションは、「ムーンショット（桁違いの壮大で有意義な挑戦）」テクノロジーを世に出し、世界をよりよい場所にすること。[44] そして明確な目標は、重大な問題に対する、世界を根底から変えるような解決策を考案し商品化すること、すなわち、やがて次代のグーグルへと成長する可能性を持つブレイクスルーを生み出すことである。[45] Xでの成功には、賢い失敗がことのほか重要だ。そのため、賢く失敗する方法と、失敗することが組織で許されるようにするためにリーダーたちが育てているマインドセットについて、私たちは多くを学ぶことができる。

失敗したら報奨金を出すというのはインセンティブとして問題があるように思えるかもしれない。だが詳しく検討すると、斬新でスケールの大きなアイデアを追いかける研究組織にとっての、ビジネス上のロジックが見えてくる。XのCEO（正確には「キャプテン・オブ・ムーンショット」）を務めるアストロ・テラーは、次のように考えている。実行不可能なプロジェクトを何年もずるずると続けてリソースを使い果たしてしまうより、将来性のないプロジェクトを打ち切ったという理由で人々に報奨金を与えるほうが、経済戦略として優れている、と。[46] 言い換えるなら、何度も試し失敗して初めて大当たりが生まれるということになる。Xは、クリーンエネルギーから持続可能な農業や人工知能まで幅広い分野において、ムーンショットのためのアイデアを毎年一〇〇以上考える。だが、常勤の正社員が取り組むプロジェクトになるアイデアは、そのなかのほんの一握りにすぎない。[47]

テラーは、二〇一六年のTEDトークに登壇し、Xで「安心して失敗できる」理由と方法を詳しく語った。

怒鳴りつけて無理やり「早く失敗させる」ことはできない。皆、抵抗する。不安にも思う。「失敗したらどうなるだろう。みんなに笑われるんじゃないか。クビになるんじゃないか……」。スケールが大きくリスキーなこと、つまり大胆なアイデアに挑み、どんな困難にぶつかっても取り組み続けてもらえるかどうかは、みんなの抵抗感を最小限にできるかどうかにかかっている。Xでは、安心して失敗してもらうために全力を尽くしている。駄目だという証拠がそろったら、チームはさっさとプロジェクトを中止する。同僚からは拍手してもらえる。マネジャー、特に私からはハグとハイタッチだ。昇進もできる。プロジェクトを打ち切ったチームには、二人だけのチームであれ三〇人を超えるチームであれ、一人ひとりにボーナスが出る。[48]

テラーが注目しているのは、失敗することが、わけても職場で、どれほど嫌なものであるかという点である。人は誰しも、周囲の目や解雇されることを心配に思う。そのため、もしリーダーが明確かつ積極的に、失敗を不安なくできるものにしないなら、人々は失敗を避けようとするだろう。

迅速な評価

賢く失敗するためには心理的に安全な環境づくりが不可欠だが、同様に、失敗を活かすためには具体的なプロセスの確立が欠かせない。このミッション追求のためにテラーとXが使っているのが、規律ある実験というプロセスだ。科学者が仮説を覆す証拠を探すのと同じように、この会社はきわめて楽観的・理想主義的なアイデアがうまくいかない証拠を探す。そのようなアイデアをできるだけ早く除いて、別のアイデアへ移るためである。[49] プロジェクトは、社の内外を問わず多方面から提案される。そのなかの最も有望なアイデアのみに専念するために、Xには「迅速な評価」

チーム――提案を調査分析し、アイデアを吟味し、達成できそうなものだけにゴーサインを出すチーム――がある。シニア・マネジャーと発明家から構成されており、まずはアイデアがうまくいかない理由をできるだけ多く探し、失敗を事前に予測する。[50]「ラピッド・エバル（迅速な評価）」という名で知られるこのチームは、問題の大きさ、実行可能性、技術的リスクを詳しく検討する。漸進的に進められるこの段階では、ピクサーのブレイントラストを思わせる率直な話し合いによって、さまざまな点に疑問が投げかけられ、変更が加えられ、改良される。

「ラピッド・エバル」の段階をクリアできるアイデアは、ごくわずかだ。[51] あるアイデアが見込みありと判断されたら、荒削りな試作品が、理想的には数日でつくられる（X所有の「デザイン・キッチン」が入っている建物には、そういう試作品をつくるための道具と材料がそろっている）。[52] 完成した試作品に納得できたら、「ラピッド・エバル」は次の段階を担うグループ「ファウンドリー（鋳物場）」によってそのアイデアを突きつめる。ファウンドリーは次のように問うのだ。「この解決策を世に出すべきか。提案された解決策に投資対効果があるか。このアイデアを製品化できたとして、ニーズがあるか」

Xは、賢い失敗を別の場で褒め称えるという取り組みも行っている。「ファウンドリー」にゴーサインをもらえず、お蔵入りになってしまった試作品は、パロ・アルトのオフィスに展示される。[53] また、二〇一六年一一月以来、Xは年に一度パーティーをひらいて、中止になったプロジェクトについての「テスティモニアル（推奨意見）」を聞いている。（破綻した人間関係についての話や個人的な失敗談も歓迎されるが、）お蔵入りになった試作品が小さな祭壇に置かれ、その試作品の自分にとっての意味を人々が簡単に述べるのである。この儀式のおかげで、従業員は、全霊を傾けた試作品が日の目を見ずに終わって以来引きずっていた苦い思いをいくらか軽くすることができる。[54]

失敗できないことが本当の失敗である

以上のとおり、失敗はXにとって、してはならないことではない。いや実際、テラーが二〇一四年、BBCニュースに語ったように、「本当の失敗は、やってみてうまくいかないとわかったのに、なおも続けていくこと」なのだ[55]。本当の失敗とは学ばないこと、あるいは面子がつぶれるほどのリスクを取らないことだという。テラーとXは、失敗を完全に受け容れているため、プロジェクトで成功したことについては全く話をしない。代わりに話すのは、「賢く失敗できない」ことについてである[56]。賢い失敗は、技術だ。適切なときに適切な理由のために失敗できれば、役に立つ。第7章では、組織が失敗を活用・制度化しているほかの方法を検討しよう。

従業員を大切にする

心理的安全性のパワーは、映画やファッションや最先端技術のようなクリエイティブな業界でしか得られないものではない。グローバルな産業用機械メーカーのバリー・ウェーミラーは、製造業においても、心理的安全性によって計り知れない価値がもたらされることを示している。価値とは、経済と人材開発の両方で得られる価値である[57]。

バリー・ウェーミラー社は一八八〇年代半ばに、ミズーリ州セントルイスで醸造業向け機械の製造業者として創業し、今では二八カ国の一〇〇を超える地域に一万二〇〇〇人の従業員を擁する、三〇億ドルの組織になっている。[58] 二〇一五年、CEOのボブ・チャップマンは、ラジュ・シソディアとの共著『Everybody Matters: The Extraordinary Power of Caring for Your People Like Family』（未邦訳）を出版した。「従業員の人生にとって会社がどれくらい意味があるかで会社の成功の程度を計る」という会社のミッションを、簡潔にタイトルに表した本である。幸福度という具体的な物差しを使って従業員――同社では「チームメンバー」と呼ばれる――を大切にすることが、心理的に安全な職場をつくって学習と成長を促進する確かな手段になっているのだ。

二〇〇七年～二〇〇九年の金融危機は、バリー・ウェーミラーにとって、従業員を家族のように大切にするという約束を実行する劇的な機会になった。機械の新規注文が大幅に減り、従業員を一時解雇せざるを得ないように思われたとき、チャップマンはそうはせず、苦労の共有というプログラムを始めたのである。あたたかい家族なら、「極端な損失を受ける人がいないよう、全員で少しずつ痛みを引き受けるはずだ」という原則に従い、[59] 一時解雇を一切行わなかった。ただ、職位にかかわらず全従業員が、都合のよいときに四週間の無給の強制休暇をとった。さらに次のような方法でも、苦労の共有という形でのコストカットが行われた。チャップマンは自分の給料を一万五〇〇〇ドルに減らし、役員賞与を凍結し、退職金口座への支払いを休止し、出張費を削減したのだ。結果はどうだったか。労働組合がこのプログラムを支持した。チーム・メンバーは互いに助け合うマーケットをつくった。つまり、四週間より長く休暇をとる余裕のある人たちが、その余裕のない人たちの休暇が短くなるよう、快く調整を図った。バリー・ウェーミラーは不況から比較的容易に立ち直り、二〇一〇年には記録的な財務成績を報告した。言い換えるなら、チーム・メンバーを安心させ、危機的状況の間も大切にすることによって、会社はすべての人にとってプラスになる状況をつくったのである。
バリー・ウェーミラーは、裏付けのある徹底したアプローチを確立して価値観と方法を体系化し、副次的結果として心理的安全性を生み出している。これは一九八〇年代半ばから、同社が業績不振の企業を買収して黒字に転じさせ、それによって発展してきたことが関連しているかもしれない。それらの企業は大半が、包装や製紙などの業界に機器とサービスを提供する企業だった。そしてすべての買収——本書の執筆時点で一〇〇社を超える——が、バリー・ウェーミラーの文化とビジョンを明示し発展させる機会になった。[60]
従業員の意見を聞いて策定された社内文書「リーダーシップの基本理念」は、信頼と意義と誇りを大切にする環境——メンバーそれぞれの最高の力を引き出し、称賛する環境——を整えることを最大の目的としてつくられている。[61] 草稿ができるとすぐに、チャップマンはさまざまなユニットを訪れ、数人のグループと膝を交えて、理念についての感想を熱心に聞いた。そして、信頼（経営陣から信頼されているという従業員の気持ち）が重要であることと、タイムレコーダー、休憩を知らせる合図、人事評価の非公開がそうした信頼を阻害してしまうことを学んだ。チャップマンによれば、責任ある大人にふさわしくない、「信頼を打ち砕き自尊心を傷つける習慣」と彼が呼ぶものを、ただちに取り払うのだという。[62] リスニング・セッションと名付けられたその時間は以来、チーム・メンバーが率直な意見を求められる場として定着している。
同社の際立ったリーダーシップの実践とビジョンを伝えるために、二〇〇七年、社内学習施設のバリー・ウェーミラー大学が設立された。講師は、大半が社内から集められトレーニングを受けた。そして、情報ではなくむしろ発見したことを伝え、ストーリー・テリングによって経験と気持ちを共有するよう指示された。チャップマンは、「従業員に丁寧に接し、負担を頼む場合は公正に埋め合わせる」ことを会社は実践すると述べている[63]。たとえば、医療保険の方針を策定したときには、会社にとって五パーセントの医療保険コスト削減につながるという理由で従業員の健康状態と習慣のチェックを含めたが、同時に、チーム・メンバーには保険料を1カ月分払わなくていいとした。

同社の仕事には、組立工場につきものの反復的だが複雑な作業が含まれるため、プロセスの改善あるいは改悪（行き詰まって動かないプロセス）がパフォーマンスにきわめて大きな影響をもたらす（さまざまなタイプの作業が心理的安全性と学習にもたらす影響についての詳細は、第7章を参照）。職場のプロセスを変えたためにかえって仕事が難しくなり従業員の怒りを買ってしまうような事態は誰も招きたくないはずだが、まさにその事態を招く指示が、あまりに頻繁にトップから出されてしまっている。それよりはるかに賢明なのは、実際にその仕事をする人にプロセスのデザイン・再デザインをしてもらうことだ。フィアレスな組織では、「改善」のための提案が積極的に採用・導入されているのである。

意見を求める

ボブ・チャップマンは、ウィスコンシン州グリーン・ベイにパーツ販売ショップをオープンしたときのストーリーを語っている。まず、一〇人の事業部長が一週間かけて、予備部品の受注・組み立て・顧客への発送というプロセスの改善方法を考案した。そして分析が行われ、報告があがってきたが、そのやり方では実際にはうまくいかないことが明らかになった。そこで別の幹部チームが集まり、また一週間かけて、作業スペースのレイアウトに的を絞って分析と改善方法の考案を行った。だが誰も、このまま進めて大丈夫だという確信を持てなかった。結果として、改善のためのさらなるミーティングがひらかれた。今回は、シニア・リーダー二人と、作業を実際にすることになる一〇人――フォークリフトの運転手、組立工、ピッカー〔倉庫で目的の商品を集める人〕、梱包係、事務職員――も加わった。このとき不意に、進むべき方向が明らかになった。チャップマンは次のように述べている。

彼ら〔実際の担当者たち〕は、実物大のパネルを工場の床の上に並べ、さまざまなカートやフォークリフトが通るのに必要なスペースを割り出した。彼らは、空間的なゆとりに関していくつもの問題に目をとめ、雑然としがちなエリアにある商品を別のエリアへ移したほうが仕事がはかどることに気がついた。比較的軽い商品なら遠くにあっても問題ないはずだというわけだ。彼らが注目していたのは、いくつの手順を踏むことになるか、あるエリアでフォークリフトを動かすのが安全かどうか、つまり外側へ離したほうが安全かどうかという点だった。(64)

これは、従業員に意見を求めることとそれによって得られる効果を示す、またとない例である。ポータルサイトをつくって従業員の提案を求めるより、現場の責任者をミーティングに呼ぶほうが、はるかにいいのだ。ダリオの言葉を借りるなら、あるエリアにフォークリフトが通れるだけのスペースがあるかどうかについて「意見を述べる資格」を得ているのは、フォークリフトの運転手自身である。バリー・ウェーミラーのアプローチを、第2章に登場した、スピードアップについてのアイデアを持っているのにこれといった理由もなく提案できなかった工場勤務の技術者と比べてみよう。もし彼がミーティングに参加できていたら、経営陣は彼のアイデアから素晴らしい恩恵を得られていただろう。

組立工たちが考えた解決策は五年後も実践されていたと、チャップマンは述べている。彼曰く、組立工たちは「共同でプロセスを改善し、組織の全員のためになる有意義で長続きするより人間的なプロセスをつくり出すことができた[65]」。重要なこととして留意してほしいのは、フィアレスな組織をつくるために、関係者全員にとって何がどれくらい必要になるかという点だ。バリー・ウェーミラーの経営幹部は、かなりの時間を費やす必要と、自分たちのアイデアが成功しないことを認める分別を持つ必要があった。工場労働者は、プロセスをデザインするプロセスにしっかり関わらなければならなかった。私は、フィアレスな組織で仕事をするには余分な手間がかかると言いたいわけでも途方もない苦労がつきまとうと言いたいわけでもない。それはそういうものではない。ただ、初めは、つまり不安とそれに伴う心の枠組みに囚われているときには、雲をつかむような話に思える場合があるかもしれない。バリー・ウェーミラーのリーダーたちは、絶対に不可欠な心理的安全性の最高の実践者であり、私が「参加を求める」と呼ぶものを確実に実践している。これについては第7章で詳しくお話ししよう。

心理的に安全な職場環境からの学び

バリー・ウェーミラー、グーグルX、アイリーン・フィッシャー、ブリッジウォーター、ピクサーには、共通点がほとんどないように見える。だが実はいずれも、努力してつくり出している――圧倒的なレベルで率直に話し、エンゲージし、力を合わせ、リスクを取るという特徴を持つ環境を。そしてそれらの特徴すべてがあればこそ、会社はありとあらゆる方面で成功を収めてきた。第6章でも、まれに見る組織とリーダーを紹介する。ただしそこでは、人間の健康、尊厳、あるいは安全性を改善する、または向上させる取り組みにスポットを当てる。

第5章のポイント

- 率直さを特徴とする職場は、創造性、学習、イノベーションに対し、計り知れない恩恵をもたらすことができる。
- 「知らない」「わからない」と言うことにやぶさかでないリーダーは、従業員の心を驚くほど強く惹きつける。
- 従業員を大切にする環境をつくると、エンゲージメント、問題解決、パフォーマンスに素晴らしい成果が現れる。

第6章 無事に

恐れるべきは、死ではない。
充実した生き方ができていないことをこそ、恐れるべきなのだ[1]
——マルクス・アウレリウス

「鳥だ」。機長のチェズレイ・「サリー」・サレンバーガー三世が言った。

「まずいですね」。副操縦士のジェフリー・スカイルズが応える。

二〇〇九年一月の晴れた寒い日だった。マンハッタンの上空約三〇〇〇フィートで並んでコックピットに座るパイロットは二人とも、鳥という、ありふれた生きものが災いをもたらしかねないことを知っていた。サレンバーガー（五七歳）とスカイルズ（四九歳）は、ほんの数時間前に初めて顔を合わせた。どちらも熟練のパイロットであり、コックピットでのその短いやりとりの意味を知り尽くしている。[2] 続く数秒の間に、カナダガンの群れが激しくぶつかり、フロントガラスを覆い尽くし、と思う間もなく大きな鳥たちはエアバスのエンジンに巻き込まれ、丸焼けになった。一五〇人の乗客と、自分たちを含む五人の乗務員の命は、彼ら二人のパイロットと乗務員と航空管制官が次の三分間にどう対処するかにかかっていた。結果的に、一人の死者も出すことなくハドソン川へ着水するという奇跡が起きたが、それは航空訓練、ナビゲーション・スキル、（昔から言われる）運の強さ、そして今日のナレッジ・ワーカーが身につけるべき、かの特別な少々つかみどころに欠ける性質——つまり、不安のないコミュニケーションによるチーミング力——があればこそ起こせたことだった。安心してコミュニケーションをとれることは、複雑な決定——前例のない、それでいて重大な影響をもたらす決定——を、往々にしてただちに行うために、絶対に欠かせないのである。

自分の言葉を使う

心理的安全性が欠けていると、ちょっとした会話にさえも支障を来しうる。その例は枚挙にいとまがない。看護師は、以前に同じ指摘をして相手の機嫌を損ねた経験が頭をよぎり、手順が違うのではないかと外科医に言うことができない。あるプロジェクトに初めて参加したエンジニアは、無知に見えてしまうのが怖くて質問できない。上司は、部下の意見を聞いたりしたら自分の能力が疑われてしまうと思うせいで、耳を傾けようとしない……。一方、心理的安全性が高い状況、それも強いストレスのかかる状況で繊細な意思の疎通を図り、結果として高い成果をあげた例となると、ずっと少ない。ともあれ、一月の午後に記録された、数分間のコックピットでの重苦しい会話は分析する価値がある。数人のキーパーソン一人ひとりがチームメイトとして、互いに心を許すことができ、ともにヒーローになったのである。

バード・ストライクが発生したのは、一五四九便がニューヨーク・シティのラガーディア空港を離陸した約九〇秒後だった。即座に起きた問題としてエンジンが停止した。次に起きた問題は、両エンジンの停止は「異常事態」であり、自動システム――システム障害をパイロットに知らせ、障害に対処するための指示をモニターに表示する――に含まれていないことだった。[3] つまり、バード・ストライクによる両エンジンの停止は、前代未聞と言っていいほど稀なことだった。そして、「特に定められていない状況においては、良識と適切な判断に従う」ことが、航空会社の方針によって機長に求められていた。[4] 言い換えるなら、全責任が彼らに委ねられていた。

サレンバーガー（愛称の「サリー」はハリウッド映画のタイトルになり、彼は不朽の名声を得た）は副操縦士の役割にまわっていたが、ただちに操縦をスカイルズから引き継いだ。決められた簡潔な言いまわしで「操縦を代わる（My aircraft）」と述べつつ、彼は操縦桿を握った。

直感に近かった一方で、その判断にはもっともな理由があった。まず、サリーはエアバスA320での飛行時間がスカイルズよりはるかに長かった。最も重要だったと思われるのは、操縦席のサレンバーガーには左方の窓から街の様子とジョージ・ワシントン・ブリッジが見えたが、スカイルズには見えなかったことだ。また、スカイルズのほうが緊急時の対応に詳しく着陸装置をうまく扱えたことも、理由の一つだった。

「交替します（Your aircraft）」とスカイルズが応えた。

必要なのは、それですべてだった。ためらいも不安も、弁明も異議も、二人はいっさい述べなかった。

サレンバーガーは、USエアウェイズのコックピット・リソース・マネジメント（CRM）で、長年にわたり他のパイロットを訓練する重要な役割を担っていた。[3] 対人コミュニケーション、リーダーシップ、重圧下での意思決定を重視するそのプログラムに熱心に関わっていた事実から考えて、乗務員が不安なく発言できる必要性を、サリー以上に理解しているパイロットはいないと言えるだろう。サリーもスカイルズも、心理的に安全な環境で仕事をしていた。ただ、その日、奇跡を起こしたチームのメンバーだったのは、コックピットのパイロットだけではなかった。

次の行動として、サレンバーガーは、ロングアイランドにある航空路管制センター（ニューヨーク全体の離発着を管理する）のパトリック・ハーテン管制官に連絡し、鳥と衝突した、ラガーディア空港に引き返すと知らせた。「メーデー、メーデー、メーデー」とサレンバーガーは言った。命に関わる危機が迫っていることを知らせる、国際的に使われるメッセージだ。ハーテンは、ラガーディア管制塔に連絡して緊急着陸に備えさせる等、必要な措置をとった。

学習領域における事実上のチーム

一方、スカイルズはエンジンの再始動を成功させられずにいた。理由の一つは、飛行速度が十分でなかったことだ。「足りません」と、彼は飛行速度を指してサレンバーガーに言った。サレンバーガーは同意し、その後沈黙した。頭のなかで計算していたのだ――成功率が高いのは、滑走路への着陸か、それとも眼下の川への着水かを。管制官のハーテンは何度も同機を近くの空港へ向かわせようとしたが、そのたびサレンバーガーは「無理だ」と応答した。ほどなく彼は、最もリスクの高い、だが彼には最も成功率が高いと思われる選択肢、すなわちハドソン川に降りることを告げた。それは、地上の人口密集都市にいる人々を巻き込む確率を最低限に抑える選択肢でもあった。ハーテンは耳を疑い、着水すればほぼ間違いなくパイロットたちの命はないとも思っていたので、意向をもう一度言ってほしいと求めた。それは、意図的な要望とも言える、経験を積んでいるからこそできる反応だった。一九七七年に起きたテネリフェ島の惨事（管制官としては離陸を許可していないつもりだったのに、KLMの機長が誤解し、霧で視界の利かない滑走路を加速して別の飛行機と衝突した大事故）を見ればわかるとおり、明瞭さがわずかでも欠けると、何百人もが無駄に命を失う結果を招きかねない。ハーテンには十分な経験があった。

その後すぐに――一分足らずで――、コックピットから他の乗組員と乗客へ警戒態勢を取るよう指示がなされた。このときも、サレンバーガーは、望ましい結果につながる可能性が最も高いと思う方法を使い、言葉も注意深く意図的に選んでいる。機体が着水するときの衝撃のすさまじさを案じて、彼は乗務員に、水上着陸に備えろとは指示しなかった（指示すれば、乗客にライフジャケットを着用させて、貴重な時間を無駄にしてしまうことになるにちがいなかった）。代わりに彼はこうアナウンスした。「機長です。衝撃に備えてください」。緊急着陸の際の手順にのっとり、三人の乗務員が、頭を下げて脚をつかむよう大声で乗客に言った。スカイルズが高度と速度を伝えるなか、サレンバーガーは飛行機を完璧に着水させた（すさまじい衝撃が起きるのは如何ともしがたかった）。けがをした乗客はいたものの程度は比較的軽く、なにより一人も死者が出なかったことはおよそ奇跡と言ってよかった。すぐに、近くにいた船という船が駆けつけ、低体温症になる前にすべての乗客を救出した。

時間を効率的に使う

きわめて正確・簡潔な言葉を使って成し遂げられたことを、さらに詳しく検討しよう。確かに極端なケースではあるが、一方で、この非常事態における人間同士のやりとりは、明瞭かつ率直に話しても、必ずしも議論が延々と続くだけで何の結論も出なくなるわけではないことを、説得力をもって証明している。心理的安全性があるからといって、余計なおしゃべりをしてだらだらと議論を続けることにはならないのだ。私の研究では、むしろその逆で、心理的安全性が低い経営陣のミーティングは主張に明瞭さがなく、必要な時間よりはるかに長い時間がかかっていた。さらに悪いことには、重要な決定がしばしば先延ばしにされた。明らかな対立が起きて効果的な話し合いがなされず、議論から決定までにかかるトータルの時間が、必要な時間よりはるかに（数カ月）長くなってしまったせいだった。(6)

他業界から学ぶ

この極端なケースだけでなく、一般的な仕事上の会話に関する多くの事例からもわかるとおり、心理的安全性は規律正しさと組み合わさって初めて、最良の結果を手際よく得ることが可能になる。ハーテンを例に考えてみよう。彼は必要最小限の質問をした。また、回線をあけたまま、ほかの管制官と話をした。そのため、サレンバーガーも同時にその会話を聞くことができ、ハーテンにあらためて内容を尋ねて貴重な時間を無駄にせずにすんだ。のちにサレンバーガーはハーテンについて次のように書いている。「この難しい選択をするのは機長である私だと彼が承知しているのが、その発言からわかった。もし彼がなんらかのプランを指示しようとしていたら、いい結果は出なかっただろう」[7]。一方で、言葉なしに行われたこともあった。最も重要な数秒間ほぼずっと、サレンバーガーとスカイルズは無言でそれぞれの仕事に集中しつつ、互いの姿を目で追い、協力し合うチームとして仕事をしていることを視覚的に確認した。

一五四九便の経験豊かな乗務員たちは、航空機の標準的な設備について手順や扱い方を熟知していた。同様に重要なこととして、スレット（脅威）・アンド・エラー・マネジメント（TEM）とCRM（コックピット・リソース・マネジメント。クルー・リソース・マネジメントとも）についても訓練を積んでいた。どちらのプログラムでも、考え方と判断の仕方を教えられる。CRMは、乗務員に対しては何かおかしいと感じたら率直に機長に伝えることを、機長に対してはクルーの懸念に耳を傾けることを、スキルの一つとして教えるプログラムであり、心理的に安全な環境をつくるのにとりわけ適している。今では全パイロットが受講を義務づけられているCRM訓練は、テネリフェをはじめとする悲惨な事故を受けて開始された。そのような事故にはほかに、一九八二年に起きたエア・フロリダのポトマック川への墜落事故（冷たい雨［氷晶雨］が降り、除氷が不完全な状況なのだから離陸を中止すべきだと、副操縦士は勇気を出して機長に言えなかった）や、二〇一三年に起きたアシアナ航空のサンフランシスコ国際空港での着陸失敗事故（着陸に必要なスピードが出ていないことを、副操縦士は機長に強く注意できなかった）などがあった[8]。

CRMをモデルとする訓練は、医療分野でも広く行われるようになっている。目的は、コミュニケーションとチームワークの向上を図って、患者の安全を高めることだ[9]。ある研究によれば、CR

Mを模したコミュニケーションおよびチームワークの訓練によって、分娩室での経験が母親と赤ん坊どちらにとっても向上したという。そのプログラムはさらに、患者とスタッフの満足度アップという結果も生み出した。[10]

見事と言うほかない対応ができたのは緊急時の手順が整っていたからだとして、心理的安全性を実証しチーミングを実践したハドソン川の奇跡の価値に難癖をつけたくなるかもしれない。しかしながら、航空業界をはじめ手術室など細かく手順が決まっている場でしばしば見てきたように、手順は存在していても確実に使用されるとは限らない。もし心理的安全性がなかったら、得てして対人関係のリスクを取れず適切な対応ができなくなってしまう。発言できたはずの場でためらったり沈黙したりしてしまった意味にも、気づくことができない。ゆえに、心理的に安全であることが、緊急時の手順を効果的に使うための前提条件だと言える。ただ、次の事例に見られるように、心理的に安全な環境が人間の健康と安全を向上させるケースは、緊急事態のほかにもある。

一人はみんなのために、みんなは一人のために

二〇万人の患者にサービスを提供する腎臓透析のリーディング・カンパニーと、一九世紀の歴史小説。[11]その共通点は何か？　答えはこれだ――「剣を振りかざし、『一人はみんなのために、みんなは一人のために』をモットーにして生きる、向こう見ずな英雄」である。

ダヴィータ・キドニー（腎臓）・ケアにおける剣士は、ＣＥＯ兼会長のケント・ティリだ。[12]ティリは、

マスケット銃兵の正式な格好をして剣を振りかざし、舞台を跳ねまわることで知られている。観客は、定期的に行われる二日間のダヴィータ・アカデミー・プログラム（「ダヴィータ大学」主催の新入社員向け基礎セミナーの一つ）のために集まった、第一線で活躍する数百人の従業員（患者ケア技術者、看護師、ソーシャル・ワーカー）である。ティリは、キャラクターと衣装について一風変わった選択をするだけでなく、たびたびハイタッチしたりしてテンション高くみんなと交流している。それは職場でさらりと自分をさらけ出す姿勢のあらわれであり、同じ姿勢をほかの人たちも持てることを示し、促すためと思われる。プログラムでは、チームづくりやグループ活動の場となるさまざまな参加型アクティビティ（歌、寸劇、ゲーム、ストーリー・テリング、ちょっとした食事会、音楽、ダンスなど）が行われ、ダヴィータの文化が紹介される。ティリは、タウンホール・ミーティング（質疑応答セッション）もひらいている。そこでは、彼は進んでみずからの弱さを見せ（質問に対する答えを知らないことをたびたび認める等）、率直になり、給料や昇進についての単刀直入な質問を歓迎する。「一人はみんなのために、みんなは一人のために」というスローガンには、会社の基本的価値観――責任と義務の共有という考え――が表れている。ダヴィータの従業員は全員が、会社に最高の貢献をすることを求められる。同様に、会社は責任を持って、それぞれの従業員が成長・成功するのを後押しする。アカデミー・プログラムへの参加は任意だ。ただし、同社のデータによれば、参加しなかった従業員の離職率が二八パーセントなのに対し、参加した従業員ではおよそ一二パーセントである。[13]

一九九九年、破綻寸前だったダヴィータを立て直すために雇われたティリは、みごと会社を復活させたことで高評価を得ている。一連の価値観および文化を確立し、その相乗効果で高いレベルの心理的安全性を生み出したのである。第5章で紹介したバリー・ウェーミラーのボブ・チャップマン同様、ティリは、組織の全レベルの従業員が発言権を持ち、リーダーとして成長することが大切だと考えている。全員に発言権を与える目的から、ティリはまず、基本的価値観の策定に社員を参加させ、次いでその価値観を同社の六〇〇人いる臨床医兼マネジャーに採決させた。社名を「トータル・レーナル・ケア」から変更することにしたときには、従業員（チームメイトと呼ばれる）に新たな名前「ダヴィータ」の考案と採択を任せた。また、第一線の従業員がチームメイトとして責任を果たし、経営上の役割を引き受けるのを後押しするために、「ダヴィータ大学」は、数多くのリーダーシップ開発プログラム（マネジメントおよびチーム・スキルを重視）と、質の向上に関するプログラムを提供している。

ティリは自分をダヴィータ「村」の「村長」と呼び、「成功する企業を育てることを手段にして、健全なコミュニティを築くという目的を達成する」と力強く述べている。[14] また、健全なコミュニティを支えるためにダヴィータ村ネットワーク基金があり、予期せぬ医療費を払うことになるなど、チームメイトが金銭的な困難に見舞われた場合に支援を行っている。これが「みんなは一人のために」の部分である。そして、チームメイトがする寄付と同等のことを、会社も行っている。チームメイトの大半は高い技術を持たない時間給労働者だが、ダヴィータは包括的な健康福祉手当――医療保険、退職金、授業料の返還、最も驚くべきことには自社株購入権（ストックオプション）と利益分配など――を提供しているのだ。こうしたインセンティブは、チームメイトには日々の作業を堅実にこなすだけでなくダヴィータを特別な場所にしようと思って仕事をするようになってもらいたいというティリの要望を後押ししている。[15]

透析療法を受ける患者は、大半が末期の腎臓病を煩っており、「みんなは一人のために」の姿勢を持つ医療チームの協力が特に必要になる。患者は週に三～四回地元のクリニックへ行き、一回あたり約四時間かけて人工透析を受ける――残された人生の間、おそらくずっと。彼らは、針を刺される痛みに耐え、もはや機能しない腎臓に代わって機器が血液を取り出しきれいにする間、じっとしていなければならない。厳しい食事制限も守らなければならないし、糖尿病や心臓病といった他の慢性疾患を患うことも少なくない。当然ながら、気分が落ち込むこともあれば、ひどい場合には、クリニックへ行って透析を受けることをやめてしまい、たちまち命を落としてしまうこともある。透析患者をケアすることは、精神的にきつい。多いときは二五パーセントの患者がこの世を去る。やる気をくじくこうした状況を考えれば、ダヴィータ・アカデミーのセッションの雰囲気がなぜとかく明るいのか、にわかに筋が通ってくる。

何より重要なことに、ダヴィータは業界ナンバーワンの臨床成績を出し続けている。それができるのは、外来患者を治療する透析クリニックにおける、スタッフのケアの質の高さによるところが大きい。患者ケア技術者の仕事は、患者と機器をつないだり外したり透析の具合をモニターしたり事務的に見えるが、実は多くのことが患者やほかの医療従事者との関係性にかかっている。クリニックのスタッフに信頼を寄せ、心を許す（つまり心理的に安全だと感じる）患者のほうが、厳しい治療計画に従う可能性が高いのだ。そうした前向きな感情を促すために、ダヴィータの各センターには、患者とその家族の写真はもちろん、患者とその子どもと孫が描いた絵がたいてい飾ってある。あるダヴィータの管理者はこう言った。「大切なのは、チームメイトが仕事を楽しみ、にこにこと微笑み、温かな気持ちで患者の心に寄り添うことだ。そうすれば、ここにいるのを患者があまり負担に思わなくなるからだ」[16]。つまり、みずからも高いレベルの心理的安全性に守られているクリニックのスタッフは、患者を支え、絆をつくることができる。それが、たぐいまれな臨床結果の要因になるのである。

また、他の医療施設で見てわかるように、十分な心理的安全性があるために率直に話せること、さまざまな境界や病院内の確立されたヒエラルキーを越えて意思の疎通が図れることも、ずば抜けた臨床結果を生む要因になる。二〇一七年、ダヴィータは米保健福祉省のメディケア・メディケイド・サービスセンター（CMS）が行う試験的なプログラムに参加することになった。透析患者のための――正確には看護師、ソーシャル・ワーカー、患者ケア技術者が個々の患者について腎臓専門医と頻繁に話し合うための――総合医療を始めるにあたって行われたプログラムである。医長で、同プログラムに参加した腎臓専門医のロイ・マーカスは次のように述べた。「ダヴィータの総合医療チームは、何度となく腎臓専門医と話して、透析を含む治療全体にわたってできる隙間を丁寧に埋める。そんなふうに頻繁にコミュニケーションをとることは、そうするだけの時間を私がつくれることを意味している。また、よりよい、いっそう全体的なケアを私が患者に提供する必要があることも如実に示している」[17]

腎臓透析治療は、医療の質改善研究所（インスティテュート・フォー・ヘルスケア・インプルーブメント）が提唱する三大目標――患者経験の向上、ポピュレーション・ヘルス（特定集団の全体的な健康）の向上、患者一人あたりの費用の低減――にぴったり沿っている[18]。そして、他業界と同様、劇的にかつ組織全体として変化を起こせるかどうかは、心理的安全性を構築できるか否か、つまり、従業員が懸念と改善についてのアイデアを率直に話せるのはもちろん、最もうまくいく方法を見つけるためにちょっとしたことを試せるかどうかにかかっているのである。

労働者の安全のために率直に話す

あらためて述べるまでもないと思うが、率直に話すことは、言うは易く行うは難しである。沈黙と不安が当たり前になっている組織を率直に話せる組織へ変えるのは、あっという間にできることではないのだ。それどころか、第7章でお話しするとおり、心理的に安全な職場をつくるには、大変な努力をして、システムと構造とプロセスを変えることになる。究極的には、深く染みつき凝り固まった規範や考え方を改めなければならないということでもある。また、まずは私が「土台づくり」と呼ぶものから始まる。アングロ・アメリカン社（南アフリカを拠点とする、世界有数の鉱業・資源会社）が率直に発言できる環境を、どのように整え、制度化したかを見ていこう。

二〇〇七年、国際的な鉱業・資源会社初の女性CEOに鳴り物入りで就任したとき、シンシア・キャロルは、同社作業員の死亡率の高さに唖然となった。彼女の就任に先立つ五年間では、二〇〇人近くに上っていたのである。[19] キャロルは、アメリカ人（外国から来たアウトサイダー）としても、女性（南アフリカでは女性が鉱山において地下に降りることも、むろんそこで働くことも、つい最近まで禁じられていた）としても、「改革に影響をもたらす、前例のない立場」にあった。[20] そのことに気づいた彼女は、早速その立場を活かして、率直に発言し、死亡者も重傷者もゼロにするという方針を主張した。

最初は同社のほかの人々、とりわけ、保守的だと自認し古いやり方を変えようとしない人たちは、キャロルの言葉にまるで耳を傾けようとしなかった。少なくともある幹部は、「死傷者ゼロなど、われわれが生きているうちには絶対無理だ」という反応をした。[21] 同様に、キャロルが各鉱山を訪れると、現場監督者たちは、安全性は大事だがキャロルの要求は現実的でないと言い含めようとした。大けがをしたり命を落としたりするのは不可避の事故であり、鉱山での仕事につきものの肉体的な危険の一部というわけだった。また、ミスを作業員のせいにするのが珍しくなかった。アングロ・アメリカンの会長で、キャロルの採用に尽力したマーク・ムーディ＝スチュアート卿は、南アフリカでは次のように考えるのがふつうだと述べている。けがをする作業員は「必ずしも決まり事を守らず、近道をした。彼らは愚かだったのだ」と。[22]

抵抗に対するキャロルの反応は、明白このうえなかった。最も問題のある危険な鉱山の一つを閉鎖したのである。ヨハネスブルクから六〇マイル（約一〇〇キロメートル）に位置するルステンブルクは、世界一のプラチナ供給量を誇り、一日約八〇〇万ドルの収益を生み出していた。そんな鉱山を閉鎖することは、大胆で前代未聞であり、たちどころに世間の注目するところとなった。だがそれ以上に衝撃的だったことに、キャロルは、鉱山の再開のためにはまず作業員の考えを知りたいと思い、どうすれば安全性を向上できるかについてすべての作業員から意見を聞こうと考えた。それが、アングロ・アメリカンの厳格なヒエラルキー文化と強固なトップダウンのマネジメント・スタイルに対する、真っ向からの挑戦であることは承知していた。そうした文化とスタイルは、一九一七年の設立からずっと続き、南アフリカのアパルトヘイトによっていっそう強化されていた。

さて、ここからの展開が興味深い。鉱山を閉鎖したのち、アングロ・アメリカンの経営幹部たちは一度に三〇〇〇～四〇〇〇人の作業員を競技場に集めて、安全性の重要性について話をした。作業員の使う言語がまちまちで識字率も低かったため、同社は、映像を使って安全性を説明したり、劇団を雇って作業員と監督者の間での安全性についての対話を演じてもらったりした。その後、作業員は四〇～五〇人のグループに分けられ、安全に関する懸念や意見を率直に述べるよう求められた。当然ながら、作業員はなかなか口をひらこうとしなかった。なにしろ過去ずっと、発言権がなかったのだから。キャロルは次のように述べている。「現場監督がすぐ後ろで目を光らせている状況で何時間も続けて地下にいる人に、自由に何かをする権利が実際どれくらいあるだろうと思った。作業員が手を挙げて、『この仕事はしたくありません。安全ではないからです』と言う権利を持っているかどうか疑問だった[23]」。言い換えるなら、身体的な安全について率直に発言するために、作業員たちはまず心理的に安全だと感じることが不可欠だった。

心理的安全性は、文化的に適切な方法を見出して、鉱山のなかで生み出す必要があった。アングロ・アメリカンの経営陣は、組合から支援を得て、南アフリカの村議会（レホトラ）の伝統的な運営方法を採用した。実は、レホトラの考え方と行動は、心理的安全性のそれと同じだった。レホトラでは伝統的に、（アイリーン・フィッシャーのミーティングに少し似て）全員が円になって座り、中断されることも批判されることもなく発言する機会を持つ。話し合いは、テーマを問わず重要な問題について、コンセンサスを得られるまで続けられる[24]。

アングロ・アメリカンのレホトラにおいて、シニア・マネジャーはそもその問題を別の視点から捉え直した。安全性の問題について意見を言うようあからさまに求めるのではなく、「どんなことをすれば、思いやりと敬意に満ちた職場環境をつくれるだろうか」と尋ねたのである。それによって初めて、作業員たちは十分に安心し、具体的な懸念を述べ始めた。あるグループは、体を洗ったりお茶を入れたりするために現場に熱い湯があるとうれしいと言った（この要望を、経営陣は受け容れた）。対話（ダイアローグ）が続き、やがてグループはそれぞれに、安全性を最大限にするために必要な具体的行動を述べる契約書をつくった。コミットメントの共有の明確な象徴として、作業員とアングロ・アメリカンの経営幹部はどちらもが契約書にサインした。このプロセスについて、ジュディ・ンドロブ（アングロ・アメリカンの経営幹部）は次のように述べた。「いちばん変わったのは、作業員の声に耳を傾けるようになったことだ……キャロルは、作業員が考えていること、つまり日々坑道に入って感じていることを、経営陣に理解させようとした」[25]。以前なら、作業員が率直に発言するには勇気が必要だったし、経営陣に好意的に受け取ってもらえなければおそらくそれは愚かな行為になってしまっただろう。だが、心理的安全性が文化に根づき始めると、作業員たちは率直に発言して、身体的な安全を守れるようになったのだった。

　鉱山の再開にあたっては、安全性に関する合意された新しいルールを守るよう、三万人を超える作業員が再トレーニングを受けた。経営幹部は現場監督らと会って新たなルールの遵守について話し合い、今後は、安全基準を満たしていない場合、作業員には作業をやめる権利があるのだという点をしっかり伝えた。新たな方針によって、安全手順の定期的な見直しが確実に実施され、経営陣と幹部が安全策に関して作業員から意見を求める予定がスケジュールに組み込まれた。基本的な価値観が確立されたのである。今では、幹部ミーティングの最初に、安全性についての最新情報の確認と話し合いを時間をかけて行うことが必須になっている。死亡者数はゼロではなかったが、かなり減少した（二〇〇六年の四四人から二〇一一年には一七人に。六一パーセントの減少だった[26]）。亡くなった作業員に対して、会社は追悼式を行い、すべての建物に写真を飾ることによって、敬意を表した。現場監督は、遺族や村民のもとを訪ねて、敬う気持ちと哀悼の意を表した。こうした行動のすべてが、安全性についてのルールはもとより、思いやりと敬意によって築かれた心理的安全性の文化を制度化するのに役立った。

閉鎖から一年後、キャロルはもう一度、あえて率直な発言をした。組織の外にいる人々、つまり全国炭鉱労働組合と鉱業大臣に対し、死傷者ゼロを達成するために協力を要請したのである。またしても、強い抵抗に遭った。だが二〇〇八年四月に、アングロ・アメリカン社、南アフリカ鉱物・エネルギー省、全国炭鉱労働組合の首脳がヨハネスブルクに集まり、安全性サミットが開催された。三つの主要なステークホルダーが初めて顔を合わせた会合であった。作業員と同様、三つの管理機関の代表者も、互いを信頼し敬意を払えるようになるには時間がかかった。協力へと三者を促したのは、鉱山における身体的安全を劇的に向上させるという共通の目標である。そしてプロセスが後押しした。三つのグループは継続的に顔を合わせ、ともにさまざまな鉱山を訪れることによって、だんだんと互いに対する敬意と信頼を高めていった。やがてステークホルダー同士の協力関係が築かれ、それが推進力となって、アングロ・アメリカン社で点(とも)った安全性に対する情熱の炎が南アフリカの鉱業界全体へ広がっていった。

産出量と収益は鉱山を閉鎖した翌年は下落したが、二〇〇八年と二〇一一年(ともにキャロルの任期中)には、同社史上最高の営業利益をあげた。並行して株価も上がった。キャロルは気づいたのだ――鉱山における身体的安全性を高めるには、技術やプロセスの改善が欠かせない。だが、作業員の安全に対する古い考え方を一新し、安心して率直な発言ができる文化に改めることも、同様に欠かせないのだ、と。

ここより前の章では、地位や職務に関係なく組織の誰もが、沈黙と不安に満ちた環境をつくるのに荷担してしまう可能性があることを示した。同様に、安心して率直に発言できる環境づくりにも、やはり組織のなかのあらゆる人が、一役買える可能性がある。リーダーは、皆が率直に発言できるようにするための原動力にも推進力にもなりうる。ただ、そのような職場は、究極的には複数のステークホルダーによって共同でつくる——そして絶えず育む——必要がある。すでに見たように、これに全力を傾けることは、危機回避や危機管理にとって特に重要である。

ホワイトボードによる透明性

危機的状況におけるリーダーシップと聞いて思い浮かぶのは、ジョージ・パットン将軍のような人物だろう。パットン将軍は断固たる態度で兵士たちに命令し、猛々しく勝利へと導いた。だが、そういう姿勢で臨むのが常にふさわしいとは限らない。とりわけ、敵がテクノロジーか自然の力、あるいはその両方である場合には。

危機的状況で発揮された英雄のようなリーダーシップの、あまり知られていない例を詳しく見ていこう。増田尚宏が福島第二原子力発電所の所長を務めていた二〇一一年三月、巨大地震と津波が起きた。被害を食い止めるべく増田が所員を一致団結させた点はパットン同様だったが、彼はその手段として、心理的安全性を生む重要な原則を忠実に守った。すなわち、正直になり、自分の弱さを認め、コミュニケーションを図り、情報を共有した。加えて、重要アイテムとしてホワイトボードを使った。

七マイル（約一一キロメートル）と離れていない海沿いにある福島第一原発同様、福島第二原発も、地震と津波によって深刻な害を受けた。[27] だが、第一原発とは対照的に、増田と四〇〇人の所員は四基の原子炉すべてを安全に停止し、それによって、核物質を海や空に放出するという最悪の事態を回避した。彼らは、五・五マイル（約九キロメートル）にわたり、きわめて重い電力ケーブルを、二四時間で敷設した。平時に二〇人のチームが機械を使ってなお、一カ月はかかる作業である。さらに言えば、彼らは四八時間以上、睡眠をとることなく仕事をした――何ひとつ確かなことのないなか、命の危険にさらされ家族の安否も気遣いながら。

一体なぜ、増田はそのような危機下で所員に残ってもらうことができたのか。彼は最初から、命令ではなく情報を出していた。所員を緊急時対応室に避難させ、さらに、制御室のオペレーター（持ち場を離れず津波に耐えた）から原子炉四基のうち三基が稼働中の冷却装置を失ったと聞いたのちに、増田は状況が「とてつもなく深刻」だと悟った。[28] 冷却できなければ、原子炉は高温になりすぎ、炉心溶融（メルトダウン）が起きてしまうのだ。

残念ながら、増田とチームには発電所の物理的な状況についての情報がなかった。何が壊れているのかも、どんなリソースを使えるのかも、わからなかったのだ。それを知るには、危険を冒して屋外へ出て被害状況を確認し、何をすれば原子炉の電源を回復し発電所を安定させられるかを突きとめる必要がある。増田にとって、所員にそれをさせることは、（地震と洪水のためにすでに動揺している）彼らに、行動を起こせるだけの心理的な安心感を覚えてもらうことにほかならなかった。

増田は、怒鳴ったり行動しろと命じたりする代わりに、情報をホワイトボードに書いた――余震のマグニチュードと頻度や、さまざまな計算の結果や、揺れの危険がしだいに小さくなっていくことを示す簡単な図を。言い換えるなら、彼は所員にデータを与えた。「頼んでもみんなが現場に行ってくれるかどうか、行かせても大丈夫なのかどうか、確信が持てなかった」。増田は当時をそう振り返っている。[29] 実際、危険なミッションになると思われる作業に協力するかどうか、彼は判断を各自に委ねた。午後一〇時、増田が意を決して、一〇人ずつのグループ四つを選んで四基の原子炉それぞれの被害を調べに行ってほしいと求めたとき、嫌だと言う所員はただの一人もいなかった。

増田は一九八二年、当時まだ建設中だった福島第二に配属されたので、この発電所についてきわめて詳しく知っていた。そのため、どこへ行って何をすべきかについて、各グループに詳細な指示をすることができた。不安のせいで記憶があやふやになることを懸念し、彼は指示を復唱させてから現場へ行かせた。重要なのは、あれをしろこれをしろと命令するのではなく、状況が変わって安全が脅かされた場合に所員が迅速に行動できるよう手助けした点である。

三月一二日午前二時までに、四〇人の所員全員が、情報を持って無事に緊急時対応室に戻ってきた。チームの一つは、重要で幸運と言うべき情報を報告した――一号機の裏手にある放射性廃棄物処理建屋内の電源盤が使える、と。それは、冷却装置に電力を供給できるかもしれないことを意味する。ただし、恐ろしく重いケーブルを何十本も敷設する必要があった。

夜明けまでに、増田とチームは建屋からどこをどう通って、海辺の原子炉へケーブルを敷設するかを考え出した。だが、それができるだけの機材がないとチームリーダーたちは思った。そこで増田はただちに東京電力本社と政府に連絡し、資材の追加と五〇本のケーブルを要請した。

ケーブルが届くのを待つ間に（三月一三日朝までに届いた）、彼らは福島第一原発で爆発が起きたことを知った。耳を疑う者もあった。多くは不安に思った。同じことが第二原発で起きる可能性はないのか。ここにいたら危険なのではないか。増田は五〇〇〜六〇〇人に向かって話した。「どうか私を信じてほしい」と彼は言った。「みんなを危険にさらすようなことは絶対にしない。ただ、第二原発は今なお大変な状況にあり、みんなにベストを尽くしてもらう必要がある」[30]

ようやくケーブルが届くと、彼らはただちに、廃棄物処理建屋から海辺の原子炉への敷設作業に取りかかった。まずは二号機だった。過剰加熱のリスクが最も高かったからである。機能を失った三基の原子炉に電力を供給するためには、ケーブルを約九キロメートル（五・五マイル）にわたって敷設する必要があった。一本のケーブルは長さ二〇〇メートル、重さはおよそ一トンである。オペレーターが計算したところ、平時でも一カ月以上かかる作業を、わずか二四時間で完了させなければならない。そのため、二〇〇人の所員が必死で作業に取り組んだ。交代しつつ、地道に作業を進めていく。一本を運ぶのに、およそ一〇〇人の力が必要だった。

所員が時間と戦っているのと時を同じくして、増田は自分のプランが残念ながら継続できそうにないことを徐々に認識し始めた。所員は超人的なペースで作業してくれているが、三基全部に敷設するだけの時間的余裕があるとは思えない。廃棄物処理建屋は原子炉からあまりに離れすぎていた。

増田のリーダーとしての強さは、過ちをただちに認めることによって示された。レイ・ダリオの原則と同じく、増田は素晴らしい結果を出すのに、とことん率直になるという方法を使った——最悪の知らせを、ただし現状を乗り切る可能性が高まるかもしれないと思っている知らせを、所員たちに話したのである。間違いを認めることは、心地よいものではない一方で、チームの心理的安全性を高め、人々の絆を強くした。増田はチームリーダーたちと話し合い、唯一生きている原子炉ユニットの発電機からの電力をいくらか、一か八か使ってみる以外に選択肢はないと結論した。そして、ホワイトボードに記していたもともとのプランに変更点を書き加えた。

所員たちは日中ずっと、休みなく作業を続けた。だが、やがて夜が近づいてきたとき、エンジニアたちが、一号機の格納容器圧力の上昇が二号機より早くなっていることに気がついた。幸いにも、彼らは増田に、一号機の状態が最も深刻であるように思うと率直に話し、所員が力を注ぐ先を一号機に変えるべきだと提案することができた。同じく重要なことには、増田はエンジニアの意見にしっかり耳を傾け、その提案を真摯に受けとめた。

チームが二日近く睡眠をとらずに作業を進めるのを目の当たりにしていた増田は、心を鬼にして言った。「やり直すぞ！　二号機から一号機へ変更だ！」。このときも、彼は情報をしっかり出した。苛立つ者もいたが、環境が心理的に安全であったためと、何が危機にさらされているかを認識していたために、彼らは新たな行動プランに全力を尽くすことができた。

真夜中近くに、最後のケーブルの敷設が完了し、割れるような拍手が起きた。午前一時二四分、一号機の冷却機能が回復したとの報が入った――タイムリミットまで、あと二時間だった。三月一五日朝、増田とチームは、ついにすべての原子炉が冷温停止したと報告を受ける。ようやく、彼らは休むことができた。

増田は、足元の地面が揺れているときでさえ、所員たちに行動を起こさせることができた。リーダーとしての冷静さ、率直さ、欠点を認める潔さによって、チームが状況を理解し、不安を克服し、問題をすぐさま解決できる条件を生み出したのである。身体的な安全は常に危険にさらされていたが、心理的には安全を得られていたため、チームは団結して困難に挑み、失敗しても態勢を立て直すことができた。数日間、たびたび命の危険にさらされることはあっても、対人関係の不安はほぼ皆無だった。増田の言葉と行動が、全体の雰囲気をつくった。そして、プラントを守ることが可能であり、その責任を負っていることを、皆に再確認させたのだった。

能力を発揮させる

本書の第2部では、二〇を超える事例を検討した。学習・イノベーション・成長のために、心理的安全性を確立し、組織の能力を確実に活かせるようにすることが、どれほど難しく、かつ重要であるかが、これらの例からわかるだろう。また、意見を率直に述べることは、ヒエラルキーにおいては当たり前の行為ではなく、育てる必要がある。育てなければ、人々にとっても収益にとっても悲惨な結果を招きかねない。だが育てれば、意識的な思慮深い努力は、きっと実を結ぶ。

心理的に安全な職場をつくるには、リーダーシップが必要だ。リーダーシップとは、当たり前にはできない行為（率直に話す、賢くリスクを取る、さまざまな意見を受け容れる、きわめてチャレンジングな問題を解決する、など）に、人と組織が真摯に取り組めるようにする力と言える。そこで次の第3部の各章では、心理的安全性を生み出すためにリーダーとしてできること、しなければならないことにフォーカスする。フィアレスな組織づくりに役立つさまざまなやり方について、あなたはじっくり考え、ことによると試してみようと思うだろう。

第6章のポイント

- 明瞭かつ率直にコミュニケーションを図ることが、事故を減らす重要なポイントである。
- 会社の使命感が、思いやりあるリーダーシップと結びつくと、従業員は、業務の安全な実施と従業員の尊厳を守るために、求められる以上のことをしようと意欲的になる。
- 作業員の安全性は、危険やなんらかの懸念について率直に話すよう、従業員を促したり後押ししたりすることから始まる。

第 3 部

フィアレスな組織をつくる

第7章 実現させる

利口かどうかは、答え方でわかる。聡明かどうかは、問い方でわかる[1]
——ナギーブ・マフフーズ

ジュリー・モラスは、ミネソタ州ミネアポリスにある子ども病院のCEOに就任したとき、シンプルな目標を掲げた。「この病院に入院した子どもの安全を一〇〇パーセントにする」[2]。シンプルな目標だったかもしれないが、達成までの道はそうではなかった。当時は一九九九年末、患者の安全を話題にする人はほぼいなかった。それは、ミスによって患者に害が及ぶなど皆無だと大半の臨床医が考えていたということではなく、ミスが起きると誰の責任かが追及されがちだったということである。そのせいで、問題が生じても話すのが難しくなっていた。だが、モラスにはわかっていた——患者の安全を脅かす事態を減らすためにはまず、ミスをした可能性がある場合に、医師や看護師が率直にそれを報告できるようになる必要がある、と。つまるところ、モラスには、何がいつどこで起きつつあるかに関するデータが必要だった。そのデータがあって初めて、ツイン・シティーズ（ミネアポリスとセントポール）にある六つの医療施設において、弱く幼い患者全員の安全性を高める新たな方法を探せるようになるのだ。

リーダーのツールキット

第1部および第2部では、心理的安全性が欠けているために、新生児集中治療室（NICU）担当の看護師が外科医の機嫌を損ねるのを恐れて医療ミスの可能性を指摘できなかった事例を紹介した。また、最先端医療施設の十分に訓練を積んだ臨床医たちが数日にわたり、致死量の化学療法剤の投与計画に疑問を投げかけられなかった事例も紹介した。どちらも、さまざまなことが起きる複雑な場での出来事だった。

子ども病院を含め、専門病院は複雑である。あらゆる仕事を毎回完璧にこなすのも、生やさしいことではない。まず、患者は一人ひとり違っている。全く同じ治療というものも一つとしてない。改善を重ねつつ、強く相互依存する患者の治療という仕事は、知識や技術を補完し合う専門家――互いの名前さえ知らない場合もある――のあいだで途切れなく行われる必要があるのだ。一方で、相互依存するいくつもの部署――薬剤、検査、医師、看護――は、いつ何を提供するかに関して優先順位が異なっており、安全なケアを常に行うためには行動を調整しなければならない。結果として、ときにまずいことが起きるのを、組織はずっと甘受してきた。ミスや誤解がある程度生じるのはやむを得ないとも思われていた。話し合いはあまり行われず、残念なことに、見過ごされて患者に害が及んだミスについては、(システムの複雑さのせいでなく) 個人のせいにされがちだった。

モラスは、進歩したいなら、そのような姿勢を改めなければならないと思った。そこで必要になったのが、リーダーシップのためのツールキット (特定の目的や活動に役立つ一連の知識とスキル) だ。振り返ってみれば、子ども病院での姿勢と行動を図らずも根底から変えたツールは、三つに分類することができる。土台をつくる、参加を求める、生産的に対応する、の三つである。

土台をつくる

モラスは、CEOに就任するとすぐに、病院内の大小さまざまなグループと話をし、医療の提供は本質的に、機能が停止しやすい複雑なシステムだと繰り返し述べた。医療事故に関する新しい研究や統計を示し、事故が当たり前のように起きてしまっていることも、全員に伝えた。また、新たな用語を導入して、出来事や行動の意味を大きく変えた。たとえば、この病院では「(事故を) 調査する」に替えて「研究する」という表現が使われるようになった。「ミス」をやめて「事故」や「失敗」を使うことも、モラスは提案した。ちょっとした、だが重要なこととして、モラスは仕事について、わけても何かよくないことが起きた場合の意味について、違った角度から考えてもらえるよう工夫したのだ。このようなリーダーシップ行動を、私は「仕事をフレーミングする」と呼ぶ。

フレームとは思い込み、つまり現実について積み重ねていく信念のことだ。[3] 誰もが事物や状況を無意識にフレーミングする。ただ、意識は目の前の状況に集中しており、私たちはふつう、フレーミングの影響に気がつかない。現在の状況についての私たちの考え方や感じ方には、過去の経験がそれとなく影響をもたらしている。ところが、自分は現実——今そこにあるものごと——を見ていると思ってしまうのである。たとえば、医療事故を自分もしくは同僚の失敗としてフレーミングする場合なら、自分が責任を負わされる、あるいは同僚を非難することになるのを恐れて、事故を無視または隠蔽する、といった具合だ。だが、無意識のフレーミングを変えて、もっと正確に現実を表す共有フレームを生み出すことはできる。仕事をフレーミングすることについては本章でのちほど詳述するが、モラスは、病院での医療がミスの起こりやすい複雑なシステムであることに注意を向けてほしいと発言し始めたとき、その行動によって仕事をフレーミングしていた。いや、より正確に言えば、リフレーミングしていた。モラスは、事故が起きるのは（システムの複雑さではなく）能力不足のせいだという思い込みを、なんとかして皆に変えてもらいたいと思った。ものの見方をそのように変えないかぎり、目にした問題やミスやリスクについて安心して発言することは不可能だった。[4]

ミスについて率直に話し合う土台をつくるにあたり、モラスは、患者の安全を一〇〇パーセントにするという目標が、一刻も早く達成すべきものであることも伝えた。土台づくりのための行動として、これは重要だった。なぜなら、医療の世界に入ったそもそもの理由——命を救うこと——を、人々に思い出してもらえたからである。思い出したから、人々は患者に害が及ぶのを防ぐ方法を報告・分析・発見するという大変な仕事に意欲的に取り組めるようになった。つまりモラスは、医療という仕事の複雑でミスの起きやすい性質を際立たせ、危機にさらされているもの（子どもの命）を思い出してもらうことによって、率直に発言する土台を築いたのである。だが、フィアレスな組織をつくるには、それだけでは十分ではなかった。

参加を求める

想像に難くないと思うが、仕事熱心な新生児担当の看護師や経験豊富な小児外科医たちは、われ先にモラスのオフィスへ押し寄せ、ミスをした、あるいはミスを見たと正直に話したわけではなかった。医療ミスが起きるのは高い評価を受けている自分たちの病院ではなくほかの病院だと、人々は考えがちだった。ミスは起こりうるし現実に起きていると心の奥底では理解していても、はっきり意識してはおらず、自分たちは質の高い医療を提供していると信じて疑わなかった。

モラスは、スタッフが何も言わないことに気づいて、じっくり考えた。おそらく、もう一度やってみようと思ったにちがいない——問題など一切起きていないかのような反応を改めてもらうために、専門病院が複雑でミスの起きやすいところであることをもう一度説明してみよう、と。説教したい気持ちはぐっと抑えた。代わりにシンプルな、かつ効果てきめんのことをした。こう尋ねたのだ。「あなたの患者は、あなたが目指したとおり、今週ずっと、あらゆることにおいて安全でしたか[5]」

誠実で好奇心にあふれ、かつ直接的なその問いは、「今週」「あなたの患者」などの言葉を使っており、丁寧で具体的だった。まさにその言葉遣いが伝えるのだ——心からの関心を。知りたくてたまらない気持ちを。その気持ちを受けて、相手はいやでも考えるようになる。興味深いことに、モラスは「ミスや事故をたびたび見ませんでしたか」とは尋ねなかった。代わりに、向上心を刺激する言葉を使って、人々に考えるよう促した。「あなたの患者は、あなたが目指したとおり、今週ずっと、あらゆることにおいて安全でしたか」と。狙いどおり、心理的安全性が浸透し始めた。人々は、目撃した事故、そして自分が関与した事故さえも、報告するようになったのである。

モラスは、スタッフを上手に引き込むために、構造的介入をいくつか行った。まず、改革を主導する目的で、「患者の安全運営委員会」という中心的チームをつくった。病院内のあらゆる部署の声を収集できる、クロスファンクショナル（部門横断的）・チームである。参加にあたり、メンバーはなぜ自分の視点が必要なのかについて、一人ひとり説明を受けた。次に、モラスと運営委員会は「責任を問われない報告」という新しい方針を導入し、人々に、目にしたリスクや失敗について機密報告書を提出してもらった。さらにモラスは、人々が安心して率直な発言をし始めたのを見計らって、一八ものフォーカス・グループを集め、組織のあらゆる部署の人々が懸念や経験をたやすく共有できるようにした。

このシンプルな仕組みによって、人々は率直に発言しやすくなった。なんらかのフォーカス・グループに参加すると、意見を述べることを明確に求められる。考えを言わず黙ったままでいるほうが、落ち着かない気分になる。そのため、第2章でお話しした「発言と沈黙の非対称性」――発言は特有のリスクを伴うため、沈黙が優勢になる――が軽減されるのである。

生産的に対応する

率直に発言することは、最初の一歩にすぎない。人々が実際に率直に発言したときにリーダーがどう反応するかが、重要な岐路なのだ。土台をつくり、参加を求めれば、たしかに心理的安全性を築くことができる。だが、部下がなんらかの問題について勇気を出して発言しても、もし上司がすぐさま怒ったり見下したりして対応したら、安全性はあっという間に消えてしまう。生産的に対応するためには、感謝し、敬意を払い、前進する道を示さなくてはならないのである。

「集中的事故分析会」（モラスが子ども病院に設けた、分野を超えたミーティング。事故後に招集される）を考えてみよう。分析会では、何が起きたかが複数のメンバーによって精査される。かの有名な「群盲象を評す」の話さながらに。ただ、この分析会の目的は、盲人たちがしたような誰が正しいかを争うことではなく、将来的に同じ失敗を繰り返さないようシステムを向上させるべく事故の要因を特定することだ。[6] 分析会はまさに「生産的に対応して」いるのである。

同様に重要なのが、「責任を問われない報告」という方針だ。この方針によって、ミスや事故に関して悪い知らせをもたらす人に対し、生産的な対応ができるようになる。子ども病院の医療スタッフは、非難あるいは罰を受けるのではないかと案じることがなくなった。そして、貴重な情報をもたらすことで感謝されるにちがいないと思い、実際に感謝されるようになった。

リーダーは土台をつくり、参加を求め、生産的に対応することによって、組織に心理的安全性を築き上げる。その具体例をさらに紹介することが、本章の目的だ。多少の練習とリフレクションは要るものの、このツールキットは、心理的安全性を確立したいと思うすべてのリーダーにとって役に立つ。表7・1に、フレームワークをまとめた。これらの行動ツールを編み出すにあたっては、さまざまな調査と、世界中の組織を研究しコンサルティングしてきた私自身の長年の経験の両方を活用している。

心理的安全性の土台のつくり方

直面している問題について共通の目標と共有の認識を持ち、みんなの見解を一致させようとしているときは常に、あなたは安全性の土台を築きつつある。最重要のスキルは、仕事をフレーミングすることだ。まずはこれをマスターしよう。たとえば自動車業界で、要求の厳しい顧客を満足させるために完璧に近い状態をめざす必要があるなら、リーダーは、車がまだ組立ラインに乗らないうちに、わずかな差異に気づいて修正するよう作業員に注意を促すことによって、仕事をフレーミングできるようにならなければならない。危険なプラチナ鉱山で作業員の死亡者数をゼロにしようと思うなら、リーダーは身体的安全の確保を、価値のある、困難だが達成可能な目標としてフレーミングしなければなら

表 7.1 心理的安全性を確立するためのリーダーのツールキット

カテゴリー	土台をつくる	参加を求める	生産的に対応する
リーダーの務め	**仕事をフレーミングする** ▪ 失敗、不確実性、相互依存を当たり前とし、率直な発言の必要性を明確にする **目的を際立たせる** ▪ 危機にさらされているものと、それがなぜ、誰にとって重要であるかを意識する	**状況的謙虚さを示す** ▪ 完璧でないことを認める **探究的な質問をする** ▪ よい質問をする ▪ 集中して「聴く」手本を示す **仕組みとプロセスを確立する** ▪ 意見を募るためのフォーラムを設ける ▪ ディスカッションのためのガイドラインを示す	**感謝を表す** ▪ 耳を傾ける ▪ 受け容れ、感謝する **失敗を恥ずかしいものではないとする** ▪ 未来に目を向ける ▪ 支援を申し出る ▪ 次のステップについて話し合い、熟慮し、ブレーンストーミングする **明らかな違反に制裁措置をとる**
成果	期待と意味の共有	発言が歓迎されるという確信	絶え間ない学習への方向づけ

ない。あるいは、新たな治療法の発見が目標なら、「優れた仮説を立てて試してみよう、たとえ間違っていることのほうが多くても大丈夫だ」と思って研究者が意欲を高められるようにするのが自分の務めだとリーダーは心得なければならない。この項では、仕事のフレーミングに、失敗をリフレーミングすることと、率直な発言の必要性を明確にすることが含まれるようになった経緯と理由をまず説明する。その後、リーダーのツールキットのうち土台づくりに役立つもう一つのツール、「意欲を刺激する」についてお話ししよう。

仕事をフレーミングする

失敗をリフレーミングする

失敗（を報告すること）を恐れるのは、職場環境の心理的安全性が低いことを示す最大のサインである。そのため、失敗にリーダーがどのような意味を持たせるかが、きわめて重要になる。グーグルXについてのアストロ・テラーの発言を思い出してみよう。「スケールが大きくリスキーなこと、つまり大胆なアイデアに挑み、どんな大変な問題にぶつかっても取り組み続けてもらえるかどうかは……みんなの抵抗感を最小限にし、安心して失敗してもらえるようにできるかどうかにかかっている」[7]。言い換えるなら、もしリーダーが明確かつ積極的に、人々が安心して失敗できるようにしなければ、必然的に人々は失敗を避けるようになるということである。では、テラーはどのようにして、失敗を「遠慮なくしてよいもの」としてリフレーミングしたのか。「自分は、失敗のプロではなく、学習のプロだ」ということを、みずから述べ、信念とし、みんなに納得させたのである[8]。

失敗からは、貴重なデータが手に入る。ただし学習するためには、失敗からの学びを注意深く精査できるだけの心理的安全性が不可欠であることを、リーダーは理解し、伝える必要がある。A・G・ラフリーは、P&GのCEOを務めているときに出版した『ゲームの変革者――イノベーションで収益を伸ばす』（日本経済新聞出版社）のなかで、最も金のかかった一一の失敗を素晴らしいと称え、それぞれについてなぜ価値があるのか、会社として一つひとつの失敗から何を学んだかを述べた。[9] エド・キャットムルも、ピクサーのアニメーターたちに、映画はどれも最初は箸にも棒にもかからない代物であるとはっきり伝え、彼らが「不安と失敗を切り離せる」ようにしている。[10] これぞ、リーダーとして「仕事をフレーミングする」発言だ。「素晴らしいもの」をめざすなかで「駄目なもの」に積極的に向き合って初めて、目を見はるような大成功が生まれる。そんな仕事をしているのだということを、みんなに確認しているのである。同様に、オープンテーブルのクリスタ・クォールズCEOも、従業員に次のように話している。「早く、頻繁に、とんでもない失敗を見せて。それでいいの。完璧である必要なんかない。駄目なものを見ることで、はるかに素早く軌道修正できるようになるから」。[11] この言葉も、仕事をフレーミングしている。レストランのオンライン予約サービス事業における成功は、まるで手品のように最初からひょいと正解を出すことによってではなく軌道修正することによって生まれる。クォールズは早く、頻繁に、とんでもない失敗をすることを、のちの大成功を生む優れた決定をするための重要な情報としてフレーミングしているのである。

失敗から学べるようになることは、とても重要になっている。そのため、スミス大学（をはじめとする全米のさまざまな大学）は、失敗や難題や挫折に学生がもっとうまく対応できるよう、新たな課程や取り組みを開始している。「失敗は、学習するうえでのバグ（誤り）ではなく、一つの特徴だ。それを、私たちは教えようとしている」[12]。そう述べたのはレイチェル・シモンズだ。スミス大学ワーテル・センター・フォー・ワーク&ライフのリーダーシップ開発の専門家にして、学内の非公認「失敗王」である。「失敗は、学習経験から締め出すべきものではない。本学の多くの学生――スミス大学のような大学に入るためにほぼ何でも完璧にできなければならなかった学生たち――は、失敗をあまり経験したことがない。そのため、失敗すると、深刻な影響を受けてしまいかねない」[13]。同大学では、インポスター・シンドローム（詐欺師症候群）に関するワークショップ、完璧主義についてのディスカッション、さらに学生の六四パーセントがBマイナス以下の成績であることを当の学生たちに思い出してもらうキャンペーンを含むプログラムを、彼らのレジリエンスを育てる取り組みの一環として実施している。

失敗が果たす役割は、仕事によって異なることに注目しよう[14]。仕事というスペクトルの一方の端には大量の反復作業を行う仕事、たとえば組立工場やファストフード店、さらには腎透析センターなどがある。患者を正しく透析装置につなげなかったり、自動車のエアバッグを正確に取り付けられなかったりしたら、大変な事態を招いてしまうかもしれない。そのため、このタイプの仕事では、ベスト・プラクティスからのズレにどんどん気づいて修正することがきわめて重要になる。つまり、ここでの「失敗を称賛する」とは、そういうズレを見つけたときに「よくぞ見つけた！」と褒め、ごく小さな間違いに気づく人を観察眼の鋭い人として評価する、の意味になる。

スペクトルのもう一端にあるのはイノベーションと研究、つまり、望ましい結果を得る方法がほとんどわからない仕事である。映画や、独創的な衣類や、海水を燃料に変える技術を生み出すことはすべて、この範疇に含まれる。これらの仕事においては、派手な失敗が求められ、称賛される必要がある。なぜなら、そういう失敗は成功への道の重要な部分だからである。スペクトルの真ん中に位置するのは、病院や金融機関のような複雑な業務だ（現代においては大半の仕事がこの領域に入る）。ここに含まれる仕事では、回避可能な失敗を避けるうえでも賢い失敗を褒め称えるうえでも、注意を怠らないこととチームワークがきわめて重要である。

失敗のリフレーミングは、失敗のタイプによる基本的な分類を理解することから始まる。詳細は私の他書に委ねるが、失敗の典型は、回避可能な失敗（絶対に、よい知らせではない）、複雑な失敗（やはり、よい知らせではない）、そして賢い失敗（楽しくはないが、高い価値をもたらすので、よい知らせと考えられるべき失敗）である。[15] 回避可能な失敗は、望ましいプロセスから逸脱して悪い結果をもたらす。たとえば、誰かが工場で保護眼鏡をかけ忘れて目を損傷してしまった場合が、回避可能な失敗だ。複雑な失敗は、いくつかの要因がかつてない重なり方をしたときに起きる。二〇一二年、ハリケーン・サンディによってニューヨーク・ウォール街近くの地下鉄の駅が受けた深刻な浸水被害がまさにこれだ。注意を怠らずにいれば、複雑な失敗は、常にではないものの回避できる場合がある。ただ、回避可能な失敗も複雑な失敗も、称賛には値しない。

一方、賢い失敗については、「賢い」のだから、称賛してより頻繁に失敗することを促す必要がある。もっとも、回避可能な失敗や複雑な失敗同様、賢い失敗もしたくてする人はいない。ただ、他の二つと違い、賢い失敗は熟慮して新たなことを始めた結果である。表7・2に、これらの違いを明確に表す定義およびコンテクストをまとめている。フレーミングで重要なのは、失敗は起きて然るべきものであることを人々に確実に理解してもらうことだ。失敗のなかには、正真正銘よい報告となるものもあれば、そうでないものもある。ただ、どのような失敗であれ、その失敗から学ぶことが、何より重要な目的である。

率直な発言の必要性を明確にする

仕事をフレーミングすることは、失敗を当たり前のものにするだけでなく、別の側面（具体的にどのような側面かは仕事や環境ごとに異なる）へ注意を促すことでもある。わけても重要な側面は不確実性、相互依存、危機にさらされているものの三つであり、そのどれもが失敗にも大きな関わりがある（頻繁に失敗することへの期待、失敗の価値、失敗が及ぼす影響など）。不確実性に注意を向けると、次のように人々に伝えることになる。好奇心を旺盛にし、アンテナを張りめぐらして、変化の兆し（新たな市場での顧客の好み、薬剤に対する患者の反応、新技術の出現など）に早く気づく必要がある、と。

相互依存に注意を向ける場合は、自分の仕事と他者の仕事がどのように関係し合っているかを理解する責任が自分にあることを、皆に知ってもらうことになる。相互依存にスポットを当てることによって会話が頻繁になり、人々は自分の仕事が他者に与える影響を理解し、次いで他者の仕事が自分に及ぼす影響を知る。言い換えるなら、仕事をフレーミングするとき、リーダーは、アイデアや懸念を共有する必要性と同様、対人関係のリスクを取る必要性を強く伝えている。

三つめの、危機にさらされているものに注意を向けることは、危機の大小にかかわらず重要である。（病院や鉱山やＮＡＳＡでそうであるように）人命が懸かっていることを思い出すと、広い視野に立って対人関係のリスクを考えやすくなる。率直な発言の重要性をリーダーがフレーミングすれば、人々がそのように発言する可能性が高くなり、結果として、発言と沈黙の非対称性が克服される。

同様に、ラボでの実験が思いどおりに進まない場合、危機にさらされているのは傷ついたエゴだけだと気づいてもらうと、積極的にリスクを取ってもらえるようになる。すなわち、度肝を抜くアイデアを提供したり何を最初に試すべきかがひらめいたりしやすくなる。

結論から言うと、上司に対する大半の人の見方に、リフレーミングすべき重要な領域が示されていると言えるだろう。表7・3で、職場での上司と部下のあり方についての、一般的な枠組みと思慮深くリフレーミングしたのちの枠組みを対照している。一般的な枠組みでは、上司は答えを持っている、指示を与えることができる、指示どおりに実行できたかどうかを評価するポジションにいると思われている。この枠組みでは、ほかの人々は、指示に従って行動する

表7.2　失敗の典型例——定義とコンテクスト[16]

	回避可能な失敗	複雑な失敗	賢い失敗
定義	既知のプロセスから逸脱し、望まない結果が起きる	出来事や行動がかつてない特異な組み合わさり方をして、望まない結果が起きる	新たなことを始めて、望まない結果が起きる
共通する原因	行動・スキル・注意の欠如	慣れた状況に複雑さ・多様性・かつてない要因が加わる	不確実性。試み。リスクを取ること
特徴を示す表現	プロセスからの逸脱	システムの破綻	うまくいかなかった試み
典型的なコンテクスト	製造業の生産ライン ファストフード店 公共事業やサービス	病院での医療 NASAのシャトル計画 航空母艦 原子力発電所	医薬品開発 新製品の設計

ことを期待される単なる部下でしかない。そういう一般的な枠組みによって会社を管理するエグゼクティブの典型が、フォルクスワーゲンのマルティン・ヴィンターコルンCEOだ。一連の一般的な枠組みによって、対人関係の不安が顕著になる。つまり、上司が答えと、部下のパフォーマンスを評価する絶対的な権力を持っている職場では、上司を恐れ、発言する内容に細心の注意を払うのが当たり前になってしまう。一方、リフレーミングしたのちの枠組みに明示される考え方には、心理的に安全な環境をつくる必要性がはっきりと見て取れる。今日、業務がスムーズに進む組織ではたいてい、この考え方が取り入れられている。

リフレーミングしたのちの枠組みを見れば、今日の職場環境で成功するためには、リーダーが心理的安全性を築き、高めなければならないことがわかる。リーダーには責任があるのだ――仕事の方向性を示すこと、有意義な考えが明らかになって方向性に磨きがかかること、絶えず学習して秀逸な存在になる条件をつくることに。シンシア・キャロルは、作業員の意見を

表 7.3　上司の役割についての枠組み

	一般的な枠組み	リフレーミング後の枠組み
上司	答えを持っている 命令する 部下のパフォーマンスを評価する	方向性を決める 考えを明らかにしてもらい、方向性に磨きをかける 絶えず学習し、卓抜するための条件を整える
ほかの人々	指示どおりに行動しなければならない部下	貴重な知識と知恵を持つ貢献者

積極的に取り入れ、身体的安全を守るための新たな仕組みをつくることによって、アングロ・アメリカン社の仕事をリフレーミングした。増田尚宏（福島第二原子力発電所所長）は、津波による難局をチームに乗り切ってもらうために、ホワイトボードを使って仕事をリフレーミングした。刻々と変わる環境のなかで、彼は手に入った情報を逐一、チームに提供したのである。特定の目標を達成するために創造性とイノベーションが必要であればあるほど、このような姿勢がいっそう必要になる。フォルクスワーゲンにおけるヴィンターコルンの姿勢に関する問題は、モラルの観点から見て間違っているというより、むしろ、イノベーションが必要な目標を達成するうえでふさわしくないということだった。ディーゼルエンジン技術によって会社を世界一の自動車メーカーにすることは、グーグルXで追求される目標と同じく「ムーンショット（桁違いの壮大で有意義な目標）」だった。だが、同社のディーゼルエンジン技術は、規制当局の要求を満たすレベルにまだ達していなかった。いくら命じたところで、その状況についての基本的真実を変えることなどできるはずがない。もしグーグルXの事例で見たような心理的に安全な職場であったなら、そのイノベーションの失敗から深い学びを得て、シニア・エグゼクティブたちは戦略を練り直すことができたにちがいなかった。

リフレーミングされた枠組みでは、部下は大切な貢献者、つまり重要な知識と知恵を持つ人たちと考えられる。ジュリー・モラスが患者ケアにおけるミスについて率直に話してほしいと求めるとき、あるいはアイリーン・フィッシャーがスタッフ・ミーティングで全員に発言する機会を与えるとき、彼女たちがそうするのは、それによってよりよい意思決定と実行ができるようになるからであって、いい上司になりたいからではない。不安定で（volatile）不確実（uncertain）、複雑（complex）、かつ曖昧な（ambiguous）ＶＵＣＡ世界のリーダーは、現代の仕事には、いつどのように進路を変えるべきかを知るために絶え間ない学習が必要であることを理解している。彼らは、誰もが無意識に職場に持ち込む一般的な枠組みからもっと生産的な枠組みへ、みずからの考え方を意識的にリフレーミングしなければならないのだ。

仕事をフレーミングすることは、リーダーにとって、一度やればそれで終わりではない。フレーミングは、絶えず行うもの。さまざまなレベルの不確実性や相互依存をたびたび指摘すると、高いパフォーマンスをあげるためには注意を怠らず率直に発言する必要があることを、みんなに思い起こしてもらいやすくなる。もしＮＡＳＡのリーダーたちが仕事のこうした本質的な性質を重視していたら、エンジニアたちに対し、不確かな懸念であっても話すよう促すべきであることが、はるかにはっきりわかったことだろう。

意欲を刺激する

目的意識を際立たせることも、心理的安全性の土台づくりには欠かせない。説得力ある目的をはっきり伝えて人々の意欲を高めることは、リーダーとして当然の務めである。自分の仕事がなぜ顧客や世の中にとって重要なのかをリーダーがみんなに思い出させると、困難を乗り越えるエネルギーが生まれやすくなるのだ。ケント・ティリは「一人はみんなのために、みんなは一人のために」というモットーによって、腎臓病患者をケアするダヴィータのスタッフのやる気を高めている。このモットーがあることで、スタッフに、患者が弱く傷つきやすいことと、チームが一丸となって参加していることを同時に思い出してもらえるのである。意義深い仕事であることが明白な場合でも（重症患者のケアなど）、リーダーはやはり、組織が果たす役割を折あるごとに努めて述べなければならない。なぜなら、どんな人でも、疲れたり集中力がなくなったりイライラしたり、何が危機にさらされているのかが見えなくなったりするときがあるからだ。キャロルは、死傷者をゼロにするという情熱を、南アフリカ政府と鉱業関係の大組織に伝えた。別のグループにいてずっと接点のなかったステークホルダーたちだが、鉱山における安全という共通の目標に向かって協力し始めると、互いへの信頼を高めることができた。どれほど重要な仕事をしているかを原点に戻って皆に理解してもらうのは、リーダーの務めである。これは、職場で避けがたい対人関係のリスクを克服しやすくする方法にもなる。

目的意識を定義・フレーミングする方法はほかにもある。ブリッジウォーター・アソシエイツのレイ・ダリオは従業員に対し、個人としての成長が利益と同じくらい重要だと、折にふれて述べている。従業員一人ひとりがより素晴らしくなることがダリオにとって重要であり、従業員にとってもそうであってほしいと願っているのである。また、ボブ・チャップマンは「従業員の人生にとって会社がどれくらい意味があるかで会社の成功の程度を計る」という信念を持ち、それによって、全従業員が全力で仕事に取り組めるようにしている。

目的――人々の意欲を高め、組織の仕事をより広いコミュニティにとって意義あるものにする目的――について熟考すると、多くのリーダーがよい結果を得られるだろう。その後は、仕事をする説得力ある根本的理由を、どれくらい頻繁かつ積極的に人々に伝えているかを自問しなければならない。職場はもとより人生において私たちが目的と意味を実感することが不可欠であることは、

きわめて多くの心理学の研究によって証明されているのだ。(17)

人々が発言できるように、参加を求める方法

リーダーのツールキットとして欠かせない行動の二つめは、率直に意見を言わずにはいられなくなる方法で参加を求めることだ。目標は、参加して然るべきときに、すんなり参加してもらえるようになること。人々が安全第一でいようとするのではなく積極的に関わる意志を持っているなら、自分を守ろうとするのは自然なことだと認識したうえで、きわめて明確に参加を求める必要があるのだ。発言を心から求めていることを示す重要な二つの行動は、「状況的謙虚さ」というマインドセットを持つことと、発言を引き出す質問をすることである。この項ではもう一つ、「意見を求める仕組みをデザインする」という強力なツールについてもお話しするが、これも発言を求める方法として有効である。

状況的謙虚さ

結論から言えば、上司が自分は何でも知っていると思っているらしいときに、対人関係のリスクを取って考えを話そうなどと思う人は一人もいない。一方、謙虚さと好奇心が混じり合った学習するマインドセットを持つリーダーなら、そのリスクを軽減する。学びに終わりはない——そのこと

を、学習するマインドセットを持つ人は知っているのである。
今日、私たちは皆、複雑でダイナミック、かつ不確かな世界で仕事をしている。はっきり言って、そのような世界に立ち向かうときに謙虚なマインドセットを持つことは、きわめて現実的である。このことを、つまり今日のような状況においては謙虚になる必要があることを、状況的謙虚さという言葉はうまく捉えており、リーダー（特に、自信に満ちたリーダー）にとって謙虚なマインドセットの有効性とパワーを認識しやすくなるだろう。MITのエドガー・シャイン教授はこれを「今ここで必要な謙虚さ」と呼ぶ。[18] 自信と謙虚さが反意語でないことに留意しよう。自分の能力や知識に自信を持つことは、正当であるなら、控えめであるよりずっと好ましい。しかしながら、謙虚であることは、控えめであることとも嘘をつくことなどとも違う。それは、自分はすべての答えを持っているわけではなく未来を見通すことはできないと、率直に認めることである。研究によれば、リーダーが謙虚さを示すと、学習行動に対するチームの積極性が増すことが明らかになっている。[19]
状況的謙虚さを示すことは、自分の過ちや欠点を認めることでもある。二〇〇〇年代に、経営の危機に瀕していたゼロックスを会長兼CEOとしてみごと立て直したアン・マルケイヒーは、こう述べた。自分は「『わからない』の達人」として同社の社員に知られている。なぜなら、何かを尋ねられたときに、よく知りもしないまま意見を言うのではなく、「わからない」と答えることがとても多かったからだ、と。[20] アイリーン・フィッシャーの「無知の人になる」を彷彿させるが、マルケイヒーは、（フィッシャーのように）会社の創設者としてではなく、グローバル企業の就任したての最高責任者として、その考え方を取り入れている。ハーバード・ビジネススクールのアドバンスド・マネジメント・プログラムでエグゼクティブたちに話をした際、マルケイヒーは、積極的にめったにない。

自分の弱さを見せ、欠点を認めることが、とてつもなく大きな財産になると語った。曰く、「知らないと認めると、信用を失うどころか、逆に信頼を得ることになる」[21]。これにより、ゼロックスの社員は高みをめざし、専門知識を提供し、会社の業績回復プロセスに参加できるようになった。当たり前に思えるかもしれないが、なぜか、多くの組織においてそのような謙虚さが見られることはめったにない。

その理由を、ロンドン・ビジネススクールのダン・ケーブル教授が明らかにした。『ハーバード・ビジネス・レビュー』の最近の記事に、彼は次のように書いている。「権限を持つと……リーダーは得てして結果と管理のことばかり考えるようになってしまう」。そして、「部下の不安――目標を達成できないのではないか、ボーナスを失うのではないか、失敗するのではないかという不安――を知らずあおってしまい、結果として、試し学ぶ意欲を押さえつけてしまう」[22]。度を超した自信や思い上がりも、同様の影響をもたらす可能性がある。不安を大きくしたり、やる気をそいだり、対人関係のリスクを取るのを妨げたりしてしまうのだ。

第2章で紹介したＮＩＣＵ（新生児集中治療室）に関する調査を思い出してみよう。イングリッド・ネンバードとアニタ・タッカーと私が突きとめたとおり、心理的安全性が高いＮＩＣＵの医療の質向上（ＱＩ）に関する取り組みの結果は、安全性が低いＮＩＣＵのそれに比べて、明らかに優れていた[23]。違いを生んだのは、私たちがインクルーシブ（包括的）・リーダーシップと呼ぶ要因だ。たとえば、インクルーシブなメディカル・ディレクター（集中治療室の責任を負う医師）たちは、「自分は何か見落としているかもしれない。きみたちの意見がぜひ必要だ」と言っていた。率直に発言すべきであることをスタッフが心得ているのを当然と思っているディレクターもいた。私たちは調査結果から、インクルーシブ・リーダーシップには行動上の特徴が三つあることに気がついた。一つめ。リーダーは、気さくで話しやすい。二つめ。リーダーは、自分が完璧ではなくミスをする人間であることを認識している。三つめ。リーダーは、ほかのスタッフや医師や看護師から、彼らが発言しやすいように意見を求める。このように、インクルーシブ・リーダーシップというあり方には、発言を引き出す質問（次の項で詳述）とともに、状況的謙虚さが表れている。

この研究をさらに進めたイスラエルのルーベン・ヒラク、アブラハム・カルメリら四人の研究者は、イスラエルの大病院の病棟で働くスタッフを対象に、リーダーのインクルーシブネス、心理的安全性、失敗から学ぶ病棟スタッフの能力、病棟のパフォーマンスについて調査した。その結果、リーダーのインクルーシブネスが他より際立っている病棟のほうが、心理的安全性が高く、ひいては失敗から多くを学び、病棟のパフォーマンスも高いことが明らかになった。(24) つまり、気さくで話しやすく、自分が完璧ではなくミスをする人間であることを認識し、他者から積極的に意見を求めるリーダーは、組織に心理的安全性をつくり、高めていくことができる。実のところ、それらは強力なツールなのである。

発言を引き出す問い

参加を求めるための二つめのツールは、探究的な問いだ。探究的な問いとは、意図的な調査であり、問題や状況や人についてより詳しく知ることを目的とする。その基本は、ほかの人の発言に心から関心を寄せられるようになること。なぜ、これが難しいのか。それは大人なら皆、向上心が高ければ特に、ナイーブ・リアリズム（自分は世界を正しく客観的に認識していると考える傾向）という認知バイアスにかかりやすく、今起きていることを自分は「わかっている」と思ってしまうからである[25]。前項で述べたとおり、私たちは、主観に基づく現実ではなく現実そのものを見ていると思っている。結果として、ほかの人にはどう見えているのだろうと思い巡らすことがなかなかできなくなってしまう。関心を持てなくなるのである。さらに悪いことに、多くのリーダーは、尋ねてみる気になったときでさえ、質問したら無知あるいは無能に見えてしまうのではないかと不安を拭えずにいる。先日私たちが話を聞いた、グローバルな製薬会社のあるシニア・エグゼクティブがこう述べていた。会社によっては「自分が話す文化」に力を入れている。すると問うことがいっそう困難になってしまう、と。「自分が話す文化」では、尋ねることが軽視されてしまうのだ。

だが、リーダーがこのようなバイアスを克服して心から質問できるようになったら、それによって心理的安全性が促される。子ども病院のモラスがどのように尋ねたかを思い出してみよう。「あなたの患者は、あなたが目指したとおり、今週ずっと、あらゆることにおいて安全でしたか」。あるいは、キャロルは鉱山の作業員にどのように尋ねただろう。「どんなことをすれば、思いやりと敬意に満ちた職場環境をつくれるだろうか」。本物の質問には、相手を敬う気持ちがにじみ出る。それは心理的安全性に欠かせない側面である。また、一般に信じられているのとは反対に、質問をするリーダーは無能ではなく、思慮深く聡明に見える。

リーダーのツールキットには、よい質問をするための鉄則もそろっている。一つ。あなたは答えを知らない。二つ。イエスかノーの答えを求めるような質問をしない。三つ。相手が集中して考えを話せるように尋ねる。まさにこれらの基本原則を実践しているのが「ワールドカフェ（自由な対話を促す手法の一種」だ。ワールドカフェは、重要な組織的あるいは社会的目標を達成するための新たな方法の発見に重点を置いて、会話づくりに取り組んでいる。そして「強力な問い」の特徴を特定している。強力な問いとは、人々の考えを呼び覚まし、刺激し、変える問いだ。その一覧を下に示している。

より多くの質問を仕事に取り入れることは、どんな人にもメリットがある。ただし、尋ねるというこの不可欠な技術は、状況にぴったり合う問いを選ぶ必要がある。問いは、たとえば広くも深くもできる。状況をより深く理解したり選択肢を広げたりするためには、次のように尋ねよう。「私たちは何か見落としていないだろうか」「ほかにどんなアイデアが考えられるだろう」「誰か見解の違う人は?」などである。[27] このように尋ねると、情報をより総合的に考えたり、問題や判断に関する選択肢を広げたりすることが確実にできるようになる。理解を深めるための問いもある。「なぜそのように考えるようになったのか」「例を挙げてくれないか」といった

強力な問いの特徴[26]

- 聞き手に対する関心を引き起こす
- 思慮深い会話を促す
- 示唆に富む
- 基本的前提を明るみに出す
- 創造性と新たな可能性を引き寄せる
- エネルギーと進歩を生み出す
- 注意を向ける先を変え、探究的な問いに集中させる
- 参加者の話に耳を傾け続ける
- 深遠な意味に言及する
- さらなる質問を呼び起こす

具合だ。このように尋ねて初めて、人は互いの経験や目標について詳しく理解できるようになる。また、思慮深く尋ねる場合には、よい問いをすると、考えをぜひ聞かせてほしいと思っていることが、みんなに伝わる。するとたちまちその場が心理的に安全になって、みんなが意見を言えるようになる。

MTVを創設したボブ・ピットマンは、掘り下げた分析と多様な視点の両方を求める問いを発していた。『ニューヨーク・タイムズ』の名物連載「コーナー・オフィス」を書いていたアダム・ブライアントの取材を受けて、ピットマンは次のように述べている。

ミーティングである案について話し合っているとき、よくこう尋ねる。「賛成できない人の意見は?」。尋ねても、最初は「反対なんて誰もしていませんよ」という返事が返ってくるかもしれない。だからこう言う。「いいか、よく覚えておいてくれ。別の見方は必ずどこかにある。一歩下がって、反対意見を見つける必要があるんだ[28]」

おわかりのように、ピットマンは積極的に質問をし、皆が意見を言いやすい場づくりも率先して行っている。さらには、別の見方が必ずあると述べて、さりげなく仕事をフレーミングしている。このちょっとした問いによって、彼は仕事をフレーミングし、暗黙のうちにチームに思い出させているのだ――MTVにおける番組づくりのようなクリエイティブな仕事は、多様な見方があってこそ、よい結果が出ることを。リーダーシップの基本的スキルとしての「尋ねる」技術がもたらす効果について、さらなる事例と詳細を知りたい場合は、エドガー・シャインの示唆に富む著書『問いかける技術』（英治出版）をお読みいただきたい。[29]

意見を引き出す仕組みをつくる

心理的安全性を高めて参加を促す三つめの方法は、従業員の意見を引き出すための仕組みを整えることだ。先に紹介した子ども病院のフォーカス・グループや集中的事故分析会は、そのような仕組みの例である。それらの安全性に関する会話がとても効果的であるため、病院スタッフは自分たちのミーティングの仕組みも、同僚の考えや懸念を引き出すものに整え始めた。特に目を引くのは、臨床専門看護師のケイシー・フックが編み出した、担当病棟に安全行動チームをつくるアイデアだ。この病棟ベースのクロスファンクショナル（部門横断的）・チームは月に一度集合し、腫瘍科病棟における安全上の危険を特定した。やがて他の二つの病棟でも、フックの取り組みに刺激を受けて安全行動チームがつくられた。ほどなく、患者の安全運営委員会によって、すべての病棟が同様のチームを持つべきだと提案された。

対人関係の不安を減らしていく仕組みとしては、従業員同士で学び合うのも効果的だ。グーグルの「g2g」（Googler-to-Googler）ネットワークが、まさにこれである。六〇〇〇人を超えるグーグル社員が進んで時間を提供し、同僚が学ぶのを手伝うのだ。[30] g2gの参加者は、一対一でメンタリングし、心理的安全性に関してチームをコーチングし、専門スキル（リーダーシップからパイソンを使ったプログラミングまで）を教える。グーグルによれば、g2gは数え切れないほど多くの従業員のスキル向上に役立っているという。また、心理的に安全な文化の構築にも効果をあげており、誰もが学ぶとともに教えてもいる。

グローバルな食品会社のグループ・ダノンは、「ナレッジ・マーケットプレイス」という意見交換の場を整えた。アメリカ各地の事業部が距離を超えて、深く尋ねたり知識を共有したりする場である。[31] このワークショップによって、出身国が多様な従業員が一つになり、多くの優れたアイデアや仕事が生まれて営業成績に貢献した。もっとも、場をつくったエグゼクティブたちは、組織文化が率直に発言し、支援を求め、優れたアイデアを共有する方向へシフトしたことが最も重要な結果だと考えていた。

率直な発言（その質がどうであれ）に対して生産的に対応する方法

心理的に安全な風土を育てるためには、人々が取るリスクに対し、リーダー（あらゆるレベルのリーダー）が生産的に対応することが不可欠だ。生産的な対応には、次の三つの特徴がある。感謝を表す、失敗を恥ずかしいものではないとする、明らかな違反に制裁措置をとる、の三つである。

感謝を表す

第1章でお話ししたＮＩＣＵ（新生児集中治療室）担当の看護師クリスティーナが、もし医師のドレークに意見を言えていたら、どうなっていただろう。彼女はドレークに叱責されるか、あるいはけなされるのではないかと心のなかで不安に思っていた。だが、もしドレークが「指摘してくれてありがとう」と感謝したら、どうなっただろう。彼女にとって、心理的安全性は一段階高くなっただろう。これが、感謝を表す対応の例である。それは、看護師の指摘を医師が信じるかどうかの問題でも、質問の善し悪しの問題でもない。医師はとにかく、最初に感謝という対応をしなければならない。教育すること、つまり意見を述べたり臨床上の細かな判断を説明したりするのは、そのあとでいい。いずれにせよ、発言する勇気に対して、ちょっとした感謝の言葉をかける必要がある。注意が逸れたり判断を誤ったり、そうした思わぬミスから患者を守るべく、スタッフが確実に発言できるようにするためである。

　スタンフォード大学のキャロル・ドゥエック教授は、マインドセットに関する著名な研究を行って、困難に直面したときに個人が出す成果と立ち直る力に対して学習姿勢がどのように影響するかを明らかにし、結果がどうあれ人々の努力を称賛する重要性について言及している。[32] パフォーマンスが自分の能力や知性を示すものだと思っている場合、人はあまりリスクを取ろうとしない。能力を否定する結果が出たらどうしようと不安に思うためである。一方、パフォーマンスは自分の努力や優れた戦略を示すものだと考える場合には、困難があっても失敗しても、人は新しいことにチャレンジし、最後までやり抜こうと考える。

　努力を称賛することが特に重要なのは、環境が不安定である場合、つまりよいプロセスがよい結果につながるとは限らず、悪いプロセスもまた悪い結果につながるとは限らない場合だ。本書の事例ではしばしばCEOの対応を紹介しているが、経営幹部もリーダーとして同じくらい重要な責任を担っており、組織の誰もが同僚に対し生産的に対応できるようにする必要がある。プロセスと結果の関係が不完全であることを示す図7・1の論理をぜひ理解しよう。言うまでもなく、ふつうはよいプロセスがよい結果に、悪いプロセスは悪い結果につながる（図7・1a）。だが、図7・1bにあるとおり、よいプロセスが悪い結果を招くこともある（特に、VUCAに代表される、異常な不確実性や複雑さに直面している場合）。また、悪いプロセスがよい結果につながることもあれば（運がよかった場合）、よい結果を得たという錯覚をもたらすこともある（しばらくの間とはいえ、フォルクスワーゲンやウェルズ・ファーゴの事例にあったように）。不確かで曖昧な環境においては、原因と結果の間にある関係は単純ではない。そのため、あらゆる種類の結果に対していっそう生産的に対応する必要があるが、悪い知らせがもたらす結果に対してはなおさらそうした対応が重要である。

生産的な対応には、感謝を表すことも含まれる。その範囲は、ちょっとした謝意（「指摘してくれてありがとう」）から、丁寧な感謝（賢い失敗に対する祝賀会やボーナス）に及ぶ。

失敗を恥ずかしいものではないとする

不確実性やイノベーションには失敗がつきものだが、率直な発言を促すためには、そのことをはっきり示す必要がある。失敗の報告に対して生産的に対応できるようになるために、表7・2にある失敗の分類の意味を考えてみよう。どんな失敗に対しても同様に対応するリーダーが、学習のための健全な環境をつくることはない。誰かがルール違反をしたり組織の重視するものを損ねたりしたせいで失敗した場合、それは、研究室での思慮に富む仮説が間違っていたことがわかる場合とは違う。考えてみれば当たり前だが、現実にはほとんどの人が思い違いをしている。

図 7.1　プロセスと結果の不完全な関係

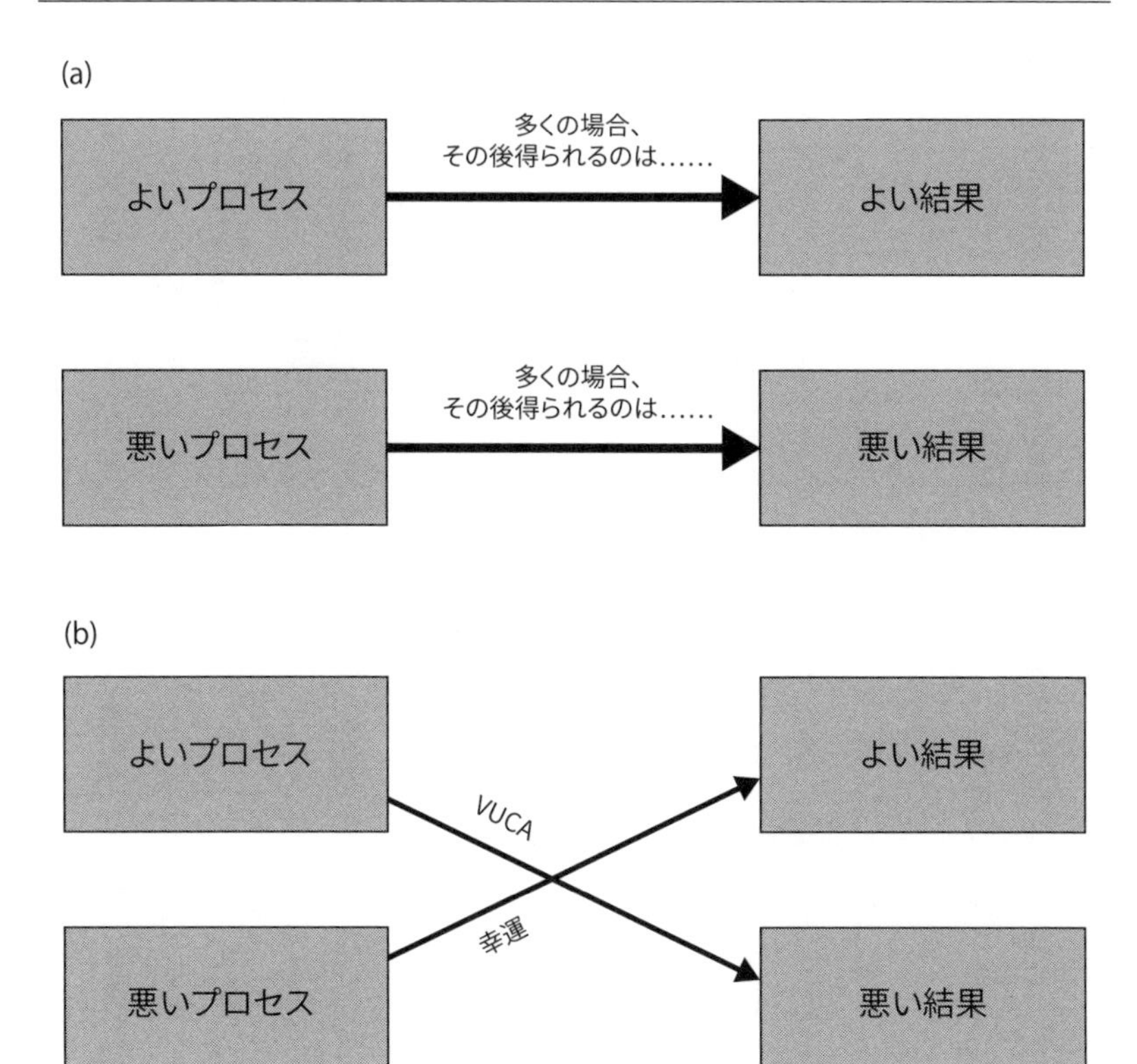

私は世界中のマネジャー、科学者、セールスパーソン、科学技術者に、よくこの質問をする。「あなたの組織で起きる失敗のうち、責められても仕方がないと思われるものは何パーセントですか」。回答はたいてい一桁（けた）で、一～四パーセントの場合もある。次に私は「実際に非難に値すると見なされる失敗は何パーセントですか」と尋ねる。すると（一呼吸置いて、あるいは笑ったのちに）返ってくる答えは七〇～九〇パーセントになるのだ！　シンプルな数字と組織の対応の間にこのようなギャップがある場合、結果として多くの失敗が報告されず、学習もされないという残念な事態が引き起こされる。表7・4に示したとおり、失敗に対してネガティブに対応することは、失敗に関する詳細が耳に入らずじまいになるという重大な結果につながるのだ。それは、第2章で紹介したマーク・コスタの言葉にあるように、「（リーダーとして）最も恐れる」べき事態である。

子ども病院で複雑な失敗に対し生産的に対応している様子は、（リーダーのツールキットについての節でお話しした）集中的事故分析会のプロセスによく表れている。生じた失敗に仕事か業務が関係する全員が一つのテーブルに着いて、気づいたことや、疑問や、懸念を共有する。ほかの人が見たもの、感じたこと、したことに、全員が熱心に耳を傾けるのである。たいていの場合、所定の方法で仕事をしていたところへ、さまざまな要因が思いがけない重なり方をして事故が起きる。集中的事故分析会は、楽しくはないが、参加する意義の大きいプロセスだ。終了する頃には、病院内のさまざまなシステムと役割が混ざり合っていることを再確認し、システムの複雑さと相互依存に対して理解が深まる。責められていると感じることはなく、同様の失敗が繰り返されないようシステムを改善しなければと決意を新たにする。何より重要なことには、心理的な安全を十分に覚えているため、見たことを報告し、支援や原因の解明を求め、改善のアイデアを提供し続けることができる。

賢い失敗に対する生産的な対応としては、失敗を知ると文字どおり祝うケースさえありうる。数年前のこと、イーライリリーの最高科学責任者（CSO）が「失敗パーティー」を始めた。知的で質の高い、だが期待される結果を得られなかった科学的実験を称えるパーティーである[33]。いくらなんでも、やりすぎだろうか。私はそうは思わない。まず、失敗パーティーをひらくと心理的に安全な風土をつくりやすくなり、科学に不可欠な熟慮のうえのリスクを取れるようになる。次に、人々が適切なタイミングで失敗を認めることによって、貴重なリソース（科学者と材料）をすみやかに新たなプロジェクトへ再配置し、場合によっては数千ドルを節約することが可能になる。さらには、パーティーをひらけば、みんなが集まる――それは失敗から学んでいるということにほかならない。こうして、会社として同じ失敗を繰り返すリスクが低くなる。失敗は、一度目は賢いとされても、二度目はもはや賢いとは呼ばれないのだ。

表 7.4　心理的安全性をつくるために、失敗を恥ずかしいものではないとする

	従来の枠組み	**失敗を恥ずかしいものではないとする新たな枠組み**
失敗に対する考え方	失敗は受容できない	試みに失敗はつきものである
高い業績についての考え方	高い業績をあげる人は失敗しない	高い業績をあげる人は賢い失敗をし、失敗から学び、その学びを共有する
目標	失敗を回避する	素早い学習を促進する
枠組みがもたらす影響	**保身のために失敗を隠す**	**率直に話し合い、素早く学び、イノベーションを起こす**

つまり、回避可能な失敗に対する生産的な対応とは予防を強化すること――一般には、システムデザインの改善とトレーニングを組み合わせて、人々に適切なことをしてもらえるようにすること――である。だが、非難されても仕方のないことをしたり所定のプロセスからたびたび逸脱したりして、方向転換へのそれまでの試みを無視したために、回避可能な失敗が起きてしまうケースもある。稀なケースではあるが、そうなった際には、二度と起こらないようにする行動をとらなければならない。すなわち、罰金などの制裁を科したり、場合によっては解雇も、視野に入れる必要がある。

明らかな違反に制裁措置をとる

そう、非難されても仕方のない行為に対しては、ときとして解雇が、適切で生産的な対応になる。だが、そんなことをして心理的安全性を損なわないのだろうか。大丈夫である。規則に違反したりリスクの高い近道を繰り返したりすれば、みずからと同僚と組織を危険にさらすことになるのは、大半の人が知っている(し、そういうものだと認識している)。つまり危険な、あるいは有害な、もしくはまずい結果をもたらしかねない行動に対し、公正で思慮深い対応をすると、心理的安全性は損なわれるどころか強化されるのである。

二〇一七年七月、グーグルのエンジニアのジェームズ・ダモアが、一〇ページにわたる社内文書を書いて同社のダイバーシティに対する考え方に猛反発した。この会社において女性エンジニアが男性より少数で給料が安い理由は生物学上の違いによって説明されると論じ、社内で回覧したのである。[34]その後誰かによって文書はリークされ、世間に論争の嵐を巻き起こした。[35]

これに対し、グーグルは、有無を言わせず公然と一カ月後にダモアを解雇。そして称賛と批判の両方を受けた。解雇をめぐっては賛否どちらにおいても慎重な議論がなされている。本書では、どちらか一方の立場に立つのではなく、一歩下がって全体を見渡し、解雇が「生産的な対応」になる場合とならない場合を考えていく。

詳しく検討していこう。まず、ダモアが個人的な懸念を社内に電子的に広めてしまったのはいただけない。そのような文書を快く思わない人に公にされてしまうのが落ちだからだ。仕事上の重要な問題や方針に関して言いたいことがあるときは、理想的には同僚、わけても違う考えを持っていると思われる同僚に、真っ先に意見を求めよう。すると、自分の考えがもたらす影響と考えの表明の仕方について、もっと検討する必要があるとわかるかもしれない。複雑な問題を、自分ひとりでさまざまな観点から見て、起こりうる結果を熟考し、適切な判断を下せる人などまずいない。リスクが低い場合は、それでもいいだろう。だが、文書が同僚や顧客あるいは会社に影響をもたらし、さらに何百万もの人に読まれるかもしれない場合は、話が別だ。

しかしながら、センセーショナルな文書が公にされてしまったら、企業はどのように対応すればいいのか。ここからは、グーグルにおけるダモアの文書について詳細を明らかにするのではなく、あなたの組織で、望まないのに起きてしまった行動や出来事に対し生産的に対応するための全般的な戦略を示していこう。

もし、会社の電子メールやSNS上で個人的な意見を表明することについて明確な方針があるなら、その方針に反した従業員は「非難されても仕方がない」。その場合の生産的な対応は、解雇を含めた厳しい制裁だ。厳しい対応が生産的である理由は、その対応によって、会社が方針や価値観に本気であることを知らしめ、将来的な行動を方向づけるからであり、また、違反が明らかになった場合にはそのように対応するのが公正だからである。

だが、方針が明確でない場合には、残念な出来事を別のタイプの学習の機会へ変えるのが、（会社にとって、ときには関心を寄せる世間の人々にとって）生産的な対応になる。ダモアのケースで言えば、エグゼクティブたちはダモアの意見に遺憾の意を表してもいい（加えて、人口統計学上のいくつかのグループが一連のより大きな社会的な力によって数十年にわたり一様に昇進の機会を失ってきたことに対するダモアの無知に驚きを示してもいい）。その後、職場の多様性の価値を従業員に学んでもらう計画について説明するのもいいかもしれない。そのような組織学習プロセスの一環として、会社の全レベルのマネジャーがアイデア、疑問、懸念、不満を顕在化させ、耳を傾けることになるだろう。マネジャーは他者の視点取得、共感力の育成、尋ねるスキルの向上などに取り組む機会をつくってもいい。組織としては、よりよい製品・サービスを生み出すために、従業員の多様性を活用する新たなもっとよい方法を模索してもいい。

ひとことで言うなら、生産的な対応は将来にもたらす影響に重きを置いている。処罰は強力なメッセージを伝えるが、境界があらかじめ明確にされているなら対応として適切だし、実のところ、会社が重視する価値観を強固にするメッセージを伝えるのはきわめて重要である。ただ、「この組織では多様な意見など断じて認められない」「チャンスは一度だ。二度目はない」というメッセージをうっかり伝えないことも、同様に重要だ。そのようなメッセージは心理的安全性を損ね、いずれ仕事の質を低下させてしまう。一方、学習する組織の価値観とその実践を確実にするメッセージはこれだ。「間違ってもいいし、他人によく思われない意見を持っても構わない。ただし、出てきた結果から積極的に学ぶことが条件だ」。何より重要な目的は、起きたことからどうすれば組織が学習できるかを考え出すことである。そのため、たとえば会社の方針に関して公にされた考えに曖昧さがある場合には、人々に学習のための対話(ダイアローグ)に参加してもらい、会社の機能について理解を深め、向上させてもらうのが生産的な対応だ。表7・5は、組織での失敗に対する生産的な対応が、失敗のタイプによって異なることを示している。

リーダーの自己評価

この章で紹介した事例では複雑な対人スキルが中心になっており、同様のことができるようになるのは並大抵ではない。時間と努力、そして練習が欠かせないのだ。[36]もしかしたら、そうしたスキルを学ぶうえで最も重要なのは、リフレクションの実践かもしれない。そのための

表7.5 さまざまなタイプの失敗に対する生産的な対応

	回避可能な失敗	複雑な失敗	賢い失敗
生産的な対応	・トレーニングする ・再トレーニングする ・プロセスを改善する ・システムを再デザインする ・（失敗が繰り返されるなど非難されても仕方がない行為があった場合は）処罰する	・多角的な失敗分析を行う ・対処すべきリスク要因を特定する ・システムを改善する	・失敗パーティーをひらく ・失敗を表彰する ・影響を突きとめるための綿密な結果分析を行う ・新たな仮説を立てるためのブレーンストーミングを行う ・次のステップまたは追加の試みをデザインする

手段として、次に示す自己評価質問表を使ってみよう。一連の質問は、本章で示した枠組みに対して進むべき道を示し、実践を可能にしてくれるものである。

第7章のポイント

- 心理的安全性は、相互に関連する三つの行動によって生み出される。その行動とは、土台をつくる、参加を求める、生産的に対応する、の三つである。
- 常に率直に話せる環境を構築または回復するために、この三つの行動は双方向かつ学習本位で、繰り返し実践する必要がある。
- 心理的安全性を生み出し強固にすることは、組織のあらゆるレベルのリーダーの責務である。

リーダーの自己評価

I　土台をつくる

仕事をフレーミングする

- 私は仕事の性質を明らかにしているか。仕事の複雑さと相互依存度はどの程度か。私たちが直面している不確実性はどれくらいか。仕事のこれらの側面に、私はどれくらい言及しているか。そのような側面についての理解の共有を、私は十分に求めているか。
- 仕事の性質を考えて、私は失敗を適切に扱っているか。小さな失敗を繰り返すなかでその後の飛躍が生まれることを、私は指摘しているか。初めての取り組みを「最初から成功させる」のは無理だと、私は明確に述べているか。

目的を際立たせる

- 私たちの仕事がなぜ重要なのか、どのように、そして誰の役に立つのかを、私ははっきり伝えているか。
- 従事している仕事や業界のタイプから考えて明らかだと思われても、危機にさらされているものについて、私はどれくらい頻繁に話をしているか。

II　参加を求める

状況的謙虚さ

- 私は、自分がすべての答えを持っているわけではないと思っていることを、みんなに確実に知らせているか。
- 学びに終わりがないことを、私は際立たせているか。現代の状況においては、誰もが謙虚になり、好奇心を旺盛にして次に起きることにアンテナを張る必要があることを、私は明確に伝えているか。

発言を引き出す問い

- 自分の意見を述べる質問ではなく適切な質問を、私はどれくらいしているか。単に自分の考えを伝えるだけでなく、私はどれくらいみんなに質問しているか。
- 私が発する問いには、広げる問いと深める問いが適度に混ざり合っているか。

システムと仕組み

- 考えと懸念を次々引き出す仕組みを、私はつくっているか。
- その仕組みによって心理的安全性が生まれ、率直な対話(ダイアローグ)ができているか。

Ⅲ　生産的に対応する

感謝を表す

- 私は、相手の努力に配慮して耳を傾け、今聞いていることが大切であるというサインを送っているか。
- アイデアや疑問を話してくれる人に、私は感謝を伝えているか。相手の努力に配慮して耳を傾けよう。

失敗を恥ずかしいものではないとする

- 失敗を恥ずかしいものではないとするために、私はできるかぎりのことをしているか。賢い失敗を祝うために、ほかにどんなことができるか。
- 悪い知らせを誰かが持ってきたとき、どうすれば確実にそれを前向きな経験にできるだろう。
- 私は支援の手を差し伸べて、次のステップへ導いているか。

明確な違反について処罰する

- 私は境界を明確にしているか。この組織における「非難されても仕方のない行為」が何かを、誰もが承知しているか。
- 明らかな違反に対し、私は今後の行動を方向づけるために、然るべき厳格な対応をしているか。

第8章

次に何が起きるのか

学習を妨げる最大の敵は、すでに持っている知識だ[1]

——ジョン・マクスウェル

お気づきのとおり、心理的安全性が基盤になって、学習する組織が築かれる。絶え間ない学習と迅速な実行によって価値ある存在であり続けようと思うなら、組織は不安のない環境をつくり率直な発言を促す必要があるのだ。複雑で不確かな現代世界で成功するためには、どのような企業のリーダーも、熱心に耳を傾け続けなければならない。そして人々が、変化が必要だというサインを察知するセンサーであると同時に、試し実行するべき新しいクリエイティブなアイデアの源でもあることを、深く理解しなければならない。

絶え間ない再生

本書で述べてきたとおり、リーダーたちはさまざまなツールを使って、学習・イノベーション・成長を促す職場をつくり、育てている。言葉と行動によって、そして人々を有益な会話へ引き込む仕組みをデザインすることによって、フィアレスな職場を、彼らは生み出している。また、心理的安全性が脆く、絶えず再生する必要があることも、すでにお話しした。実のところ、人々が本来の自分でいられる組織づくりを始めるとき、私たちは深く染みついた心理という流れに逆らって泳ごうとしている。

発言より沈黙を好む心理的・社会的な力の基本的非対称性、つまり自己表現より自己防衛しようとする性質は、今後も変わらないだろう。だが発言と沈黙では、見返りもまた非対称である。自己防衛したところで空虚な勝利しか手に入らないのに比べ、自己表現すれば、意欲的な目標を実現しうるチームの一員になって野心的な目的に積極的に貢献し、それによって充実感を得られるのだ。これは、負けないようにプレーするか勝つためにプレーするかの違いに等しい[2]。負けないようにプレーするのは、意識的にであれ無意識にであれ、マイナスの側面から身を守ろうとするマインドセットだ。これに対し、勝つためにプレーすると、プラスの側面にフォーカスし、チャンスを探し、必然的にリスクを取ることになる。負けないようにプレーすると、安全第一になってしまうのである。

自分がどちらのマインドセットで仕事に臨んでいるかを、よく考えてみよう。どれくらいの頻度で、あなたは本気で「勝つために」プレーしているだろう。このマインドセットへの切り替えが難しいのは、負けないようにプレーするときには、負けるという結果を、往々にして回避できてしまうからである。ただし、成長し、革新を図り、より深く充実感を味わうチャンスを逃すことになる。一方、勝つためにプレーしようと決意すると、その流れが変わる。むろん、人前で手ひどい失敗をすることもあるだろう。だが、世界を変える力の後押しも、きっとできる。[3] 心理的安全性を経験する最良の道は、すでにそれを手に入れているかのように行動することかもしれない。どうなるか見守ってみよう！　おそらくあなたは周囲の人々のために、より安全でエネルギーみなぎる環境もつくり出す。ちょっとしたリーダーシップを発揮するのである。

不可欠な力としてリーダーシップが発揮されると、人々と組織は、発言とエンゲージメントについて当たり前のように持つ障壁を克服する。そして、共有のわくわくするミッションにしっかり参加していることに対し、気持ちのうえでも具体的な形でも報酬を得られるようになる。第7章で述べたとおり、リーダーシップは組織のトップ層だけが発揮するものではなく、むしろあらゆるレベルで実践できるものだ。リーダーシップとは本質的に、みんなの取り組みを総合し、一人では不可能なことを成し遂げること。持てる才能と技術を一人ひとりが活かしきるのを手助けすることである。沈黙ではなく率直な発言を、不安ではなく積極的な参加を求めることが、今日のリーダーにとって最重要の責任であることを、本書を読んで納得していただけたら幸いである。

本書では、世界各地の組織における特定の時間のストーリーを紹介してきた。心理的安全性が欠けているために、ビジネス上の重大な失敗をした組織もあれば、怪我や死を招いてしまった組織もあった。対照的な事例では、率直さとエンゲージメントを特徴とする職場を垣間見ることができた。

他と一線を画すそれらの職場では、失敗しても非難されないし、リスクを取り学習しなければ仕事を全うできないことを従業員が理解している。だが、そのような組織においてさえ、次に起きることを予測するのは簡単ではない。また、組織の全体が、それらの事例に登場するような個人あるいはグループであるわけでもない。心理的安全性は絶えず変化する。驚くほど率直に発言していた職場が、新たなリーダーを迎えたり環境が変化したりしたために変わってしまう場合もある。一方、不安だらけで沈黙に支配されていた職場が、考え抜かれたアイデアと慎重な意思決定を促す職場へ変化する場合もある。そのような変化は、組織の手痛い過去の失敗から学ぶという計画的な取り組みの結果として起きることが多い。理解しやすいように、例をいくつか紹介しよう。

とことん話し合って行う意思決定

フィンランドのノキア（同国のGDPとアイデンティティに、数世紀にわたって貢献した企業）のストーリーを思い出してみよう。第3章でお話ししたように、その失敗は、シニア・エグゼクティブとエンジニアが、いわば互いに不安を覚えながら手を取り合ってダンスを踊っていたことに関係がある。ノキアの幹部は、同社のシンビアンOSがアップルのiOSやグーグルのアンドロイドより性能が劣り、時代遅れになるなどという悪い知らせを聞きたくなかった。エンジニアたちは、シリコンバレーからやってくるものにアンテナを合わせていたが、不安のせいで情報を上司に伝えられなかった。率直に話そうと思っても、いつも上からの無言の圧力を感じてしまったのである。

一気に二〇一三年へ話を進めよう。復活のためのノキアの戦略は、携帯電話事業を売却し、代わりに、ネットワーク装置とソフトウェアの製造、買収とパートナーシップ、特許ライセンス、IoT（モノのインターネット）に的を絞るというものだった。これだけの大転換を図るためには、ノキアのリーダーたちは長期にわたって慎重に話し合い、厳しい選択をしていくほかない。それには、以前の互いに不安を覚えながらダンスを踊るかのようなやり方を改め、ピクサーのブレイントラストと同様の率直さを受け容れることが不可欠だった。手はじめとして必要なのは、アイリーン・フィッシャーと同じく、「知らない」という姿勢を持つことだった。

アールト大学（フィンランド）のティモ・ヴオリ教授とINSEAD（フランス語のInstitut Européen d'Administration des Affairesの頭文字に由来する）のクイ・ウィー教授は、ノキアで九人の取締役と一九人の経営幹部を含む一九〇人にインタビューを実施し、エグゼクティブ（多くが新任だった）がどのように協力して戦略的決定を下したのかを突きとめた。取締役会が早々に行ったのは、議論する際のルールの確立だった。心理的安全性の基本的規範のいくつか（全員の意見に耳が傾けられ、敬意が払われなければならないなど）も含んでいる。だが、新たに議論のルールを設けても、それだけでは十分ではなかった。習慣と文化は、一夜では変わらないのだ。

リサーチをした教授たちに、ある取締役がこう言った。「経営幹部に敵意あるコメントをしてしまったことがある。すると次のミーティングで会長が私に、その経営幹部に謝罪させた(4)」。つまり、新たに就任したその会長は意識的にルールを強化して、個人間の信頼を高め、安心して率直に話せる文化をつくる必要があった。それは礼儀正しく振る舞えるかどうか、「仲良く」しようとするかどうかの問題ではない。そうではなく、ノキアの未来が、大胆でクリエイティブな意見を述べたり率直に議論したりといったことをまずリーダーたちから始められるかどうかにかかっているということだった。どうやら、彼らはそれを始めることができたらしい。ある経営幹部が教授たちに次のように話している。「私たちは〔新しい会長を〕恐れていないし、発言する内容を過度に気にしすぎる必要もない。会長と議論するのも、提案するのも、思いつくまま考えを話すのも、気兼ねなくできる(5)」。数年が経つうちに、提案したり浮かんだ考えをそのまま話したりするそのプロセスによって、新たな考え方、戦略、データ収集、選択肢、シナリオ分析などが生まれた。ピクサーの映画製作者たちと同様、ノキアのマネジャーたちは、役に立たないとわかった戦略にノーと言い、新たな戦略を求めてブレーンストーミングを続けることができた。そして、とことん話し合う意思決定プロセスによって、取締役と経営幹部が適切だと思う戦略が見出されたのだった。

沈黙の声を聞く

W・エドワーズ・デミング（世界中の製造のあり方を変えたトータル・クオリティ・マネジメントの生みの親）が述べたとおり、どのような組織においても、そこから「不安を追い払う」旅は長い道のりになる(6)。このことについて、私たちは現実的にならなければならない。心理的安全性を一夜で実現してくれる魔法の杖などない。リーダーは、実現しようという熱意を持ち、着実に話し合いを重ねることによって、第一歩を踏み出すのだ――知識経済において革新・成長できる組織をつくり、育てる、終わりのない旅への第一歩を。

スペースシャトル・コロンビア号の最後のミッションに続く一〇年のあいだ、私はさまざまなメディアから資料を集めて作成した、ある効果的なケーススタディを使っていた。ハーバード・ビジネススクールや世界中のリーダーシップ・プログラムで教えるために、同僚と私が公的な情報源をもとに開発したケーススタディである。(7) 二〇一二年のある日、私のオフィスの電話が鳴った。驚いたことに、相手はNASAの関係者だという。「あなたがしていることを、私たちは知っています」と彼は言った。私は息を呑み、彼は先を続けた。「素晴らしいことだと思っています」。彼はエドガー・ロジャーズと名乗り、それからNASAゴダード宇宙飛行センターでチーフ・ナレッジ・オフィサーを務めていると述べた。その電話の一件を、私は決して忘れることができない。同僚と私は、リサーチをしている際に、コロンビア大学の社会学者ダイアン・ヴォーン教授にインタビューする機会があった。ヴォーンは、大惨事になった一九八六年のチャレンジャー号打ち上げ決定について、最も信頼の置ける本を書いたことで知られる人である。(8) 遡ること一九九〇年代初め、その本によっていきなり注目の的となったヴォーンは、多くの企業のエグゼクティブや政策立案者から講演してほしいと依頼を受けた。「ありとあらゆる人から電話がかかってきた」と冗談まじりにヴォーンは言い、例として数社の一流企業と、さらにアメリカ連邦議会を挙げた。笑ってこうも言った。「高校時代のボーイフレンドからもよ！　でもNASAからかかってくることはなかった……」。そのため、「NASAが電話をしてきた」というそれだけの事実が、私にとっては、何か変化があったことを示唆していた。

ロジャーズは、私の次回の大学のクラスを訪問したい、ロドニー・ローシャを連れていくと言った。後日、実際に彼らの訪問を受け、学生にとっても私にとっても忘れがたい経験になった。

ロジャーズはさらに、「サウンド・オブ・サイレンス」という一日がかりのワークショップを実施すると述べ、私も話をするよう依頼した（私がスケジュールを空けたことは言うまでもない）。ワークショップでは、外部の講演者三名、上層の学内関係者八名を加えてディスカッションが行なわれた。そして、連邦政府での「不安のない」職場づくりの必要性から、沈黙がもたらす恐ろしい危険、さらには、あわやという事態を検討して大惨事を回避する意義まで、さまざまなテーマが扱われた。

満員の大講堂で行われたワークショップには文化を変えたいというNASAの強い思いが表れていたが、その決意を示す取り組みはほかにも多々あった。いくつもの新たな仕組みが、すでに導入されていた。反対意見を述べる正式な仕組み（率直に発言するハードルを下げるためのもの）、安全報告のための新システム、オンブズマン・プログラムなどである。新たな賞も設けられた。たとえば「リーン・フォワード、フェイル・スマート（積極姿勢を持て。賢く失敗せよ）賞」は、「イノベーションの文化では、失敗はまさしく成功のもとである」ことを認めるものだ。[9] また、NASAの内部関係者らがコロンビア号に関して詳細なケーススタディを書き、それをNASA全体で教え、さらに一般に公開もしていた。[10] 私がリサーチしたときとは天と地ほども違う変わりようだった。あの頃のNASAのマネジャーは、悪いニュースを何が何でも組織の外へ漏らすまいとしていたのだ。ロジャーズは私と個人的に話した際に、「コミュニケーションが成功のカギである」こと、および、「耳を傾ける文化」が率直に発言する文化と同じくらい重要であることを繰り返し述べていた（第4章で紹介した、率直に発言したが不首尾に終わったロジャー・ボイジョリーの話が思い返される）。ロジャーズは「コミュニケーションとは、伝えることと受け取ることだ」と述べた。そして、NASAゴダード宇宙飛行センター長のクリストファー・スコレーズを、「出会ったなかで最高のリーダー」だと評した。

理由を尋ねると、「ひとを大切にする。戦略的な視点を持っている。センターとNASAを（いずれかの機関を選ぶのではなく全体として）大事に考えている」からだと答えた。ロジャーズはさらに、スコレーズがみんなの貢献にどれほど敬意を払い、関心を示しているかについても語った。

私がこのストーリーをお話しするのは、文化が変わったことの証拠とするためではなく、組織がさまざまな形で気づいていることを示すためである――心理的安全性がなければ、複雑で曖昧な世界で秀逸な存在になることなど、できるはずがない、と。

笑えない冗談

「今日、一緒に残業してもらえない？」と、ウーバーの女性従業員が同僚の男性に尋ねた。「いいよ、俺と寝てくれるなら」。彼はすぐに、こう付け加えた。「冗談だよ（ジャスト・キディング）」

それは、たちの悪いジョークにも思える。ハーバード・ビジネススクールのフランセス・フレイ教授は、風土を変えるために九カ月の任期でウーバーの出向エグゼクティブに就任したのちに、この一件は「ジャスト・キディング（ほんの冗談）」のカテゴリーに入ると述べている。[11] フレイは次のように説明した。ある発言を聞いた人が「ジャスト・キディング」のカテゴリーに入ると感じたら、その発言は不愉快あるいは不適切である可能性がある、と。ウーバーにおいては、どこが間違っていて、本書の第4章でお話ししたような有害な文化が生み出されたのか。その点に関するフレイの考え、および世間の批判を浴びたウーバーの支援のためにフレイが始めた方法を見ると、安心を覚えられるはずがなかった組織であっても心理的安全性が生まれうることがわかる。

フレイによれば、人々にはそうした「ジャスト・キディング」に対応するための新たなスキルが必要だったという。とりわけ、そんな冗談は許されないという風土が組織内にできるまでは、そういうスキルが欠かせなかった。先述のようなやりとりが起きたときには次のように対応することを、フレイは提案した。「ちょっと待って。今の発言はきわめて不適切に感じられますね。会話をやり直しましょうか」[12]。そのような対応が組織中に浸透し、やがて「冗談のつもり」だった人たちが適切かつ協調的な発言ができるようになれば言うことなしである。この手の「ボトムアップ」の変化は組織に数多いる公式の権限を持たない人々によってなされるが、最も成果をあげるのは、リーダーが文化に関して明確な指示を示している場合だ。ダラ・コスロシャヒは、二〇一七年八月にウーバーの新しいCEOに就任するとすぐに、会社の新たな価値観を決めるために従業員から意見を募った。結果、それまで重視していた「人の領分を侵してでも発言する」姿勢が誠実な姿勢へ変化したことは、価値観のリストの四つめに表れている。「正しいことをする。ただそれだけです」[13]

配車サービス会社としてのウーバーの過激な成長ぶりは、マネジャーが能力を超えたポジションに早々に昇進してしまうことにも表れていた。彼らは、効果的に部下を率いた経験もなければ、そのための訓練も積まないままだったのである。コスロシャヒは次のように述べた。「私たちはおそらく、正しいことをするのをおろそかにして成長しようとしてしまっていた。競争についても、少し攻撃的に考えすぎていたのかもしれない。そうしたことのいくつかは間違いだった」[14]。コスロシャヒのようなリーダーシップが発揮されると、文化はきっと心理的により安全になっていく。彼はこう述べているのだ。「間違うこと自体は悪くない。問題は、間違いから学んでいるかどうかだ」[15]

不安な風土を生み出す行動のなかには、ルールを変えるだけで改善されるものがある。たとえば、フレイがこんな話をしている。着任してすぐの頃、幹部メンバーとのミーティングではなんと、誰もが当たり前のようにそのミーティングについて互いに携帯電話でメッセージをやりとりしていたという。[16] それは、言うなれば高校で陰口を叩かれるようなものであり、ミーティングの場にあったかもしれない心理的安全性をことごとく奪い去ってしまっていた。ダリオが組織の隅々にまで透明性を徹底し、規範に反する人を「卑劣な密告者」という恥ずかしい名で呼ぶのと対照的である。さらには、率直に発言したり浮かんだ考えをそのまま他の出席者に話したりできるほど、誰も安心できていないことを示してもいた。ウーバーの新しい人事部長のリアン・ホーンジーは次のように述べた。「信頼し合っているという感覚も、ともに仕事をやり遂げようとしているという感覚もなかった」[17]。このケースの場合、改善策はいたってシンプルだった。電話を置くよう指示するだけでよかったのである。電話を置いて初めて、人々は顔を上げ、耳を傾け、協働できるようになった。すなわち、不安を抜け出して心理的安全性へ向かう旅が始まった。

第4章で取り上げた事例をもう一つ思い出してみよう。ウーバーの不安の文化は、MeToo運動が始まって間もなく、スーザン・ファウラーが率直な発言という行動を起こしたことによって、初めて公にされた。本書は、MeToo運動がたどった素晴らしい道筋とひとつの文化的変化を検討するものではないが、率直な発言というただそれだけの行為がついに、社会を動かす変化をもたらしたことは特筆に値する。そして、変化が起きたのはウーバーだけでなかった。たとえば、全米女性法律センターは、より多くの女性が名乗り出て法的支援を受けられるよう、「タイムズ・アップ」司法支援基金を設立した。[18]

変化は可能だ。困難な道になるかもしれないが、文化は変わりうるし、もし組織が知識集約的な世界で成長しようと思うなら、変わらなければならない。考えを存分に表明できる環境をつくるという、難しくもやりがいのあるこの仕事は、必要に応じ外部のファシリテーターやコーチの支援を受けながら進めることができる。第7章で紹介したグーグルのg2gネットワークのように、組織内にコーチのネットワークをつくり、個人やチームとともに心理的安全性を生み出したり蘇らせたりしてもいい。言うまでもないが、これらのアプローチは相補的に組み合わせることも可能だ。次に、困難なこの道を進むのに役立つよう、さらにいくつかの考えをお話しする。いずれも、世界のさまざまな組織で仕事をする人々からの質問がきっかけで気づいた考えである。

心理的安全性に関する、よくある質問

私は二〇年以上にわたって、企業や公共機関で数々のリーダーシップ・プログラムを実施してきた。それらのプログラムで取り上げるテーマは多種多様だが、参加者が活発に質問するうえで心理的安全性が重要な役割を果たすことは変わらない。読者の皆さんの問題にも対応できればと願い、参加者に対する私の回答のなかからいくつかをここで紹介しよう。

心理的安全性が過度になることはないか

これがたぶん、最も多く受ける質問だ。私が話をする世界中の企業、病院、政府機関、非政府組織（NGO）の人たちは、学習とイノベーションを着実に進めるために心理的安全性が必要であることを直観的に察している。ただ、無理のないことではあるが、発言にかけていたブレーキを外すと無駄話が増えすぎるのではないかと、多くの人が懸念しているのだ。無知で無益なおしゃべりのせいでプロジェクトが失敗するのではないか。くだらないことをしゃべっている間に素晴らしいアイデアがふいになってしまうのではないか。皆、いい加減な仕事をするようになるのではないか、と。

イエスかノーで答えるとしたら？　私の答えはノーだ。心理的安全性が過剰になることはない、と私は考える（規律正しさは少し欠けるかもしれないが）。心理的安全性とは、対人関係の不安を減らすことだ。勇気を出さなくても、質問したり間違いを認めたりできるようになることである。心理的安全性があれば、必然的に、仕事をやり遂げるための素晴らしい戦略を立てられるようになるわけではない。従業員が意欲にあふれたり熟練の腕を持ったりすることを意味するわけでもない。

この質問をする人は、どれくらいの心理的安全性をつくれば最高の結果を出せるのかと頭を悩ませていることが多い。そう尋ねずにいられない懸念は、理解はできる。しかしながらここで私は、どの程度の対人関係の不安が最適かを突きとめることとは関係のない解決策を提案したい。

私の考えでは、対人関係の不安は職場で何の役にも立たない。納期に間に合わないのではないか、顧客を失望させてしまうのではないかと不安に思ったり、競争相手の実力を恐れたりすることは、意欲を高める場合があるだろう。だが、上司や同僚を恐れることは、技術と顧客と解決策が絶えず変化する環境において役立たないだけでなく、悪影響を及ぼすリスクがきわめて高い。適切なタイミングで率直に発言されなければ、計り知れない損失を生んでしまうかもしれないのだ。

いつ何を発言するかを決める目に見えない基準は知らぬ間に設けられるものであることを、今日のリーダーは理解する必要がある。問題は、その基準をほとんどの人が、職場で恐ろしく高く設定してしまっている点だ。私たちが情報や疑問を言わずにおく程度は度を越している。それらの情報や疑問が重要かもしれない、ゆえに価値を付加する可能性があるかもしれないと思っているときでさえ、言おうとしない。逆に、発言しすぎる人となると、めったに見かけない。私は、基準を過度に下げてあらゆる種類の無駄な、あるいは不適切な発言を自由にさせるのは現実的ではないということより、むしろ、度を越して発言する人が期待するほどいないことを伝えたい。また、もしそのように発言する人が現れたときには、（過度な発言という）この特別なリスクに対し、心理的安全性を減らすという対処法をとるのではなく、発言者にみずからがもたらした影響について意見を伝えるのが最良の対処法である。

私は、心理的安全性が万能薬であるとは思っていない。そういうものでは全くなく、現代経済で成功するために必要な数多の要因の一つにすぎない。第2章で述べたように、心理的安全性については、モチベーションや自信やダイバーシティなど他の要因が期待どおりの影響をパフォーマンスにもたらすのを助けるものと考えたほうがいい。心理的安全性があれば、成功の他の推進力（有能な人々、創意工夫、多様なアイデア）がうまく働き、仕事の仕方が向上するのである。

職場が心理的に安全になると、時間がかかりすぎてしまうのではないか

この質問（および「しゃべってばかりいて仕事になるのか」というよく似た質問）は、心理的安全性が過度になることはないかとの質問と明らかに重なる一方で、時間と効率性に注目している。時間と効率性は現代の組織にとってとても重要な問題だ。そのため、ここでしっかり考えてみよう。

発言の基準を下げることへの懸念が反映しているのは、これだ――ミーティングが延々と続いてしまうのではないか、なにしろ誰もが制約なしに発言できるのだから、という懸念である。これは心理的安全性を悪しきプロセスと間違えている。一般に秀逸な存在になるには規律正しさが必要であるのと同様、（意思決定、問題解決、あるいは単なる報告のための）ミーティング運営を効果的にできるかどうかは、スキルと規律正しさと優れたプロセスデザインがあるか否かの問題である。効果的・効率的なミーティング運営については、優れたアドバイスをくれるものが多々あり、カオスになることなく確実に意見を述べてもらうための実用的なツールも併せて教えてくれる。[19] どのツールも、率直に発言する環境――面子を保つことや保身ではなく、仕事に集中できる環境――をつくることに合致するものばかりだ。

加えて私はこう言いたい。心理的安全性は時間の浪費ではなく節約になる、と。厳格なルールなどではないのに、心理的安全性は効率性に役立つ可能性があるのだ。たとえば私がリサーチした経営陣は、心理的安全性が欠けているせいで話が長引き（まわりくどい発言内容に遠回しな批判と個人的な当てこすりが加わるため、率直に発言するより時間がかかる）、ミーティングがだらだらと続き、重要な戦略的問題について採択ができなかった。[20] 数時間でできたはずの決定に、数カ月もかかってしまったのである。[21] つまり、心理的安全性が欠けていると、成果があがらないだけでなく、恐ろしく非効率的になる可能性があるということだ。第3章の事例も思い出してみよう。ニューヨーク連邦準備銀行では、心理的安全性が欠けていたために、問題が長時間話し合われるだけで解決策が生み出されることがなかった。対照的に、私が仕事をともにしたチームでは、明確なプロセスが直接的で率直な対話（ダイアローグ）と結びついて、効率的で活発な話し合いを生み出し、明確な判断が行われた。

あなたは心理的に安全な職場を推奨している。それは、あらゆることについて透明であるべきだという意味か

心理的安全性はどれほど高くても高すぎることはないが、どんなことについても透明であればあるほどいいかと言えば、それは話が別だ。求められる透明性のレベルは、状況によっておそらくさまざまだろう。外科の手術室であれば、徹底的に透明であって初めて申し分のない手術ができると言わざるを得ない。そこは、気づいたことが何でも話される場であってほしいと、私は思う。それがもし間違っていたり役に立たなかったりしても、誰もが感謝し、風通しよく、その結果に対応してほしいとも思う（し、期待する）。だが、職場に関する考えを何でもかんでも話すのはあまり有益ではない場合もある（誰かの服装やプレゼンテーションの仕方についての考えなど）。思うに、理性的な人は、レイ・ダリオのような徹底した透明性を取り入れても自分の会社や業界ではうまくいかないと考えるのではないだろうか。そして、自分の組織において、たとえば人間としての成長とフィードバックのどんな側面が話題とするのに適しているかについての判断が、慎重になされるかもしれない。

ただ、心理的に安全でない環境で好んで仕事をしたいと思う人はまずいない。そのため、みんながのびのびと仕事ができるように、そういう環境をつくるべきではないだろうか。仕事に関する

考えや疑問を率直に述べたら上司や同僚がどんな反応をするかを気にしなければならない状況で、いったい誰が最高の仕事ができるだろう。ぜひ、見つけ出そう――あなたの会社あるいは業界で望みうる最高の仕事をするためには、何について、どれくらいの透明性が必要かを（適切な透明性を見きわめるためには、何度か試してみる必要があるだろう）。そうしている間も、みんなが周囲の反応を不安に思って仕事に関する考えを言わずにおくことのないよう、努力を続けることが肝要である。

職場で心理的安全性をつくることには大賛成だが、私は上司ではない。私にできることが何かあるだろうか

職場での行動や期待されることを方向づけるうえで上司（あるいはチームリーダー、外科医、部長など）がきわめて大きな役割を果たすのはたしかだが、一方で、心理的安全性をつくる後押しは誰にでもできる。ときには、よい質問をするだけでいい場合もある。実際、これは素晴らしい出発点になる。よい質問というのは、心からの好奇心、もしくは意見を伝えたいという願望に突き動かされて発せられる質問である。質問は答えを強く求めており、相手にとって発言するチャンスとなる空間をつくり出す。わけても質問が個人に向けられ（さらに好奇心を伝え）ている場合は、即座に小さな安全地帯がつくられる。質問することによって、あなたはこう伝えることになる。「私はあなたの言いたいことに関心があります」。そのとき、あなたは安全地帯をつくり出しており、その安全地帯のおかげでほかの人（たち）も考えを述べやすくなる。

さらに言えば、質問をしてもしなくても、心理的安全性は生み出すことができる。みんなの話に

熱心に耳を傾ける。そして、関心を持っている気持ちを前面に出して反応するか、みんなの考えを頼りにする、あるいは感想を返すのである。真剣に聞くことは敬意を伝える。また、本音を伝えることがこの職場では歓迎されるという考えをさりげなく、だが強力に後押しすることにもなる。もっとも、誰かが述べた内容に賛成する必要があるわけではない。よいと思う必要さえない。ただ、その人が発言するために要した努力を高く評価することは、絶対に不可欠である。

なんらかの話をして目前の困難をフレーミングするのも、有効な方法だ。チームとして行うその仕事がいかに不確実であるか、チャレンジングであるか、あるいは相互に依存し合うものであるかを話すなどして、チームが何に直面しているかを思い出させると、答えをすべて持つ人などいるはずがないことを際立たせて現実を表現できるのだ。これにより、率直に発言するためのハードルが低くなる。人々は、自分たちの意見が必要であり、ゆえに歓迎されていることを思い出すのである。

最後に、ちょっと意外な、シンプルで効果抜群のフレーズをいくつか紹介しよう。心理的な安心感をほんの少し高めるために、誰もが使えるフレーズである。

- わかりません。
- 手助けが必要です。
- 間違ってしまいました。
- 申し訳ありません。

いずれも、自分の弱さをさらけ出す表現である。自分を間違いをする人間であると率直に認めることによって、ほかの人もまたそういう人間であるのを許すことになる。自分が仮面を脱げば、みんなも脱ぎやすくなるのだ。言うまでもないが、これはまだ実感できていないのにあたかも心理的に安心感を覚えているかのように振る舞うことではない。ときには、対人関係のリスクを減らすために対人関係のリスクを冒さざるを得ない場合もある。

上司ではない立場で心理的安全性を生み出すには、関心を持っておりいつでも手を貸そうと思っていることを示す言葉を述べるのも、きわめて効果的だ。たとえば次のように言う機会は、およそすべての人にたくさんある。

- どんな手助けができますか。
- どんな問題にぶつかっているのですか。
- どんなことが気がかりなんですか。

誰にとっても難しいのは、自分の弱さを認めるだけでなく、関心を持ち、いつでも手を貸すのだということを、その瞬間に思い出すことだ。これを実践するためには、ちょっとした対人関係のリスクを引き受けることになるだろう。あなたの試みが無視されるか、悪くすると拒絶されるかもしれないというリスクである。ただ、私の経験から言えば、そうなる可能性は低い。組織でささやかな善意が示されたとき、嘘偽りのない弱さや関心に対して悪い対応をする同僚はまずいないのだ。そのため、試しにやってみてほしい。手を止めて周囲を見てみよう。学習と共通の目標への貢献のために、誰を安全地帯に引き入れることができるだろう。どんなことが起きるか、確かめてみよう。

ここで、次のことをはっきりさせておきたい。リーダーになるのに、上司である必要はない、と。リーダーの仕事は、最高の仕事をするためにすべての人が必要とする文化をつくり育てることだ。そのため、その役割を果たしているときは常に、あなたはリーダーシップを実践しているのである。

心理的安全性とダイバーシティ、インクルージョン、ビロンギングはどのような関係にあるのか

次第に増えてきたこの質問は、質問自体がすでにほぼ答えになっている。そのため、最初に言っておこう。インクルージョン（包摂）とビロンギング（自分らしさを発揮しながら組織に関われる心地よさ）を実現できている職場は、心理的に安全な職場である、と。今日、熟慮して採用を行えばダイバーシティ（多様性）を生み出せることははっきりしているが、それによって必然的にインクルージョンが実現されるわけではない。まず、採用された人が皆、重要な決定や議論に加われるわけではない。さらに言えば、従業員が多様だからといって、誰もがビロンギングを実感するとは限らない。たとえば、組織のトップ層の誰を見ても別世界の人間のようにしか見えない場合、従業員がビロンギングを実感することは難しいかもしれない。

この三つの言葉にはそれぞれ、実現されるべき目標が示されている。目標は、どちらかと言えば客観的なもの（従業員の多様性）からきわめて主観的なもの（居心地がよいと思えるか）まで幅広い。心理

的安全性があれば多様な考え方に耳が傾けられるため、インクルージョンはよりしっかり実現されるだろう。一方、心の底で不安を覚えていたら、居心地がよい（ビロンギング）とは感じにくい。達成すべき目標が主観的になればなるほど、心理的安全性の重要度が高くなる。また、目標が達成されつつあるかどうかを知るには、さまざまなグループの人から幅広く意見を聞く必要がある。

私は二〇年以上前から心理的安全性を研究しているが、職場における心理的安全性とダイバーシティ、インクルージョン、ビロンギングの関係についての考えを尋ねられるようになったのはつい最近である。真に素晴らしくあろうとする組織にとって職場でのダイバーシティに関する課題が最優先事項になるにつれ、他の新たな社会的要因もあって、私は心理的安全性が果たす、そして果たしうる役割を深く考えるようになった。フィアレスな組織は、インクルージョンとビロンギングを深めることによってもたらされるダイバーシティの恩恵を認識している。また、ハラスメントの申し立てという最近の大きな動きは、女性にとって心理的に安全な職場をつくれないことがどんな高い代償を払うことになるかにスポットを当てている。

一方で、心理的安全性にだけフォーカスしても、ダイバーシティ、インクルージョン、ビロンギングを確立する戦略にはならない。互いに関連し合うこれらの目標の達成は、関わりを保って進めなければならないのである。優れた組織は、多様な従業員を絶えず惹きつけ、雇用し、つなぎとめるだろう。そのような従業員こそが素晴らしいアイデアの源であることをリーダーが理解しているため、また、そういう組織には有能な求職者が引き寄せられ、仕事をすることになるためである。優れた組織のリーダーは、ダイバーシティ実現のための採用を行えば十分というわけではないことも認めている。従業員が仕事に関して本音を話せているかどうか——組織内のコミュニティを居心地がよいと心から思えているかどうか——も気にかける必要がある。つまり、ダイバーシティを大切にするリーダーは心理的安全性も大切にしなければならない。第2章で述べたように、この特別な構成要素こそが、ダイバーシティの活用を可能にするのである。

心理的安全性は内部告発につながるものか

内部告発者とは、目撃した（そして多くは、なんとかしようとしたが失敗に終わった）不正を、外部の権力者やメディアと接触して公にする組織内部の関係者のことだ。法または倫理に反すると思われる行為（詐欺や汚職から、公共あるいは国家の安全を脅かすものまで）を訴えることによって、内部告発者は、不正を働いたとして非難する相手から報復されるリスクを引き受ける。勇気も示す。ただ、内部告発は心理的安全性の表れではなく、その欠如を示唆するものである。心理的安全性がつくられている会社であれば、内部告発する必要がない。なぜなら、従業員の懸念は話され、耳を傾けられ、しっかりと検討されるからである。

率直に話すことと耳を傾けることとは、健全な組織文化では密接に関連しており、職業意識と誠実さの基準を高める。話された懸念がもっともであれば、タイミングを逃さずなんらかの対策が講じられるだろう。むろん従業員が、懸念について内部で議論するという選択肢を考えず、早まって告発してしまう可能性はある。組織内での学習を歓迎している文化であっても、例外ではない。しかしながら、心理的に安全な職場であれば一般に、不正に気づいた従業員がまずとろうと思う行動は、組織の外へ出て訴えることではない。

どのような組織であれ最善は、組織のなかで率直に発言できる環境をつくり、懸念を組織の外に訴えるほかないと従業員に思わせせないようにすることだ。意義ある変化を起こして問題に取り組むためには、不正や危険が表沙汰になってしまうより、問題が起きている可能性を示す早期のサインに対応するほうがはるかにいいのだ。このプロセスを生み出すには、オンブズマンを置くといい。すると、組織内で生じている意見が、安心できるように整えられた環境で話されるのを後押しできる。オンブズマンは、倫理と安全の問題に気づいた人々のために秘密を厳守し、支援を提供する。また、組織において、必要な変化を起こすプロセスを促し、本当の改善によって懸念を和らげることもできる。

業績はよいが、経営者がトップダウン型の横柄な独裁者で、誰の言葉にも耳を傾けず、従業員を泣かせることもある企業はどうなのか

この質問はこれまでに数え切れないほど受けてきた。質問者たちは聡明にも、一歩下がって次のように考えている。「おかしいじゃないか。不確実な世界で秀逸な存在になるには、心理的安全性が欠かせないんだろう。それなら話が矛盾するのではないか。つまり、どう見ても心理的安全性が欠けているのに業績は抜群などという企業の話は出てこないはずじゃないか」

この重要な質問に対しては、二つに分けてお答えしよう。一つめとして、従属変数に関する誤り（リサーチにおけるありがちな誤差）を思い出してほしい。つまり、質問にある会社の成功は、取りも直さずリーダーの横柄さとトップダウン方式によるものと考えれば説明がつくかもしれない。逆に、ほかの要因によって説明できるかもしれない。たとえば、タイミングがよかった、ブルーオーシャン（競争のない未開拓市場）だった、独創的なアイデアがあった、あるいは単に運がよかったなどである。

二つめは、事実に反するデータをすぐには利用できないこと、つまり、もしその業績のいい会社が優秀な社員をもっと大勢活用していたらどうなっていたかわからないということだ。明らかなのは、心理的安全性が低いのにある期間、高パフォーマンスをあげている事例がある、ということだけである。一つめの変数は二つめの変数の説明になるかもしれないし、ならないかもしれない。自分の考えを率直に言えると感じている社員がもしもっと多くても、会社は破綻したかもしれない。あるいは（こちらのほうが確率が高いかもしれないが）、この会社にとって都合のよいことがもっと多く起きた可能性もある。もう一つ、この会社の成功は結局のところ短期間で終わってしまうという可能性もある。なぜなら、絶えず変化する市場において勝利の方程式に翳りが見え始めたとき、それをいち早く警告する声に耳を傾けも留意もせず、必要な変化ができないからである。言うまでもないが、警告を無視された優秀で有能な社員は、別のチャンスを求めて会社を去ってしまうかもしれない。

最後に、この質問をしたくなる思慮深い社員の勤め先がたぐいまれな会社で、本当にすべての答えを持つ天才が率いているという可能性もある。たとえばスティーブ・ジョブズのような。もしあなたが自分もそのレベルだと思えるなら、つまり完璧な感性があり、市場が求めるものを正確に見抜ける稀に見る天才であるなら、する必要のある仕事を明確に述べ、社員には単に指示どおりに仕事をこなしてもらえばいいかもしれない。このケースであるなら、突き進め！　組織においてあなたの下で仕事をする人たちの意見については、求めも耳を傾けもしなくていいだろう。かのヘンリー・フォードは、次のように不平を漏らしていたという。「私は人手が欲しいと言っているのに、なぜいちいち脳みそをくっつけてやってくるんだ?」[22]。だが、大半の人に対しては、このアプローチを私は勧めない。今日のビジネスリーダーで、社内の優秀な人材の力を無駄にできる人はほぼいない。少なく見積もってもおよそすべてのリーダーが、率直に意見を述べてくれる人を必要としているのだ。よりよいアプローチはやはり、職場のみんなに、アイデアを出してもらい、いっそう優れた製品および職場をつくる手助けをしてもらうことなのだ。

なんとかしてくれ! 同僚が職場で本音を言うのでイライラする!

この問題には、多くの人がすでにぶつかっているかもしれない。職場でもう少し安心できなくなって自分の意見を言うのをやめてくれたらいいのにと思う同僚が、おそらくあなたにもいるだろう。この手の問題を解決するのに対人関係の不安を少し感じさせてやりたいと思う気持ちはわからなくはないが、長い目で見ればそれは建設的な解決策とは言えない。最大の理由はこれだ——役に立たず生産的でもない同僚は、実は周囲からのフィードバックを必要としており、また受けて然るべきだからである。心理的安全性があっても、有能さが保証されるわけではない。単に、人々がどのような貢献をできるかが見つけやすくなるだけだ(ときには、うれしい驚きとなることもある)。だが、同僚が率直に意見を言いやすいと感じている一方で、その発言に価値が感じられないなら、あなたには支援する責任がある。コーチングするのである。たとえそういうタイプのフィードバックをするのが気が進まないとしても、同僚は何も知らないままでいるより自分にフィードバックが必要であることを知ったほうがいい。さらに言えば、同僚に「あなたは自分が与えたいと思っているのとは違う影響を与えてしまっている」と知ってもらうことに何も不都合はない。

アドバイスを請う！　本当の考えを職場で言うようにしたら、みんなに嫌われてしまった（もう誰にも好かれなくなってしまった）！

本書を今読んでいる人なら、この質問のような状況になる確率は低いと思われる。なぜなら、あなたはおそらく思慮深く、好奇心を持ち、組織をよりよい場所にしたいと真摯に思っているからである。そのとおりなら、同様に学習熱心なほかの人たちはあなたの言葉に喜んで耳を傾けるだろう。とはいえ、ないとは言えない可能性を二つ考えてみよう。まず、あなたの考えに対する周囲の反応が、期待ほどには好意的でなかっただけという可能性がある。その場合は、ほかの人にあなたの意見が必要であるのと同様、あなたにもほかの人の意見が必要だということだ。これを、学習するチャンスと捉えよう。つまり、あなたの発言や行動のどんなところが基準に満たないのかを知る機会と考えよう。

ないとは言えない可能性の二つめは、あなたが自分の個人的な価値観や目標に合致しない仕事をしていることが、同僚か組織の態度に示されているということだ。もし、あなたが組織に対する心からの懸念とアイデアと情熱を伝えているのに、みんなが無関心だったりうんざりしていたり見下したりしているなら、職場に有益な変化をもたらしたいというあなたの真摯な熱意を同僚に正しく評価してもらえるチャンスを探したほうがいいかもしれない。

上司が変われず変わる気もない場合、その部下である人々にアドバイスしてほしい

まずお勧めしたいのは、好奇心と思いやりと真摯な熱意（コミットメント）の三つを心に留めることだ。そして、部下を持つ立場であろうとなかろうと、人は皆、他人を変えるなど実のところ不可能であることを思い出そう。相手に対して公式な責任を負っていないときはもちろん負っているときでさえ、相手に考え方や行動の仕方を変えるよう強制することはできない。できるのは影響をもたらすことだけだ。ただ、それが誰にでもできることであるのは、朗報と言える。方法は、先に述べた三つ――好奇心、思いやり、真摯な熱意（コミットメント）――についてモデルを示すこと。まず、好奇心から始めよう。好奇心を持つことで、問いが生まれる。心から問うと、相手（上司であれ同僚、部下であれ）は自分が重要視されていると感じる。相手の返答に私たちが耳を傾け、思慮深く対応すれば、なおさらである（一方、私たちのほうも、なんらかの有用な学びを得られるかもしれない）。

思いやりとは、自戒だ。誰もが困難にぶつかることに思いを致し、忘れずにおくことである。皆、大なり小なりなんらかの問題に直面し、イライラしたり夜も眠れなくなったりすることがある。誰かほかの人がぶつかっている問題を理解すればするほど、仕事をやり遂げるのに欠かせない、強くしなやかな人間関係の構築につながることが自然とできるようになるのだ。三つめの真摯な熱意（コミットメント）が重要なのは、組織の目標達成に力を尽くしていることをあなたが示したら、ほかの人も同様に尽くすようになるかもしれないからである。あなたがその仕事を心から大切

に思っていることをほかの人、とりわけマネジャーが納得したら、彼らのほうもあなたにあまり細かいことを言わなくなる。

関連してしばしば起きる問題は、次の言葉に表されている。「私の上司たちは違います。だから困っています」。そう言いたくなる気持ちはよくわかるので、まずはお伝えしたい。同様の経験をする人が広範囲に増えていること、それがどんなに腹立たしい経験であるかを私がよく承知していることを。そのうえで言いたいのは、人間というのは上方に――ヒエラルキーにおいて自分より上にいるマネジャーのほうに、目を向けてしまいがちだという点だ。だが努めて下や広く組織中を見られるようになる必要がある。本書ですでに述べたように、私たちは一人ひとりが、ちょっとしたことによって職場の雰囲気をつくり出している。上の人間の行動がどうあれ、あなたがあなたのグループのなかで秀逸さ、率直さ、学習の安全地帯をつくり出すことには、そうするだけの価値がある。そして、その行動はどんどん広がっていくかもしれないのだ。余談だが、私がたびたび驚かされることに、巨大企業の限りなくトップに近い層にいる人たちが同じ懸念を述べている。グローバル企業の上位二〇〇人に入るマネジャーであってなお、当たり前のように、自分より上の人間を見て、自分には上司たちをどうすることもできないと嘆いているのである。そのため、私は彼らにこう話して諭す。あなたがた同様、上を見てこの人たちこそ問題だと思っている人は、あなたがたよりはるかに大勢いるのですよ、と。

心理的安全性をつくるリーダーには、誰でもなれるのか

ほとんどの人がなれる、と私は考えている。さらに言えば、そのようなリーダーになることは、人間のマインドセットと行動が他人に与えるポジティブな影響とネガティブな影響を、より深く理解できるようになることにつながっている。たいていの人は他人にネガティブではなくポジティブな影響を与えたいと思うだろうし、多くの場合、トレーニングとコーチングによって、その方法も会得できるだろう。なかには、ネガティブな影響を与えがちな人もいるのだろうか。むろん、いる。ナルシシズム、境界性パーソナリティ障害、こころの知能指数の低さなどの限界がある場合には、心理的安全性をつくるように行動することがおそらく困難に、ときには不可能になる。とはいえ、どんな人でも変われるしよりポジティブな影響をもたらせるようになる、と広い心で捉えて一歩を踏み出すことにマイナス面はほとんどない。そういう広い心で臨めば、ほぼ何も失うことなく、心理的安全性をつくり出せるだろう。

異文化間の差についてはどうなのか。中国で心理的安全性をつくることは可能なのか。日本ではどうか。［任意の国名］ではどうか。

国によっては従業員が職場で率直に発言するなどまず期待できないのではないかと、多くの人が思っている。実のところ、調査によれば「パワー・ディスタンス（権力格差）」が大きい国は他国に比べて心理的安全性が低いという。[23] たとえば日本では、率直な発言やミスの報告を促そうとしても徒労に終わるというのである。言うまでもなく、この完璧な論理は、トヨタ生産方式という現実にぶつかる。トヨタ生産方式は、たゆまぬ改善と完璧な実行に対するアプローチであり、ヒエラルキーの上下を問わずあらゆる従業員に絶えず、積極的に、進んで誤りを指摘することを求める。これは日本の文化で一般に行われることなのだろうか。ノーである。では、トヨタの文化に深く根づいているのだろうか。答えはイエスだ。

言い換えるなら、やろうと思えばできるということである。

むろん、トヨタのような文化をつくり出すのは簡単ではない。だが、もしあなたの組織が秀逸さとたゆまぬ改善を目標にしているなら、取り組む価値がある。また、パワー・ディスタンスが文化によって異なることは、他国に比べ心理的安全性をつくりづらい国が存在するということではある。だが、だからといってその必要性が低くなるわけではない。もし組織の仕事が不確実性か相互依存、あるいは伸るか反るかの大勝負に関連しているなら、成功できるかどうかは、及第点と言えるくらいの心理的安全性をつくれるかどうかにかかっている。問題やミスについてどんどん率直に話さなければ、質の向上は望めない。躊躇なく支援を求めないなら、従業員のパフォーマンスは平均以下になる。判断に対し恐れず異を唱えられなければ、回避可能な大小さまざまの失敗をしてしまう深刻な危険性がある。そのため、本気で取り組もう。これはあなたがやり遂げるべきことだ。文化的な力に逆らうことになるかもしれないが、やろうと思えばきっとできる。よいニュースをお伝えしよう。成功の暁には、あなたの取り組みによって、平均的に心理的安全性が低いビジネス界において競争優位の強力な源を生み出すことになるのである。

一連の質問からわかること

最後に、私はときどき驚くのだが、人々は心理的に安全な組織をつくることについてなぜか不安に思っているらしい。もしかしたら、私たちは「馴染みの悪魔」と一緒にいるのが、いつの間にか心地よくなってしまっているのかもしれない。「馴染みの悪魔」とはつまり、自己防衛によって大半の創造性、学習、あるいは目には見えないビロンギングが気づかぬうちに、ひそかに追い払われてしまっている組織のことである。しかしながら、心理的安全性をつくった先には待っている――私たちの「知らぬ悪魔」、すなわち、人々が気兼ねなく意見を述べ自分らしくいられる職場、より大きな対立と困難にぶつかりながらももっとやりがいを感じられる、たぐいまれな職場が待っているのである〔諺「知らぬ悪魔より馴染みの悪魔」より〕。

風上へ向かってジグザグに進む

組織で心理的安全性をつくり始めると、既知のことも多いが、未知のことにもたくさんぶつかる。それはセーリングに少し似ている。絶えず変化する波風に立ち向かいつつ最後まで帆走するために、ヨットのスキッパーとクルーは意思を伝え合い一体となって行動しなければならない。それと同様のことを、あなたとあなたの同僚はする必要があるのだ。セーリングを引き合いに出すのがここで適切であるのは、風上にあるマーク〈レガッタでたいてい最初の目標として設定される〉へヨットが直行はできないからでもある。ヨットは目標に対して四五度の角度で前進するが、目標に近づくと進行方向を逆の四五度に変え、「ジグザグに進む」のである。このように風上に向かってジグザグに進みながら、やがてヨットは目標に到達する。帆走する間ずっと、（帆を調整して）小さく、方向を変えながら進んでいくのである。（右あるいは左へ）大きく、

新生児には肺の発達を促す薬の投与が必要であることについて、率直に考えを述べよう。制作途中のアニメ映画でストーリー展開が面白くない箇所について意見を言おう。フォークリフトが通れるスペースがどれくらいかを指摘しよう。あるいは、南アフリカの鉱山における身体的安全性を主張しよう。左へ進め。順風満帆だ。もっとも、あなたの上司たちは、あまりに多忙で耳を傾けない。好ましい反応を示さず、そんなことができるはずがないと言い、あなたの昇進を見送る。あなたは挫折する。もしあなたが鉱山会社のＣＥＯであるなら、主張を通すために鉱山を閉じてもいい。あるいは、ほんものの好奇心から生まれるシンプルな質問を発してもいい。右へ進め。「あなたが目指したとおり、あらゆることが安全でしたか」と看護師に尋ねよう。安全の問題について率直に発言しても失業するおそれはないと伝えて、鉱山作業者を安心させよう。「知らない」と認めよう。ミスを正直に話そう。謝罪しよう。支援を求めよう。少なくともしばらくは、順調に帆走できるだろう。

心理的安全性をつくることは、大小さまざまな調整を絶えず繰り返しながら、最終的に前進となるプロセスである。ヨットが風上へ向かってジグザグに進むのと同様、あなたは、望みどおりの方向へ進むことも風向きがいつ変わるかを知ることも決してできないなか、右へ左へ適宜方向を変えつつ、前へ進んでいかなければならないのである。

付録　心理的安全性のロバスト性〔外部要因に対する安定性〕を明らかにする、さまざまな調査

出典	調査項目	クロンバックのアルファ＊
Garvin, Edmondson, & Gino[1] (2008)	1. この組織では、心に思っていることを率直に言いやすい。 2. この組織でミスをしたら、きまって咎められる。（R） 3. この組織の人々は、問題や反対意見について、たいてい気軽に話し合っている。 4. この組織の人々は、うまくいっていることだけでなく、うまくいっていないことについての情報も進んで共有する。 5. この組織では、手の内を見せずにおくことが、出世する最良の方法だ。（R）	.94
Tucker & Edmondson, Management Science[2] (2007)	1. この病院では、正しいとされるやり方について疑問が生じた場合、人々が気軽に相談し合っている。 2. 私たちの部署では、ほかの人の独自のスキルや能力を高く評価している。 3. 新生児集中治療室（NICU）では、スタッフが困難や難題を提起することができる。	.74
Nembhard & Edmondson[3] (2006)	1. この病院では、正しいとされるやり方について疑問が生じた場合、人々が気軽に相談し合っている。 2. 新生児集中治療室（NICU）では、スタッフが困難や難題を提起することができる。 3. この病院でミスをしたら、きまって咎められる。 4. この病院では、気軽に支援を求めることができる。	.73

出典	調査項目	クロンバックのアルファ *
Edmondson[(4)] (1999)	1. このチームでミスをしたら、きまって咎められる。(R) 2. このチームでは、メンバーが困難や難題を提起することができる。 3. このチームの人々は、他と違っていることを認めない。(R) 4. このチームでは、安心してリスクを取ることができる。 5. このチームのメンバーには支援を求めにくい。(R) 6. このチームには、私の努力を踏みにじるような行動を故意にする人は誰もいない。 7. このチームのメンバーと仕事をするときには、私ならではのスキルと能力が高く評価され、活用されている。	.82

* 信頼性係数の一種。46 ～ 47 頁を参照。

謝辞

四半世紀前に私は偶然、心理的安全性という現象に出合い、以来その研究に多くの人が力を貸してくれてきた。まずマネジャー、看護師、医師、エンジニア、第一線で活躍する仕事仲間、CEO、ほかにもさまざまな組織に勤める人たちが、私のような大学の研究者に快く協力してくれた。彼らが進んでインタビューを受け、研究の対象となってくれたことにお礼を申し上げる。そのように惜しみなく時間と意見を提供してくれたから、成果を本書にまとめ、世に出すことができたのだ。研究を資金面で大いにサポートしてくれたハーバード・ビジネススクールの研究部にも感謝を申し上げる。また、近年はうれしいことに、研究者が若手もベテランも心理的安全性という概念に注目して研究に加えるようになった。彼らは重要なことに気づき、このテーマに関する文献を増やしてくれている。多様で創造的かつ綿密な彼らの調査や研究は、世界のさまざまな組織において、真に素晴らしくあるために心理的安全性が不可欠だという主張を力強く支持している。

ワイリー社の編集者ジーネン・レイには本当に感謝している。彼女は私の仕事を信頼し、当初の締切日を過ぎてしまった私を辛抱強く待ってくれた。パトリック・ヒーリーは、調査助手として素晴らしい働きをして、私が読者に示すエビデンスを質の高い豊かなものにしてくれた。特筆に値するのは、何百という論文を丁寧に読んでメモを取り、心理的安全性に関する学術文献と実践的文献の両方について文献レビューを書いてくれたことだ。また、本書の考えを裏付けるケーススタディも数多く見つけ出してくれた。彼の提案と修正、そして心理的安全性に対する強い関心のおかげで、本書はいっそうよいものになった。パットも、割に合うとは言いがたい仕事を引き受けてくれた。このような本につきものの、参考文献の整理や使用許諾などいつ終わるとも知れない細かな作業を巧みに、正確かつきわめて快くこなしてくれた。執筆中には、三人の優秀な友人――ロジャー・マーティン、スーザン・ソルター・レイノルズ、ポール・バーデン――が折にふれて本質を突く意見をくれたおかげで、この本を格段によいものにできた。サラ・ニコルソンは、相変わらずの高いレベルで校正をしてくれた。

最後の仕上げの段階でもたくさんの人が協力してくれたが、カレン・プロップは特に大きな力になってくれた。本書の執筆というプロジェクトにともに取り組んでもらえて、本当によかった。彼女の鋭い質問、意見、考え、ストーリー、ずば抜けたスキルがなければ、本書が完成することは決してなかっただろう。こう言って差し支えないと思う――事例と考えのなかには最終稿に残ったものもあれば残らなかったものもあるが、それを見きわめる作業を、カレンとパットと私は力を合わせ楽しんでしていた、と。職場で学習しやりがいを覚えるために心理的安全性が重要であることを示す事例について、豊富かつ多様に選んであると思っていただけたら幸いである。

最後になったが、私の夫のジョージ・デイリーは、私が仕事と執筆にますます多くの時間を割くようになっても目をつぶってくれた。彼の愛情と信頼は精神的な支えとなり、私は空いた時間をすべて本書の執筆に充(あ)てることができた。この二五年のあいだ、彼は変わらずそばにいて、いつどんなときも、私のことも私の仕事のことも信頼し続けてくれた。私は世界に影響をもたらすリーダーの研究に日々取り組んでいるが、今やジョージもリーダーだ——大組織を率いるという大変な仕事を、二年前に引き受けたのである。ジョージは、成功できたのは私が述べるさまざまな考えのおかげだと謙遜する一方、その考えがほかの人たちの役にも立つかもしれないと私を力づけてくれた。そんな彼に、本書を捧げる。

解説

早稲田大学商学部准教授
村瀬俊朗

五万一五九八

これは、エイミー・エドモンドソン教授の論文と書籍が引用された総回数である。また彼女が、一九九九年に米国経営学界で最も権威ある雑誌Administrative Science Quarterlyで、心理的安全性を初めて提唱した論文[1]の引用回数は八八一〇回にものぼる。[2]論文の価値は引用数で決まるとも言われる。引用数は、学術界の注目度や発見の貢献度を意味するからだ。すごい学者と太鼓判を押すための明確な数字があるわけではないが、この数字を得られる経営学者は世界中を探してもごくわずかだろう。彼女の学術界への影響は計り知れない。

私は一九九七年に渡米し、一〇年以上にわたって米国でチームとリーダーシップの研究を行い、現在は早稲田大学で研究を続けている。博士課程に在籍していた二〇〇〇年代後半には、心理的安全性という概念はすでに定着し、彼女の論文はチームワーク研究者の必読の一本となっていた。しかし、当時の私は心理的安全性に関する論文を眺めてみたものの、実は、その真の価値をすぐには理解できなかった。考え方に変化が起きたのは博士号取得後に、企業の相談を受けるようになってからであり、今では心理的安全性の重要性を確信している。

本稿では、産業組織心理学と経営学をベースに、「チームワークとは何か?」を追求してきた私が考える、「心理的安全性を考える上での注意点」、「定量研究で明らかにされているイノベーションとの関係」、そして「実践への示唆」を中心にお伝えしたい。

個人の問題か、チームの問題か

先ほど、初めて心理的安全性というコンセプトを知った際、その価値がすぐには理解できなかったと述べた。なぜ理解ができなかったのか、そして、なぜその重要性に気づくようになったのかを説明したい。

当初、このコンセプトの意義が理解できなかったのは、「信頼」との違いが分からなかったからだ。なぜ敢えて心理的安全性という新たなコンセプトを打ち出す必要があるのか、当時の私には理解ができなかった。しかし、本書で著者が注意を促しているように、心理的安全性と信頼は同じではない。この違いを理解することは実践上とても重要である。

研究の知見を実際のビジネスに役立てるため、企業に対するコンサルなどを行っていると、部下の創造性の欠如やチャレンジ精神のなさを嘆く声を聞くことが多い。当初、私は、それらの問題を漠然と「個人の問題」として考えてしまっていた。しかし、現場の声を聞く中で、個人の意識の変容だけではどうにもならない問題を実感した。上司やリーダーが言葉では「チャレンジしよう」と伝えても、普段の言動などから「失敗するな」というメッセージをメンバーが受け取り、その解釈が自然とチームに共有されていたのだ。この現実を目の当たりにし、当然、個人にも責任はあるが、問題の本質は個人だけに帰属できるものではなく、「チームや組織の問題」なのだと納得するに至った。チームワーク研究では当たり前の、「職場の雰囲気が個人の行動に多大な影響を与える」という前提を頭では分かっているつもりであったが、実際のビジネスを知ることを通じて、個人の問題に帰結しない、チーム・組織の問題があることを理解したのだ。

心理的安全性という概念はこの違いに焦点を当てている。では、具体的に、「信頼」と「心理的安全性」の違いとは何か。

エドモンドソン教授によると、「信頼」は個人が特定の対象者に抱く認知的・感情的態度であり、「心理的安全性」とは集団の大多数が共有すると生まれる職場に対する態度だ。例えば、会議の出席者の大多数が「周りと違う意見を言っても嫌な顔をされない」と感じられるなら、そこには心理的安全性が存在する。一方、AさんがBさんに対して、「Bさんの意見に同意せずに違う考えを提示しても大丈夫」と思えるなら、それは信頼である。私たちがカジュアルに使う「文化」や「雰囲気」とは、職場の大多数が行う一定の行動からその妥当性を感じ取り、その感覚が集団全体で共有されることで生まれる心理的現象である。しかし、この感覚が個人特有であり他者と独立している場合は、それは個人の心理現象となる。

この違いは単なる言葉遊びではない。個人間に存在する信頼の影響は、あくまでも信頼を抱く個人と信頼される対象者のやり取りに限定されるが、集団で共有される心理的安全性は集団全体の行動に影響を与える。職場に異なる意見を受け容れる雰囲気があれば、メンバーは率直な提案が可能となる。周りはそれに耳を傾け、チーム全体で建設的な議論を交わす。他のメンバーはそのやり取りを見ることで「違う意見や率直な考えが許される」と感じとり、その結果、全体の活発な議論へと発展する。

一方で、個人間の信頼のままであれば、会議中は各自が自身の思いを胸の内に留め、後に信頼する相手にのみ考えを共有するので、チーム全体の活発な議論にはつながらない。これでは組織のポテンシャルを最大限引き出し、創発を生み出すことが難しくなる。やはり、個人間の信頼に留めるのではなく、それを集団で共有することが重要であると認識する上で、心理的安全性という概念はとても有効なのだ。

ちなみに、心理的安全性と信頼は別物であるという考えは、九〇年代以降に起きた学術界の流れを汲んでいる。それまで社会心理学で活発に行われてきた集団の研究は経営学や組織心理学へと引き継がれ、「チームワーク」が改めて企業や業績の観点から検証されるようになった。

そして、チームワーク研究者は「チームは単なる個人の寄せ集めではないので、分解せずにチームとして現象を捉えるべき」と唱え、個人間と集団で起こる心理的現象の区別をより意識的に行うようになった。エドモンドソン教授も、心理的安全性が単なる個人間の安心感ではなく、集団にしか起きない特殊な心理現象であることを示したのだ。

効果の検証から促進要因の探究へ

エドモンドソン教授による心理的安全性の提唱から約二〇年が経過するが、研究の領域では、心理的安全性の効果検証から、その促進要因の探究へと関心が移っている。

本書の中でも分析されているように、経営の分野において、研究者たちはデータを集め、心理的安全性の効果を示してきた。また、看護や医療業界の研究者は、医師以外の専門家が声を上げやすい組織の土壌を心理的安全性と位置づけ、いかにチームの心理的安全性を発達させて医療事故を防げるかを盛んに研究している。さらに、役所、警察、軍隊や宇宙飛行士など多岐にわたる職種を対象にした研究や、米国のみならず、南米、ヨーロッパ、アジア、アフリカ圏の研究者が自国でデータを収集して、世界中で心理的安全性の効果検証を行ってきた。

近年では、心理的安全性がチームワークを向上させ、失敗の共有を促進するなど、その効果に対する認識は学界で確立した。そのため、「心理的安全性を作るにはどうしたらよいか」という促進要因へと研究者の興味関心は変化している。

例えば、イスラエルの研究者・カストロ氏が率いる研究チームは、心理的安全性に対する上司の傾聴行動の影響を検証した。[3] この研究の重要な点は、高等なファシリテーション技術を用いずとも、「単純に耳を傾ける」という行為が心理的安全性を促進させることを発見したことだ。

このような研究に代表されるように、今後ますます心理的安全性に関する面白い研究が出てくることは間違いないだろう。

心理的安全性を高める具体的な取り組み

さて、研究の枠を超えて実務の世界に視野を広げてみよう。組織は心理的安全性に関してどのような取り組みをしているのだろうか。私は、米国の病院や医療機関が実践方法の工夫に長けた業界であると考えている。様々な医療従事者の協働が質の高い医療の絶対条件であるため、医療業界はコミュニケーションやチームワークの重要性をいち早く認識して、トレーニングの提供に力を入れてきた。

特に、米国の医療研究・品質調査機構（Agency for Healthcare Research and Quality）とアメリカ国防総省は医療従事者の専門を越えた連携の公益性が高いと考え、チームワークの研究者に依頼して二五年以上にわたる科学的な研究結果をもとにTeamSTEPPSというトレーニング・プログラムを開発した。[4] 参加者は、リーダーシップ、コミュニケーション、状況観察、相互支援、チームワーク設計の五大要素を学習し、心理的安全性を含むチームの認知、感情、行動に変化を促す。

例えば、「振り返り行動」は、リーダーシップの一部として設計されている。過去の共同作業で何を学習したか、支援の必要性を訴えることができたか、どうチームワークを改善すべきかなど、リーダーはチーム運営上において様々な注意点を意識しなければならない。リーダーとメンバーは過去の作業を共に振り返り、自由な意見交換ができる雰囲気を築くことで専門性を越えた連携の向上を試みる。

また、相互支援のセクションは、フォローや支援をお願いしやすい雰囲気づくりを参加者にトレーニングすることで、心理的安全性を高める。したがってTeamSTEPPSは、参加者が五大要素を現場で実践するとチームの心理的安全性が生まれ、その結果、専門性の異なる医療従事者の連携が高まる設計となっている。

全米の様々な医療機関がTeamSTEPPSを積極的に取り入れてきた。例えば、ある大学病院内では手術室を模したシュミレーション・トレーニングルームで、様々な手術シナリオをチームで実践する。その際の活動は映像で記録されるため、実践後に参加者は振り返りのセッションで互いの行動をTeamSTEPPSをもとに確認できる。そして、どのように各々の振る舞いを改善すればチームワークが高まるかを共に考え議論する。トレーニングの結果、「問題に対して声を上げやすくなった」、「風通しの良い環境に変化した」などの多くのポジティブな声が上がっており、まさに心理的安全性がチームに浸透したことを表している[5]。このような体系化された振り返りは心理的安全性を高める上で、とても有効となるだろう。

定量研究で明らかになっていること

前項で述べた医療の事例からも分かる通り、ミスや失敗を共有することで学習を促し、大きなリスクを防ぐという観点から、心理的安全性は語られることが多い。しかし、心理的安全性の真骨頂はイノベーションの創出過程であると私は考えている。

もちろん、イノベーションは計画的に生み出せるものではない。しかし、様々な研究からイノベーションが起こりやすい条件は明らかになっている。私は「多様性の活用」と「失敗を恐れず挑戦すること」の二つが重要だと考えており、心理的安全性は、この二つの要素の「触媒」なのである。

本書の中でもイノベーティブな企業としてピクサーなどのケーススタディが紹介され、その創造性の背後に心理的安全性が存在すると指摘されている。しかし、「それはピクサーだから可能だったのでは？」と感じる読者もいるかもしれない。そこで、私の専門とする経営学の研究から、イノベーションを指標化し、同じ条件でチームを分析した研究を紹介することで、本書の議論を別の角度から考えてみたい。

イノベーションとは何か？

まず、イノベーションのメカニズムを見てみよう。イノベーションは、今まで出合ったことのなかった情報や要素の組み合わせを発見することから始まる。スーツケースを想像してほしい。今でこそスーツケースに車輪がついているのは当たり前だが、一九七〇年代までは車輪が付いておらず、手で運ぶことが当たり前だった。

この当たり前を一変させたのが、近代のスーツケースを発明したバーナード・サドウだ。[6] サドウは、カリブ海で家族とバカンスを楽しんだ後、帰りの飛行機に乗るため、家族のためにスーツケースを必死に運んだ。空港でチケットを受け取った後、荷物を置き、一休みしていた。その時、空港の従業員が大量の荷物を車輪のついたパレットに載せ、悠々と運んでいる姿を見て、閃きが起こった。

「バレットに車輪がついていて、なぜスーツケースには車輪がついていないんだ」

今となってはスーツケースと車輪の組み合わせは当たり前だ。しかし、当時はそこに驚きがあった。これまでにない組み合わせには新規性があり、大きな価値を生む。[7]つまりイノベーションとは、様々な考え方、情報、技術を組み合わせて新しいパターンを見つける試行プロセスなのだ。

イノベーションと多様性

新たな組み合わせを発見するには、チームが有する知識の多様性が重要となる。様々な知識を有するメンバーが協働すると、今まで見聞きしたことのない発想や意見に触れられるため、新しい組み合わせが見つけやすい。この仕組みを大量の特許データを用いて検証したのが、カリフォルニア大学バークレー校のリー・フレミング教授率いる研究チームだ。[8]

彼らが特許データに着目した利点は二つある。一つは、発明に携わったすべての関係者の名前や所属が明らかであること。もう一つは、米国特許庁が作成する一〇万以上のテクノロジー区分に基づき、各特許の内容がどの区分に分類されるかが分かることだ。これらの情報に基づき、申請された特許以前に各関係者が過去にどの特許に携わり、どのテクノロジーを熟知しているかを判断できる。

各特許には複数のテクノロジー区分が紐づいている。イノベーションの定義である「斬新な組み合わせ」をもとにすると、各特許に用いられたテクノロジー区分の組み合わせが過去の特許で使用されていなければ、新奇性が高いと考えることができる。フレミングの研究チームは、この指標を用いて、多様性とイノベーションの関係を紐解いた。

分析の結果から、特許取得に至ったプロジェクトチームが有する知識が多様であると、その特許は過去に用いられなかったテクノロジー区分の組み合わせを使用する傾向が高まることが分かった。つまり、知識の専門性が多様なチームほど様々な情報が共有されるため、新奇性のある組み合わせにたどり着きやすい、ということだ。

多様性を活かすために必要なこと

しかし、多様性が高ければ新しい組み合わせを発見できる、とは必ずしも言えない。多様性の高いチームは、メンバー間のモノの見方や価値観が異なるため、意見の衝突が起こりやすく、説得の難度も高まる。したがって、多様性のみではイノベーションの創発にたどり着きづらい。多様な意見や価値観が存在するとき、意見の違いや衝突が起きても思い切って考えを共有できる雰囲気、つまり心理的安全性が必要不可欠なのだ。

イノベーションの過程における心理的安全性の重要性を示すために、ギリシャにあるピレウス大学のコストポウラス教授とフランスのEMリヨン・ビジネススクールのボジオネロス教授は、情報産業や製薬業界所属の新規開発プロジェクトチームを対象に調査を行った[9]。結果は、意見の衝突が起こる場合、心理的安全性が高ければ、チームメンバーは互いの意見に耳を傾けて、意見の相違から新しい価値を学習できたが、心理的安全性が低い場合に学習はあまり起きていなかった。したがって、多様な知識や価値観はチームの創造性に対する潜在能力を高めはするが、これまでにない発想の創出には心理的安全性が必要不可欠だったのである。

失敗を恐れず挑戦すること

心理的安全性がイノベーションの創発過程に欠かせない理由がもう一つある。新しい組み合わせを発見する過程は非常に不透明であり、ほとんどの組み合わせは利益を生まずに終わってしまう。したがって、イノベーションを起こすために、チームは失敗から学ぶ姿勢を持つ必要がある。この流れを作るためにも心理的安全性が欠かせない。

失敗の連続から成功を見出した顕著な例として、一九七〇年代にユニリーバが行った粉末洗剤の開発がある。[10] 粉末洗剤は、液状の洗剤原料を超高圧噴射させ、それを瞬く間に乾燥させることで生成する。しかし、高圧噴射を行うノズルに洗剤粒子の目詰まりという問題が生じた。これを解決すべく、ユニリーバのチームはノズルの穴や溝が微妙に調整された一〇のノズルの製作を行った。テストを行うと、そのうちの一つが一・二パーセント、他のノズルと比較して改善されていた。次の段階ではこのノズルを起点として、更に一〇のノズルを製作した。

このような失敗を何度も繰り返し、四五世代のモデルと四四九回の失敗を経て、初期モデルとは比べ物にならない効率の良いノズルの作成に至ったのである。

失敗を犯すことでどこに改善の余地があるかが分かる。失敗の共有とその後の学びが組み合わさることで新たな改善点に気付くことができるのだ。しかし失敗は必ずしも学びを促すものばかりではない。エドモンドソン教授も、不十分な失敗検証や原因特定の困難が学習抑制を引き起こすと指摘している。[11] では、学習を促進する失敗とはどのようなものなのだろうか。

学習を促進する失敗とは？

まさにこの問題に取り組むため、米国チュレーン大学のカンナ教授率いる研究チームは、アメリカにおける製薬業界の特許データを用いて、学習を促進させる失敗の分析を行った。[12] 彼らが製薬業界の特許データに目を向けたのは、失敗の検証にまさに理想的だったからだ。

まず、医薬開発においては知的財産がすべてであるため、製薬会社はできるだけ多くの開発に早い段階で特許を取得しなければならない。次に、製薬会社は最終的な医薬品に対して特許を取るわけではなく、製品化に漕ぎつけるか確証のない研究アイデアに対して特許を取得する。そのためほとんどが失敗に終わる。

例えば、様々な化合物が特定の症状を緩和することが判明したので特許を取得しても、ほとんどが予備安全試験をパスできない。具体的には、この段階で五〇〇〇～一万の化合物がテストされ、そのうち二五〇ぐらいしか予備臨床試験へと進めない。仮に進んでも、一～五ぐらいの化合物しか実際の臨床試験に残らないのである。したがって、非常にレベルの高い知識を持つ科学者が、失敗を前提とした長い模索作業に従事するのが医薬開発なのである。

カンナ教授らは、医薬開発には学習を促進させる小さな失敗と、小さな失敗を早い段階で起こすことが重要と考えた。小さな失敗を経験することで探索プロセスをより深く理解し、細かな調整を繰り返す。小さな失敗であれば心理的脅威を感じないため、方向転換や改善に対して前向きになれる。そして小さな失敗を早めに起こすことで、一つの方向にコミットし過ぎる前に学習できるため、方向転換も可能であり、成功の確率を高めることができる。

特許の申請が通ると知的財産権は二〇年付与されるが、四、八、一二年目ごとに維持費を支払わなければならない。利益をもたらさない特許は早めに撤回しなければならないため、早めに撤回された特許は組織が失敗を認めたことを意味する。そして、二〇年の満期前のいつ撤回したかが失敗を認めた早さとして扱うことができる。最後に、イノベーションの指標データとして、二〇年の満期を迎えることができた特許の数と、それらの特許が後続の特許に引用された数を用いて、失敗とイノベーションの関係の調査を行った。

検証の結果、小さい失敗が多いほど、任期を満了した特許数と引用数が高まり、小さい失敗を四年以内に認めた方が引用数を高める結果となった。つまり、イノベーションの過程において失敗を多く経験することが重要であり、更にはなるべく早く経験すると学習につながりやすいのだ。

ピクサーとの共通点

カンナ教授たちの発見こそまさに、ピクサーが最も大事にしていることであった。ピクサー創設者のエドウィン・キャットムルは、「どのヒット映画の原案も問題だらけであるため、問題の特定と究明を行い、改善することが重要」という主旨のことを述べている。[13] 本書でも紹介されている、ストーリー製作経験者で構成される「ブレイン・トラスト」は、まさにその実践であろう。より良い映画を作りこむために、なるべく制作の早い段階で多くのミスをする。そして、そこから学びを得て改善を繰り返す。

ここで最も重要なポイントは、非難や叱責ではなく、様々な意見や失敗を議論できる場の雰囲気を維持することにある。心理的安全性がなければ、部外者との議論も活発化せず、問題の指摘に対して製作サイドも自衛に入ってしまうだろう。

ブレイン・トラストなどピクサーの実践は、特異なものというよりも、以上のような定量的研究の結果から考えても非常に合理的である。イノベーションにおいては失敗が必然であるが、失敗を学習につなげる心理的安全性がセットで存在することによって、新たな価値を生み出すことができるのだ。

実践への示唆――リーダーのパラドックス

最後に実践への示唆、心理的安全性を高めていく上での注意点をお伝えしたい。ここでも重要なのは、個人の問題と組織・チームの問題を区別して実践を行うことだ。

私たちは読み書きそろばんなどの知的能力を高める公的教育は受けるが、人間関係を巧みに作り上げる方法を公式な授業として学校では学ばない。その結果、感情のやり取り、チームビルディング、リーダーシップ等に関する技術や知識が不十分なため、組織を効果的にマネジメントすることが難しい。

特に、心理的安全性を高める難しさは、それが集団に共有された雰囲気であることにある。信頼など個人間で起こる心理的現象と比べ、集団に存在する現象は、個人一人が頑張っても変化を起こすことが難しい。各自が互いに協力し行動すること、つまり、他者の協力なしでは成しえないため、チームとしての意識的行動が鍵となる。

さらに、心理的安全性は、仮に高まったとしても、メンバーの特定の振る舞いによって簡単に崩れてしまう脆い心理状態でもある。よって、組織は心理的に安全な状態を生みだし、そして、それを維持し続けなければならない。静的な状態というよりも、常に変化するダイナミックなものなのだ。

リーダーのパラドックスとは？

特に、組織の心理的安全性に最も影響を与えているのがリーダーである。組織の雰囲気づくりにおいてリーダーの影響は多大だ。メンバーはリーダーの行動を通して考え方や価値観を読み取り、自らの行動に反映させる。また時には、リーダーの行動一つで組織の雰囲気が一変してしまうこともある。

そういう意味で、心理的安全性を形成する過程でリーダーの力は欠かせない。しかし同時に、リーダーとメンバーの感覚にはズレが生じやすいという「構造的問題」がある。社会的地位が高まると、周りの要求に応えずとも自分の考えが実現しやすくなるため、周りの反応に疎くなる。そして、規範から生じる集団圧力にも抵抗しやすくなるため、全体から逸脱した行動も可能となる。

一方、ダートマス大学のダナルズ氏らの研究によれば、社会的地位が低いメンバーは、空気を読み、周りと歩調を合わせることで社内に居場所を築く。そのため、周りの言動や職場の動向に自然と目が向き注意して観察するため、結果としてリーダーと比べてより正確に職場の雰囲気を把握できる。[14]

リーダーとそれ以外のメンバーではこのズレが自然に生じるため問題となる。メンバーたちは職場が心理的に安全ではないと感じても、リーダーと感覚が異なるため、共通の認識を持つことが難しい。しかし、心理的安全性の改善はリーダーのサポートなしでは不可能だ。感覚にズレが生じる構造的な傾向がある一方で、リーダーが動かなければ心理的安全性は高まらない。これが心理的安全性におけるリーダーのパラドックスである。

リーダーがこの問題に取り組むには、自分の感覚のズレは自然と生じてしまうことを自覚し、自らの努力のみでは解消できないことを認識する必要がある。意識する努力は当然重要だが、加えて意識すべき点は、周りの声が届くような職場の構造を形成することだ。つまり、このパラドックスをリーダー個人の問題として捉えるのではなく、チーム・組織の問題として捉え、対処する必要がある。

パラドックスを打ち破るために必要なこと

それでは声を届ける人物を誰にすべきか。リーダーの側近と思うかもしれないが、それは妥当ではない。リーダーの側近になればなるほど社会的地位も高くなり、リーダーと同じパラドックスの罠に陥っている可能性が高い。また、リーダーと側近は日々のやり取りが多いため、互いの価値観や考え方が自然と近くなり、彼らのやり取りは共有された価値観を強化する傾向にある。

むしろリーダーは組織階層の中間に位置する部下の意見を参考にしなければならない。中間に位置する部下は、現場のメンバーとも接点が多いため、組織に漂う雰囲気を機敏に察することができる。また上層部とも日々の業務で接点があるため、その接点を利用して無理なく声を届けることができる。

日々の具体的な仕事を通じて関係は形成されているため、リーダーはこの「仕事上の関係」を「組織の役割を越えた人間関係」に作り替えることが重要だ。つまり、「このリーダーであれば真実を伝えても怒らない」「このリーダーを助けるために実際の状態を伝えたい」と思わせる、信頼関係を形成する必要がある。

つまり、組織階層の中間に位置する人物と一対一の信頼関係をつくることを通して、集団としての心理的安全性の変化に気づくきっかけを構造的に得ること、それが、リーダーのパラドックスを打ち破るきっかけとなるはずだ。

おわりに

間違いを伝える。失敗する。助けを求める。エドモンドソン教授は、これらの行動こそが組織の力の源泉であり、これらの行動なくして組織の学習力や創造力は高まらないと語ってきた。しかし、それを実践することは難しい。その本質は、個人の弱さにあるのではないだろうか。私たちは弱く、周りの雰囲気に非常に敏感であるため、個人の心がけのみでは組織の空気に流されずに行動することは困難だ。エドモンドソン教授は心理的安全性を通して、人間の弱さを見つめ直し、弱さに打ち勝つための本質的な努力を「組織改革」に向けるべきことを示してくれた。個人はなかなか変わらない。ただし、組織文化を変えることで、そこにいる個人は大きく変わる。それゆえ、心理的安全性は非常に重要なのだ。

解説注

（1）Edmondson, A. C. (1999). Psychological Safety and Learning Behavior in Work Teams. *Administrative Science Quarterly*, 44(2), 350-383.

（2）冒頭の総引用数ともに、解説執筆時（二〇二二年一月四日）のグーグル・スカラーより。

（3）Castro, D. R., Anseel, F., Kluger, A. N., Lloyd, K. J., & Turjeman-Levi, Y. (2018). Mere listening effect on creativity and the mediating role of psychological safety. *Psychology of Aesthetics, Creativity, and the Arts*, 12(4), 489-502.

（4）https://www.ahrq.gov/teamstepps/instructor/index.html

（5）Baik, D., & Zierler, B. (2019). Clinical nurses' experiences and perceptions after the implementation of an interprofessional team intervention: A qualitative study. *Journal of Clinical Nursing*, 28(3-4), 430-443.

（6）Sharkey, J. (2010, October). Reinventing the Suitcase by Adding the Wheel, *The New York Times*.

（7）Fleming, L. (2001). Recombinant uncertainty in technological search. *Management Science*, 47(1), 117-132.

（8）Fleming, L., Mingo, S., & Chen, D. (2007). Collaborative brokerage, generative creativity, and creative success. *Administrative Science Quarterly*, 52(3), 443-475.

（9）Kostopoulos, K. C., & Bozionelos, N. (2011). Team exploratory and exploitative learning:

Psychological safety, task conflict, and team performance. *Group & Organization Management*, 36(3), 385-415.

(10) マシュー・サイド著、有枝春訳『失敗の科学——失敗から学習する組織、学習できない組織』(ディスカヴァー・トゥエンティワン、二〇一六年)

(11) Cannon, M. D., & Edmondson, A. C. (2005). Failing to learn and learning to fail (intelligently): How great organizations put failure to work to innovate and improve. *Long Range Planning*, 38(3), 299-319.

(12) Khanna, R., Guler, I., & Nerkar, A. (2016). Fail often, fail big, and fail fast? Learning from small failures and R&D performance in the pharmaceutical industry. *Academy of Management Journal*, 59(2), 436-459.

(13) エド・キャットマル著、小西未来訳『ピクサー流マネジメント術 天才集団はいかにしてヒットを生み出してきたか』(武田ランダムハウスジャパン、二〇〇九年)

(14) Dannals, J. E., Reit, E. S., & Miller, D. T. (2020). From whom do we learn group norms? Low-ranking group members are perceived as the best sources. *Organizational Behavior and Human Decision Processes*, 161, 213-227.

Sciences 112.5 (2015): 1338-43.

・Hu, J., Erdogan, B., Jiang, K., Bauer, T.N., & Liu, S. "Leader Humility and Team Creativity: The Role of Team Information Sharing, Psychological Safety, and Power Distance." *Journal of Applied Psychology* 103.3 (2017): 313-23.

付録

1 Garvin, D. Edmondson, A., & Gino, F. "Is yours a learning organization?" *Harvard Business Review* (March 2008): 109-116.

2 Tucker, A.L., Nembhard, I.M., & Edmondson, A.C. "Implementing new practices: An empirical study of organizational learning in hospital intensive care units." *Management Science* 53.6 (2007): 894-907.

3 Nembhard, I.M. & Edmondson, A.C. "Making it safe: The effects of leader inclusiveness and professional status on psychological safety and improvement efforts in health care teams." *Journal of Organizational Behavior* 27.7 (2006): 941-966.

4 Edmondson, A.C. "Psychological Safety and Learning Behavior in Work Teams." *Administrative Science Quarterly* 44.2 (1999): 350-83.

10　教えられたこのケーススタディおよびNASAが行った他のいくつかのケーススタディは、以下で確認できる。https://www.nasa.gov/content/goddard-ockocase-studies.（2018年6月1日に閲覧）

11　フレイはウーバーでの経験をポッドキャストで語った。Harvard Business School. "Fixing the Culture at Uber." *HBS After Hours*. April 2, 2018. http://hbsafterhours.com/ep-6-fixing-the-culture-at-uber.（2018年6月1日にアクセス）

12　同上。

13　Kolhatkar, S. "At Uber, a New C.E.O. Shifts Gears." *The New Yorker*. April 9, 2018. https://www.newyorker.com/magazine/2018/04/09/at-uber-a-new-ceo-shifts-gears（2018年6月14日に閲覧）

14　同上。

15　同上。

16　*HBS After Hours*, April 2, 2018, 前掲ポッドキャスト。

17　Kolhatkar, S. April 9, 2018, 前掲サイト。

18　"TIME'S UP Legal Defense Fund." *NWLC*. https://nwlc.org/times-up-legal-defense-fund/（2018年6月14日に閲覧）

19　そのようなアドバイスのうち、私が知る最高によいものの一つは、Schwarz, R. *The Skilled Facilitator: A Comprehensive Resource for Consultants, Facilitators, Managers, Trainers, and Coaches*. 2nd ed., San Francisco: Jossey-Bass, 2002. Print. である。

20　Edmondson, A.C. & Smith, D.M. "Too hot to handle? How to manage relationship conflict." *California Management Review* 49.1 (2006): 6-31.

21　Edmondson, A.C. "The local and variegated nature of learning in organizations." *Organization Science* 13.2 (2002): 128-146.

22　Herrero, L. "The Last Thing I Need Is Creativity." Leandro Herrero. April 14, 2014. https://leandroherrero.com/the-last-thing-i-need-is-creativity/（2018年6月14日に閲覧）

23　パワー・ディスタンスに関する初期の研究については、Hofstede G. *Culture's Consequences: International Differences in Work-related Values*. Beverly Hills, CA:Sage, 1999. Print. を参照のこと。ハイ・パワー・ディスタンス・グループとロー・パワー・ディスタンス・グループの心理的安全性における違いを見出した研究については、以下を参照してほしい。

・Anicich, E.M., Swaab, R.I., & Galinsky, A.D. "Hierarchical Cultural Values Predict Success and Mortality in High-Stakes Teams." *Proceedings of the National Academy of*

第8章

1 Maxwell, J. *Beyond Talent: Become Someone Who Gets Extraordinary Results*. Thomas Nelson, 2011. Print, pp.184.

2 利益追求と損失回避の対立は、各界によってさまざまに呼ばれている。ビジネス界では、マネジャーや会社が「勝つためにプレーする」、「負けないようにプレーする」と表現する。同様に、ダニエル・カーネマンとエイモス・トベルスキーは行動経済学の分野の先頭に立ち、「損失回避」(金額が同じである場合、利得の喜びより損失の痛みのほうを感じやすいという考え)などの研究を行った。心理学では、コロンビア大学のE・トーリー・ヒギンズ教授が、人々にある決定をしたり行動をとったりさせる動機を説明するうえで、促進焦点を持つ人と予防焦点を持つ人の違いを明らかにした。また、スタンフォード大学の教育心理学者キャロル・ドウェックは、「固定されたマインドセット」を持つ学生(間抜けに見えることを回避しなければならないと思っている)と「成長マインドセット」を持つ学生(学習と向上がモチベーションアップになる)について詳細に記している。このダイナミクスをどう呼ぼうと、示されている意見は明確だ。個人、チーム、組織の持続可能なパフォーマンスは、失うことを恐れるのではなく、獲得しようと努力することによって実現されるのである。

3 マインドセットの切り替えに関する本当に有益な手引書としては、Wilson, L. & Wilson, H. *Play To Win!: Choosing Growth Over Fear in Work and Life*. Revised ed., Bard Press, 2013. Print. を参照のこと。

4 Vuori, T. & Huy, Q. "How Nokia Embraced the Emotional Side of Strategy." *Harvard Business Review*. May 23, 2018. https://hbr.org/2018/05/how-nokia-embraced-the-emotional-side-of-strategy (2018年6月14日に閲覧)

5 同上。

6 Deming, W. E. *Out of the Crisis*. Cambridge, MA: Massachusetts Institute of Technology, Center for Advanced Engineering Study, 1986. Print.

7 関心があれば、以下を参照してほしい。Bohmer, R.J., Edmondson, A.C., & Roberto, M.A. Columbia's Final Mission (Multimedia Case). Case Study. HBS No. 305-032. Boston, MA: Harvard Business School Publishing, 2005.

8 Vaughan, D. *The Challenger Launch Decision: Risky Technology, Culture, and Deviance at NASA*. Chicago, Illinois: University of Chicago Press, 1996. Print.

9 https://nasapeople.nasa.gov/awards/eligibility.htm を参照のこと。(2018年6月14日に閲覧)

29 Schein, E.H. Humble Inquiry: the Gentle Art of Asking Instead of Telling. 1st ed. Berrett-Koehler Publishers, Inc., 2013. Print.［エドガー・H・シャイン『問いかける技術』］

30 "Guide: Create an Employee-to-Employee Learning Program." *re:Work*. https://rework.withgoogle.com/guides/learning-development-employee-to-employee/steps/introduction/（2018年6月14日に閲覧した。）

31 ダノンのナレッジ・マーケットプレイスについてさらに知りたい場合は、私がデヴィッド・レーンとともに行った次のケーススタディを参照のこと。Edmondson, A.C. & Lane, D. Global Knowledge Management at Danone (A) (Abridged). Case Study. HBS No. 613-003. Boston, MA: Harvard Business School Publishing, 2012.

32 凝り固まったマインドセットと成長マインドセットに関するドゥエックの素晴らしい研究について詳しく知りたい場合は、キャロル・S・ドゥエック『マインドセット――「やればできる！」の研究』（今西康子訳、草思社、2016年）を参照のこと。

33 Burton, T. "By Learning From Failures, Lilly Keeps Drug Pipeline Full." *The Wall Street Journal*. April 21, 2004. https://www.wsj.com/articles/SB108249266648388235（2018年6月14日に閲覧）

34 社内文書が最初に掲載されたのは次のサイトであった。https://gizmodo.com/exclusive-heres-the-full-10-page-anti-diversity-screed-1797564320（2018年6月15日に閲覧）

35 たとえば次のような議論である。

・Wakabayashi, D. "Contentious Memo Strikes Nerve Inside Google and Out." *The New York Times*. August 8, 2017. https://www.nytimes.com/2017/08/08/technology/google-engineer-fired-gender-memo.html（2018年6月14日に閲覧）

・Molteni, M. & Rogers, A. "The Actual Science of James Damore's Google Memo." *WIRED*. August 15, 2017. https://www.wired.com/story/the-pernicious-science-of-james-damores-google-memo/（2018年6月14日に閲覧）

36 友人で同僚だったハーバード・ビジネススクールの故デービッド・A・ガービン教授は、「ing」で終わる英単語はすべてプロセスだと、たびたび学生たちに話していた。その意味するところはまず、プロセスは一度限りで終わらない。次に、練習を重ねることによってリーダーはプロセスをうまく扱えるようになる、ということだ。同様に、組織で心理的安全性をつくるのも一筋縄ではいかないプロセスであり、リーダーは土台をつくり、参加を求め、来る日も来る日も生産的に対応する必要がある。終わりはない！　だが、製造プロセスを最適化できるのと同様、だんだんうまくできるようになるのは間違いない。

A.M., Campbell, E.M., Chen, G., Cottone, K., Lapedis, D., & Lee, K. "Impact and the Art of Motivation Maintenance: The Effects of Contact with Beneficiaries on Persistence Behavior." *Organizational Behavior and Human Decision Processes* 103.1 (2007): 53-67.

18 Schein, E.H. Humble Inquiry: the Gentle Art of Asking Instead of Telling. 1st ed. Berrett-Koehler Publishers, Inc., 2013. Print, pp. 11.［エドガー・H・シャイン『問いかける技術――確かな人間関係と優れた組織をつくる』（原賀真紀子訳、金井壽宏監訳、英治出版、2014年）］

19 Owens, B.P., Johnson, M.D., & Mitchell, T.R. "Expressed Humility in Organizations: Implications for Performance, Teams, and Leadership." *Organization Science* 24.5 (2013): 1517-38.

20 2017年10月11日、ハーバード・ビジネススクールでアン・マルケイヒーが述べた言葉。

21 同上。

22 Cable, D. "How Humble Leadership Really Works." *Harvard Business Review*. April 23, 2018. https://hbr.org/2018/04/how-humble-leadership-really-works（2018年6月14日に閲覧）

23 Tucker, A.L., Nembhard, I.M., and Edmondson, A.C. "Implementing new practices: An empirical study of organizational learning in hospital intensive care units." *Management Science* 53.6 (2007): 894-907.

24 Hirak, R., Peng, A.C., Carmeli, A., & Schaubroeck, J.M. "Linking Leader Inclusiveness to Work Unit Performance: The Importance of Psychological Safety and Learning from Failures." *The Leadership Quarterly* 23.1 (2012): 107-17.

25 Ross, L. & Ward, A. "Naive Realism: Implications for Social Conflict and Misunderstanding." *Values & Knowledge*. Ed. T. Brown, E.S. Reed, & E. Turiel. Lawrence Erlbaum Associates (1996): 103-35.

26 Adapted from "The Art of Powerful Questions." World Café. http://www.theworldcafe.com（2018年7月27日に閲覧）

27 支持と問いに関する優れた論文を、アクションスミス・ネットワークが以下に掲載している。http://actionsmithnetwork.net/wp-content/uploads/2015/09/Advocacy-and-Inquiry-Article_Final.pdf（2018年6月21日に閲覧）

28 Bryant, A. "Bob Pittman of Clear Channel, on the Value of Dissent" *The New York Times*. November 16, 2013. https://www.nytimes.com/2013/11/17/business/bob-pittman-of-clear-channel-on-the-value-of-dissent.html（2018年6月14日に閲覧）

閲覧）

8　この言葉は、テラーが2016年4月20日にスタンフォード大学の「アントレプレナー・ソートリーダー」シリーズの一環として同大学で行った講演から引用している。講演の全体は、以下のサイトで見ることができる。https://ecorner.stanford.edu/video/celebrating-failure-fuels-moonshots-entire-talk/.

9　Lafley, A.G., & Charan, R. The Game-Changer: How You Can Drive Revenue and Profit Growth with Innovation. 1st ed. Crown Business, 2008. Print. ［A・G・ラフリー、ラム・チャラン『ゲームの変革者――イノベーションで収益を伸ばす』（斎藤聖美訳、日本経済新聞出版社、2009 年）］

10　Catmull, E. & Wallace, A. *Creativity Inc.: Overcoming the Unseen Forces That Stand in the Way of True Inspiration*. New York: Random House, 2013. Print, pp. 123. ［エド・キャットムル、エイミー・ワラス『ピクサー流 創造するちから――小さな可能性から、大きな価値を生み出す方法』（石原薫訳、ダイヤモンド社、2014 年)］

11　Bryant, A. "Christa Quarles of OpenTable: The Advantage of 'Early, Often, Ugly.'" *The New York Times*. April 12, 2016. https://www.nytimes.com/2016/08/14/business/christa-quarles-of-opentable-the-advantage-of-early-often-ugly.html（2018 年 6 月 14 日に閲覧）

12　Bennett, J. "On Campus, Failure Is on the Syllabus." *The New York Times*. June 24, 2017. https://www.nytimes.com/2017/06/24/fashion/fear-of-failure.html（2018 年 6 月 14 日に閲覧）

13　同上。

14　紹介した以外の仕事での事例を知りたい場合は、『チームが機能するとはどういうことか』第 1 章を参照のこと。

15　Edmondson, A.C. "Strategies for Learning from Failure." *Harvard Business Review*. April 2011. https://hbr.org/2011/04/strategies-for-learning-from-failure（2018 年 6 月 14 日に閲覧）

16　これは、『チームが機能するとはどういうことか』第 5 章にある表の修正版である。

17　一例として、ペンシルベニア大学ウォートン校のアダム・グラント教授らのチームが行った研究を挙げよう。対象は、大学のコールセンターのオペレーター。オペレーターの仕事は、大学奨学基金の資金を集めるという、退屈でストレスのたまる仕事である。このオペレーターたちに、彼らが集める寄付金によって資金援助を受けている奨学生にじかに会ってもらった。自分の仕事が他者の人生にどのように貢献しているかを知ったオペレーターは、奨学生に会わなかったオペレーターと比べて、その後、電話をかける時間と集める資金の両方を増やしたという。以下を参照のこと。Grant,

ダーシップ・スタイルを記した私の同僚による記事に基づいている。

・O'Brien, M. (producer). "NOVA: Nuclear Meltdown Disaster." PBS, aired July 29, 2015. http://www.pbs.org/wgbh/nova/tech/nuclear-disaster.html（2018年6月15日に閲覧）

・Gulati, R., Casto, C., & Krontiris, C. "How the Other Fukushima Plant Survived." *Harvard Business Review*, 2014. https://hbr.org/2014/07/how-the-other-fukushima-plant-survived（2018年6月13日に閲覧）

28 O'Brien, M. (producer). July 29, 2015, 前掲サイト。

29 Gulati, R. et al. 2015, 前掲サイト。

30 同上。

第7章

1 以下より引用。Gelb, M.J. *Thinking for a Change: Discovering the Power to Create, Communicate, and Lead*. Harmony, 1996. Print, pp. 96.

2 子ども病院のジュリー・モラスに関する詳細は、私が同僚のマイケル・ロベルトとアニタ・タッカーと共同で行った次のケーススタディに基づいている。Edmondson, A.C., Roberto, M., & Tucker, A.L. Children's Hospital and Clinics (A). Case Study. HBS Case No. 302-050. Boston : Harvard Business School Publishing, 2001.

3 フレーミングに関するさらなる詳細については、『チームが機能するとはどういうことか』の第3章を参照のこと。

4 Edmondson, A.C., Nembhard, I.M., & Roloff, K.S. Children's Hospital and Clinics (B). Case Study. HBS Case No. 608-073. Boston: Harvard Business School Publishing, 2007.

5 Edmondson, A.C. et al. Children's Hospital and Clinics (A). 2001, 前掲論文。

6 この有名な寓話は、ジョン・ゴッドフリー・サックスによって1872年に詩に翻訳されている。そこには次のようにある。「このインドスタンの男たちは長いこと大声で言い争い、自分こそが正しいのだと言い張って、誰も一歩も譲らなかった。だが、皆ある程度正しいが、全員が間違っていた」。全編は次のサイトで読むことができる。https://en.wikisource.org/wiki/The_poems_of_John_Godfrey_Saxe/The_Blind_Men_and_the_Elephant（2018年6月12日に閲覧）

7 Teller, A. "The Unexpected Benefit of Celebrating Failure." *TED*. 2016. https://www.ted.com/talks/astro_teller_the_unexpected_benefit_of_celebrating_failure（2018年6月8日に

Company. 2006: 19.

14 Pfeffer, J. Kent Thiry and DaVita: Leadership Challenges in Building and Growing a Great Company. 2006: 2.

15 スタンフォード・ビジネススクールで行われた、ケント・ティリの講演（2011年11月17日）より。

16 O'Reilly, C. et al. DaVita: A Community First, A Company Second. 2014: 7.

17 "Integrated Care Enhances Clinical Outcomes for Dialysis Patients." News-Medical.net. October 31, 2017. https://www.news-medical.net/news/20171031/Integrated-care-enhances-clinical-outcomes-for-dialysis-patients.aspx（2018年6月8日に閲覧）

18 Berwick, D.M., Nolan, T.W., & Whittington, J. "The Triple Aim: Care, Health, and Cost." *Health Affairs*. 27.3 (2008): 759-69.

19 本章で紹介するシンシア・キャロル率いるアングロ・アメリカン社の安全に対する新たな取り組みについて、その主な詳細は、ハーバード・ビジネススクールのゴータム・ムクンダ教授らによる以下のケーススタディを参照している。

・Mukunda, G., Mazzanti, L., & Sesia, A. Cynthia Carroll at Anglo American (A). Case Study. HBS No. 414-019. Boston, MA: Harvard Business School Publishing, 2013.

・Mukunda, G., Mazzanti, L., & Sesia, A. Cynthia Carroll at Anglo American (B). Case Study. HBS No. 414-020. Boston, MA: Harvard Business School Publishing, 2013.

・Mukunda, G., Mazzanti, L., & Sesia, A. Cynthia Carroll at Anglo American (C). Case Study. HBS No. 414-021. Boston, MA: Harvard Business School Publishing, 2013.

20 Carroll, C. "The CEO of Anglo American on Getting Serious about Safety" *Harvard Business Review*. 2012. https://hbr.org/2012/06/the-ceo-of-anglo-american-on-getting-serious-about-safety（2018年6月14日に閲覧）

21 Mukunda, G. et al. Cynthia Carroll at Anglo American (A). 2013: 7.

22 同上。

23 Carroll, C. 2012, 前掲記事。

24 De Liefde, W. *Lekgotla: The Art of Leadership Through Dialogue*. Houghton, South Africa: Jacana Media, 2005.

25 Mukunda, G. et al. Cynthia Carroll at Anglo American (B). 2013: 2.

26 Carroll, C. 2012, 前掲記事。

27 この章で紹介する福島第二原発での危機についての詳細は、PBSの科学番組「NOVA」の特番（2015年放送）、および「ハーバード・ビジネス・レビュー」掲載の、増田のリー

4 U.S. Airways FOM1.3.4, Captains Authority, online at National Transportation Safety Board,Operations/Human Performance Group Chairmen, Exhibit No. 2-Q.

5 Sullenberger Ⅲ , C. & Zaslow, Z. *Highest Duty: My Search for What Really Matters*. New York, NY: William Morrow, 2009.［C・サレンバーガー『機長、究極の決断 ――「ハドソン川」の奇跡』（十亀洋訳、静山社、2011年）］

6 Edmondson, A.C. "The Local and Variegated Nature of Learning in Organizations: A Group-Level Perspective." *Organization Science*, 13.2 (2002): 128-46.

7 Sullenberger Ⅲ , C. & Zaslow, Z. 2009: 229.

8 Wheeler, M. "Asiana Airlines: 'Sorry, Captain. You're Wrong.'" *LinkedIn Pulse*. 2014. https://www.linkedin.com/pulse/20140217220032-266437464-asiana-airlines-sorry-captain-you-re-wrong/（2018年6月12日に閲覧）

9 たとえば以下のような論文を参照のこと。Oriol, M.D. "Crew resource management: applications in healthcare organizations." *The Journal of Nursing Administration* 36.9 (2006): 402-6; McConaughey, E. "Crew resource management in healthcare: the evolution of teamwork training and MedTeams." *The Journal of Perinatal & Neonatal Nursing*, 22.2 (2008): 96-104.

10 Shea-Lewis, A. "Teamwork: crew resource management in a community hospital." *Journal for Healthcare Quality*. 31.5 (2009): 14-18.

11 1625年のフランスを舞台とする『三銃士』は、1844年にフランスの作家アレクサンドル・デュマによって書かれた。さまざまに脚色されて映画やドラマになっており、人気を獲得し続けている。

12 ダヴィータ、およびCEO兼マスケット銃兵隊長ケント・ティリに関する詳細については、次のケーススタディを参照している。

・Pfeffer, J. Kent Thiry and DaVita: Leadership Challenges in Building and Growing a Great Company. Case Study. Stanford GSB No. OB-54. Palo Alto, CA: Stanford Graduate School of Business, 2006.

・O'Reilly, C., Pfeffer, J., Hoyt, D., & Drabkin, D. DaVita: A Community First, A Company Second. Case Study. Stanford GSB No. OB-89. Palo Alto, CA: Stanford Graduate School of Business, 2014.

・George, B., & Kindred, N. Kent Thiry: "Mayor" of DaVita. Case Study. HBS Case No. 410-065. Boston, MA: Harvard Business School Publishing, 2010.

13 Pfeffer, J. Kent Thiry and DaVita: Leadership Challenges in Building and Growing a Great

61　Chapman, B. & Sisodia, R. 2015: 53.

62　Chapman, B. & Sisodia, R. 2015: 59.

63　Chapman, B. & Sisodia, R. 2015: 53.

64　Chapman, B. & Sisodia, R. 2015: 170.

65　同上。

第 6 章

1　この引用は、ストア派哲学者マルクス・アウレリウスの著書『自省録』の第 12 巻にある 1 文 "... if thou shalt be afraid not because thou must some time cease to live, but if thou shalt fear never to have begun to live according to nature- then thou wilt be a man worthy of the universe which has produced thee." を、わかりやすく書き改めたものである。ジョージ・ロングによる第 12 巻の翻訳は、以下のサイトで無料で読むことができる。http://classics.mit.edu/Antoninus/meditations.12.twelve.html（2018 年 7 月 27 日に閲覧）

2　この章で紹介する US エアウェイズ 1549 便のストーリーに関する主要な詳細は、アメリカ国家運輸安全委員会の事故報告書、および公開された一連のケーススタディに基づいている。

・National Transportation Safety Board. "Loss of Thrust in Both Engines After Encountering a Flock of Birds and Subsequent Ditching on the Hudson River, US Airways Flight 1549, Airbus A320-214, N106US, Weehawken, New Jersey, January 15, 2009."

・*Aircraft Accident Report NTSB/AAR-10/03*. Washington, D.C., 2010;

・Howitt, A.M., Leonard, H.B., & Weeks, J. Miracle on the Hudson (A): Landing U.S. Airways Flight 1549. Case Study. HKS No. 1966. Cambridge, MA: HKS Case Program, 2012;

・Howitt, A.M., Leonard, H.B., & Weeks, J. Miracle on the Hudson (B): Rescuing Passengers and Raising the Plane. Case Study. HKS No. 1967. Cambridge, MA: HKS Case Program, 2012;

・Howitt, A.M., Leonard, H.B., & Weeks, J. Miracle on the Hudson (C): Epilogue. Case Study. HKS No. 1967.1. Cambridge, MA: HKS Case Program, 2012.

3　"Statement of Captain Marc Parisis, Vice President, Flight Operations and Services, Airbus." National Transportation Safety hearing. June 9, 2009. Washington, DC. 80-82.

46　同上。

47　同上。

48　Teller, A. "The Unexpected Benefit of Celebrating Failure." *TED*. 2016. https://www.ted.com/talks/astro_teller_the_unexpected_benefit_of_celebrating_failure（2018 年 6 月 8 日に閲覧）

49　"Celebrating Failure Fuels Moonshots." *Stanford eCorner*, April 20, 2016. https://ecorner.stanford.edu/podcasts/celebrating-failure-fuels-moonshots/（2018 年 6 月 8 日に閲覧）

50　Thompson, D. November 2017, 前掲サイト。

51　Gertner, J. "The Truth About Google X: An Exclusive Look Behind The Secretive Lab's Closed Doors." *Fast Company*. April 15, 2014. https://www.fastcompany.com/3028156/the-google-x-factor（2018 年 6 月 13 日に閲覧）

52　同上。

53　Thompson, D. November 2017, 前掲サイト。

54　同上。

55　Wakefield, D. "TED 2016: Google boss on why it is OK to fail." *BBC News*. February 16, 2016. https://www.bbc.com/news/technology-35589220（2018 年 6 月 14 日に閲覧）

56　Dougherty, C. "They Promised Us Jet Packs. They Promised the Bosses Profit." *The New York Times*. July 23, 2016. https://www.nytimes.com/2016/07/24/technology/they-promised-us-jet-packs-they-promised-the-bosses-profit.html（2018 年 6 月 14 日に閲覧）

57　ボブ・チャップマンとバリー・ウェーミラー社に関する詳細は、チャップマンの著書と、私のハーバード・ビジネススクールの同僚ジャン・リブキンによるケーススタディから得ている。

・Chapman, B. & Sisoda, R. *Everybody Matters: The Extraordinary Power of Caring for Your People Like Family*. US: Penguin-Random House, 2015. Print.

・Minor, D. & Rivkin, J. Truly Human Leadership at Barry-Wehmiller. Case Study. HBS No. 717-420. Boston, MA: Harvard Business School Publishing, 2016.

58　"Surpassing 100 acquisitions, Barry-Wehmiller looks to the future." Barry-Wehmiller. February 6, 2016. https://www.barrywehmiller.com/docs/default-source/pressroom-library/pr_bw_100acquisitions_020618_final.pdf?sfvrsn=2（2018 年 6 月 8 日に閲覧）

59　Chapman, B. & Sisodia, R. 2015: 101.

60　"Surpassing 100 acquisitions, Barry-Wehmiller looks to the future." February 6, 2016, 前掲ニュースリリース。

New Yorker. September 23, 2013. https://www.newyorker.com/magazine/2013/09/23/nobodys-looking-at-you（2018 年 6 月 12 日に閲覧）

31　Fernandez, C. "Eileen Fisher Makes Strides Towards Circularity With 'Tiny Factory.'" *The Business of Fashion*. December 6, 2017. https://www.businessoffashion.com/articles/intelligence/eileen-fisher-makes-strides-towards-circularity-with-tiny-factory（2018 年 6 月 8 日に閲覧）

32　Tenney, M. May 15, 2015, 前掲記事。

33　同上。

34　ジャネット・マルカムによれば、フィッシャーは 2010 年に出版された『The Circle Way: A Leader in Every Chair』（Ann Linnea & Christina Baldwin 共著、Barrett-Koehler）に示されている次の考え方に賛成している。サークル・リーダーシップとは、グループ・コラボレーションへのパラダイム・シフトであると同時に、仲間（サークル）――アメリカ先住民やオーストラリア先住民などの文化に見られる「リネージ（系族）」――を活用する方法だとする考え方である。

35　Malcolm, J. September 23, 2013, 前掲記事。

36　同上。

37　Dunbar, M.F. "Designer Eileen Fisher on how Finding Purpose Changed Her Company. *Conscious Company Media*. July 4, 2015. https://consciouscompanymedia.com/sustainable-business/designer-eileen-fisher-on-how-finding-purpose-changed-her-company/（2018 年 6 月 8 日に閲覧）

38　同上。

39　同上。

40　"Business as a Movement." Eileen Fisher. https://www.eileenfisher.com/business-as-a-movement/business-as-a-movement（2018 年 6 月 8 日に閲覧）

41　"Eileen Fisher, No Excuses." *A Green Beauty*. December 7, 2016. https://agreenbeauty.com/fashion/eileen-fisher-no-excuses（2018 年 6 月 8 日に閲覧）

42　Beckett, W. "Eileen Fisher: A Pocket of Prosperity." *Women's Wear Daily*. October 17, 2007.

43　Thompson, D. "Google X and the Science of Radical Creativity." *The Atlantic*. November 2017. https://www.theatlantic.com/magazine/archive/2017/11/x-google-moonshot-factory/540648/（2018 年 6 月 8 日に閲覧）

44　"What We Do." X. https://x.company/about/（2018 年 6 月 8 日に閲覧）

45　Thompson, D. November, 2017, 前掲サイト。

the-crit-for-art-students-may-is-the-cruelest-month.html（2018 年 6 月 13 日に閲覧）

9 芸術批評についての詳細は以下を参照してほしい。http://bushwickartcritgroup.com/.

10 Catmull, E. & Wallace, A. 2013: 109.

11 Catmull, E. & Wallace, A. 2013: 111.

12 Catmull, E. & Wallace, A. 2013: 108-109.

13 Catmull, E. & Wallace, A. 2013: 109.

14 Catmull, E. & Wallace, A. 2013: 123.

15 Dalio, R. "How to Build a Company Where the Best Ideas Win." *TED*. 2017. https://www.ted.com/talks/ray_dalio_how_to_build_a_company_where_the_best_ideas_win（2018 年 6 月 12 日に閲覧）

16 Dalio, R. "Principles." Ray Dalio. 2011. https://docs.google.com/viewer?a=v&pid=sites&srcid=ZGVmYXVsdGRvbWFpbnxlYm9va3Nkb3dubG9hZG5vdzIwMTZ8Z3g6MjY3NGU2Njk5N2QxNjViMg（2018 年 6 月 13 日に閲覧）

17 Dalio, R. Principles, Vol. 1: Life &Work. New York: Simon & Schuster, 2017. Print.［レイ・ダリオ『PRINCIPLES（プリンシプルズ）人生と仕事の原則』（斎藤聖美訳、日本経済新聞出版社、2019 年）］

18 Dalio, R. 2011: 88.

19 同上。

20 Dalio, R. 2011: 89.

21 Dalio, R. 2011: 17.

22 Dalio, R. 2011: 88.

23 Dalio, R. 2011: 19.

24 Dalio, R. 2011: 96.

25 Dalio, R. 2011: 105.

26 Dalio, R. 2011: 102.

27 Dalio, R. 2011: 190.

28 Dalio, R. 2011: 189.

29 Tenney, M. "Be a Don't Knower: One of Eileen Fisher's Secrets to Success." *The Huffington Post*. May 15, 2015. https://www.huffingtonpost.com/matt-tenney/be-a-dont-knower-one-of-e_b_7242468.html（2018 年 6 月 12 日に閲覧）

30 Malcolm, J. "Nobody's Looking At You: Eileen Fisher and the art of understatement." *The*

55 Hook, L. "FT Person of the Year: Susan Fowler." *Financial Times*. December 12, 2017.

56 Morse, B. "Elon Musk, Susan Fowler, and Mark Zuckerberg Join Tech's Biggest Names in 'New Establishment' List." *Inc.com*. October 2, 2017. https://www.inc.com/brittany-morse/elon-musk-susan-fowler-and-markzerberg-join-big-tech-names-in-new-establishment-list.html（2018 年 6 月 8 日に閲覧）

57 Bhuiyan, J. "With Just Her Words, Susan Fowler Brought Uber to Its Knees." *Recode*, December 6, 2017. https://www.recode.net/2017/12/6/16680602/susan-fowler-uber-engineer-recode-100-diversity-sexual-harassment（2018 年 6 月 12 日に閲覧）

58 Kerr, D. "Uber's U-Turn: How the New CEO Is Cleaning House after Scandals and Lawsuits." *C-NET*. April 27, 2018. https://www.cnet.com/news/ubers-u-turn-how-ceo-dara-khosrowshahi-is-cleaning-up-after-scandals-and-lawsuits/（2018 年 6 月 14 日に閲覧）

第 5 章

1 Franklin Delano Roosevelt. Presidential Inaugural Address. *History*. March 3, 1933. https://www.history.com/speeches/franklin-d-roosevelts-first-inaugural-address（2018 年 6 月 7 日に閲覧）

2 "Our Story." Pixar Animation Studios, https://www.pixar.com/our-story-pixar（2018 年 6 月 7 日に閲覧）

3 Catmull, E. & Wallace, A. *Creativity Inc.: Overcoming the Unseen Forces That Stand in the Way of True Inspiration*. New York: Random House, 2013. Print.［エド・キャットムル、エイミー・ワラス『ピクサー流 創造するちから――小さな可能性から、大きな価値を生み出す方法』（石原薫訳、ダイヤモンド社、2014 年）］

4 Catmull, E. & Wallace, A. 2013: 90.

5 Catmull, E. & Wallace, A. 2013: 95.

6 Catmull, E. & Wallace, A. 2013: 105.

7 Barnes, B. "John Lasseter, a Pixar Founder, Takes Leave After 'Missteps.'" *The New York Times*, January 20, 2018. https://www.nytimes.com/2017/11/21/business/media/john-lasseter-pixar-disney-leave.html（2018 年 7 月 25 日に閲覧）

8 Finkel, J. "Tales From the Crit: For Art Students, May Is the Cruelest Month." *The New York Times*. April 30, 2006. https://www.nytimes.com/2006/04/30/arts/design/tales-from-

tarana-burke.html（2018年6月13日に閲覧）

42 Fowler, S. "Reflecting on One Very, Very Strange Year at Uber." Susan Fowler personal site. February 19, 2017. https://www.susanjfowler.com/blog/2017/2/19/reflecting-on-one-very-strange-year-at-uber（2018年6月5日に閲覧）

43 ウーバーに関する詳細のいくつかは、私の友人ジェイ・ローシュらが書いた、以下の事例に基づいている。Srinivasan, S., Lorsch, J.W., & Pitcher, Q. Uber in 2017: One Bumpy Ride. Case Study. HBS No. 117-070. Boston, MA: Harvard Business School Publishing, 2017.

44 Isaac, M. "Inside Uber's Aggressive, Unrestrained Workplace Culture." *The New York Times*. February 22, 2017. https://www.nytimes.com/2017/02/22/technology/uber-workplace-culture.html（2018年6月13日に閲覧）

45 Isaac, M. "Uber's C.E.O. Plays With Fire." *The New York Times*. April 23, 2017. https://www.nytimes.com/2017/04/23/technology/travis-kalanick-pushes-uber-and-himself-to-the-precipice.html（2018年6月13日に閲覧）

46 Isaac, M. February 22, 2017, 前掲記事。

47 Quora. "What Are Uber's 14 Core/Cultural Values?" *Quora*, https://www.quora.com/What-are-Ubers-14-core-cultural-values

48 同上。

49 Schleifer, T. "Uber's latest valuation: $72 billion." *Recode*. February 9, 2018. https://www.recode.net/2018/2/9/16996834/uber-latest-valuation-72-billion-waymo-lawsuit-settlement（2018年6月13日に閲覧）

50 Isaac, M. February 22, 2017, 前掲記事。

51 Srinivasan, S., Lorsch, J.W., & Pitcher, Q. Uber in 2017: One Bumpy Ride. Case Study. HBS No. 117-070. Boston, MA: Harvard Business School Publishing, 2017.

52 Isaac, M. "Uber Founder Travis Kalanick Resigns as C.E.O." *The New York Times*. June 21, 2017. https://www.nytimes.com/2017/06/21/technology/uber-ceo-travis-kalanick.html（2018年6月13日に閲覧）

53 Blumberg, P. "Ex-Uber Engineer Asks Supreme Court to Learn From Her Ordeal." *Bloomberg*. August 24, 2017; Hurley, L. "Companies win big at U.S. top court on worker class-action curbs." *Reuters*. May 21, 2018.

54 Kim, L. "Two Bay Area Women on Time Cover for 'Person of the Year.'" *ABC7 San Francisco*. December 7, 2017.

nuclear-regulator-dismissed-seismologist-on-japan-quake-threat（2018年6月12日に閲覧）

28 World Nuclear Association. "Nuclear Power in Japan." *World Nuclear Association*. https://www.world-nuclear.org/information-library/country-profiles/countries-g-n/japan-nuclear-power.aspx（2018年6月4日に閲覧）

29 同上。

30 Aldrich, D.P. "With a Mighty Hand." *The New Republic*. March 19, 2011. https://newrepublic.com/article/85463/japan-nuclear-power-regulation（2018年6月11日に閲覧）

31 以下などを参照してほしい。BBC News. "Japan cancels nuclear plant." *BBC News*. February 22, 2000. http://news.bbc.co.uk/2/hi/asia-pacific/652169.stm（2018年6月10日に閲覧）

32 Tokyo Electric Power Company. "Fukushima Nuclear Accident Summary & Nuclear Safety Reform Plan" *Tokyo Electric Power Company, Inc*. March 29, 2013: 19. 福島の事故後に出されたこの報告書には、次のような記述がある。「［2000年の］6月および7月に、津波を防ぐ堤防の建設費用と周辺地域への影響が評価された。コンピュータによる計算の妥当性も話し合われた」。だが結局、このようなモデルの「技術的妥当性」は確かめようがないと結論され、それ以上のことは何もなされずじまいだった。

33 World Nuclear Association. "Nuclear Power in Japan," 前掲サイト。

34 同上。

35 岡村行信のストーリーに関する情報はすべて、Clarke, R. & Eddy, R.P. *Warnings: Finding Cassandras to Stop Catastrophes*. HarperCollins Publishing, 2017, Chapter 5, pp. 75-98. から得ている。

36 Fukushima NAIIC. 2012: 9

37 同上。

38 同上。

39 Lipscy, P.Y., Kushida, K.E., & Incerti, T. "The Fukushima Disaster and Japan's Nuclear Plant Vulnerability in Comparative Perspective." *American Chemical Society: Environmental Science & Technology*, (2013): 47, 6082-6088.

40 Gilbert, S. "The Movement of #MeToo: How a Hashtag Got Its Power." *The Atlantic*. October 16, 2017. https://www.theatlantic.com/entertainment/archive/2017/10/the-movement-of-metoo/542979/（2018年6月14日に閲覧）

41 Garcia, S.E. "The Woman Who Created #MeToo Long Before Hashtags." *The New York Times*. October 20, 2017. https://www.nytimes.com/2017/10/20/us/me-too-movement-

Patient." *The Boston Globe*, March 23, 1995.

12 Bohmer, R. & Winslow, A. 1999: 8.

13 Gorman, C. & Mondi, L. "The disturbing case of the cure that killed the patient." *TIME Magazine*. April 3, 1995: 60. http://content.time.com/time/magazine/article/0,9171,982768,00.html（2018年6月14日に閲覧）

14 Bohmer, R. & Winslow, A. 1999, 前掲論文。

15 同上。

16 Knox, March 23, 1995, 前掲論文。

17 同上。

18 同上。

19 同上。

20 Knox, R.A. "Dana-Farber puts focus on mistakes in overdoses." *The Boston Globe*. October 31, 1995. https://www.highbeam.com/doc/1P2-8310418.html（2018年6月12日に閲覧）

21 福島第一原子力発電所の惨事の詳細については、複数の情報源に拠っている。

・Fukushima Nuclear Accident Independent Investigation Commission (NAIIC). "The Official Report of the Fukushima Nuclear Accident Independent Investigation Commission: Executive Summary." *The National Diet of Japan*. 2012. https://www.nirs.org/wp-content/uploads/fukushima/naiic_report.pdf（2018年6月12日に閲覧）

・Amano, Y. "The Fukushima Daiichi Accident: Report by the Director General." *International Atomic Energy Agency Report*. 2015. https://www-pub.iaea.org/MTCD/Publications/PDF/Pub1710-ReportByTheDG-Web.pdf（2018年6月12日に閲覧）

22 Amano, Y. 2015, 前掲レポート。

23 同上。

24 Fukushima NAIIC. 2012: 16.

25 Clenfield, J. & Sato, S. "Japan Nuclear Energy Drive Compromised by Conflicts of Interest." *Bloomberg*. December 12, 2007. http://www.bloomberg.com/apps/news?pid=newsarchive&sid=awR8KsLlAcSo（2018年6月12日に閲覧）

26 Ishibashi, K. "Why Worry? Japan's Nuclear Plants at Grave Risk From Quake Damage." *The Asia-Pacific Journal*. August 1, 2007. https://apjjf.org/-Ishibashi-Katsuhiko/2495/article.html（2018年6月12日に閲覧）

27 Clenfield, J. "Nuclear Regulator Dismissed Seismologist on Japan Quake Threat." *Bloomberg*. November 22, 2011. https://www.bloomberg.com/news/articles/2011-11-21/

3 Whitcraft, D., Katz, D., & Day, T. (Producers). "Columbia: Final Mission," *ABC Primetime*. New York: ABC News, 2003.

4 National Aeronautics and Space Administration. *Columbia Accident Investigation Board: Report Volume 1*. Washington, D.C.: U.S. Government Printing Office, 2003.

5 Whitcraft, D. et al. 2003, 前掲番組。

6 この章で紹介するテネリフェ島での悲劇のストーリーは、ジャン・ハーゲンらによる次のような多くの資料をもとにしている。

・Schafer, U., Hagen, J., & Burger, C. Mr. KLM (A): Jacob Veldhuyzen. Case Study. ESMT No. 411-0117. Berlin, Germany: European School of Management and Technology, 2011.

・Schafer,U., Hagen, J., & Burger, C. Mr.KLM(B): Captain van Zanten. Case Study. ESMT No. 411-0118. Berlin, Germany: European School of Management and Technology, 2011.

・Schafer, U., Hagen, J., & Burger, C. Mr. KLM (C): Jaap. Case Study. ESMT No. 411-0119. Berlin, Germany: European School of Management and Technology, 2011.

・Hagen, J.U. *Confronting Mistakes: Lessons From The Aviation Industry When Dealing with Error*. United Kingdom: Palgrave Macmillan UK, 2013. Print.

7 ロイヤル・ダッチ・エアラインズは、オランダ語で Koninklijke Luchtvaart Maatschappij であり、略してＫＬＭと記される。

8 このストーリーで紹介する対話は、衝突した両機のコックピット・ボイスレコーダーに残され、調査報告書 Air Line Pilots Association. *Aircraft accident report: Human factors report on the Tenerife accident, Tenerife, Canary Islands, March 27, 1977*. Washington D.C.:Engineering and Air Safety, 1977. の付録 6 に示されていたものである。

9 CRM（クルー・リソース・マネジメント）の概念が生まれる経緯については、航空安全に関するアラン・ディールの著書（Diehl, A.E. *Air Safety Investigators: Using Science to Save Lives–One Crash at a Time*. United States: XLIBRIS, 2013. Print）を参照してほしい。

10 本章のダナ・ファーバーがん研究所でベッツィ・レーマンが死亡したストーリーは、私の同僚リチャード・ベーマーが行ったケーススタディに基づいている。Bohmer, R. &Winslow, A. The Dana-Farber Cancer Institute. Case Study. HBS Case No. 699-025. Boston, MA: Harvard Business School Publishing, 1999.

11 「ボストン・グローブ」紙は、レーマンのストーリーを公にし、長期にわたって経過をしっかりと追った。医療過誤について最初に記事を書いたのは、リチャード・ノックスだった（この事件の報道で、のちに訴えられた）。Knox, R.A. "Doctor's Orders Killed Cancer

50 同上。

51 同上。

52 Vuori, T. & Huy, Q. (2016): 30.

53 Vuori, T. & Huy, Q. (2016): 32.

54 Protess, B. & Craig, S. "Harsh Words for Regulators in Crisis Commission Report." *The New York Times*. January 27, 2011. https://dealbook.nytimes.com/2011/01/27/harsh-words-for-regulators-in-crisis-commission-report/?mtrref=www.google.com&gwh=BA638683449191518FB004D5C2E07FDB&gwt=regi&assetType=REGIWALL（2018年6月13日に閲覧）

55 Beim, D. & McCurdy, C. "Report on Systemic Risk and Bank Supervision" *Federal Reserve Bank of New York Report*. 2009. 1. https://info.publicintelligence.net/FRBNY-BankSupervisionReport.pdf.（2018年6月1日に閲覧）

56 Beim, D. & McCurdy, C. 2009: 9.

57 同上。

58 Beim, D. & McCurdy, C. 2009: 19.

59 "The Secret Recordings of Carmen Segarra." *This American Life*. September 26, 2014. https://www.thisamericanlife.org/536/the-secret-recordings-of-carmen-segarra.（2018年6月1日に閲覧）

60 同上。

61 Edmondson, A.C. & Verdin, P.J. "The strategic imperative of psychological safety and organizational error management." *How could this happen? Managing errors in organizations*. Ed. J. Hagen. Palgrave/MacMillan : in press.

62 Edmondson, A.C. & Verdin, P.J. November 9, 2017, 前掲論文。

第4章

1 Harris. S.J. "Syd Cannot Stand Christmas Neckties." *The Akron Beacon Journal*. January 5, 1951, pp. 6. https://www.newspapers.com/newspage/147433987/（2018年7月23日に閲覧）

2 Roberto, M.A., Edmondson, A.C., &. Bohmer, R.J., Columbia's Final Mission. Case Study. HBS No. 304-090. Boston, MA: Harvard Business School Publishing, 2004.

com/2016/09/17/business/dealbook/wells-fargo-warned-workers-against-fake-accounts-but-they-needed-a-paycheck.html（2018年6月13日に閲覧）

37　同上。

38　Consumer Financial Protection Bureau press release. "Consumer Financial Protection Bureau Fines Wells Fargo $100 Million for Widespread Illegal Practice of Secretly Opening Unauthorized Accounts." *ConsumerFinance.gov*, September 8, 2016. https://www.consumerfinance.gov/about-us/newsroom/consumer-financial-protection-bureau-fines-wells-fargo-100-million-widespread-illegal-practice-secretly-opening-unauthorized-accounts/（2018年6月13日に閲覧）

39　Egan, M. "Wells Fargo Admits to Signs of Worker Retaliation." *CNN Money*. January 23, 2017. http://money.cnn.com/2017/01/23/investing/wells-fargo-retaliation-ethics-line/index.html（2018年6月13日に閲覧）

40　Edmondson, A.C. & Verdin, P.J. "Your Strategy Should Be a Hypothesis You Constantly Adjust." *Harvard Business Review*. November 9, 2017. https://hbr.org/2017/11/your-strategy-should-be-a-hypothesis-you-constantly-adjust（2018年6月13日に閲覧）

41　"Our History." Nokia. https://www.nokia.com/en_int/about-us/who-we-are/our-history（2018年6月7日に閲覧）

42　ノキア・コーポレーション、1998年の年次報告書。

43　Huy, Q. & Vuori, T. "Who Killed Nokia? Nokia Did." *INSEAD Knowledge*. September 22, 2015. https://knowledge.insead.edu/strategy/who-killed-nokia-nokia-did-4268（2018年6月13日に閲覧）

44　Bass, D., Heiskanen, V., & Fickling, D. "Microsoft to Buy Nokia's Devices Unit for $7.2 Billion." *Bloomberg*. September 3, 2013. https://www.bloomberg.com/news/articles/2013-09-03/microsoft-to-buy-nokia-s-devices-business-for-5-44-billion-euros（2018年6月13日に閲覧）

45　Huy, Q. & Vuori, T. September 22, 2015, 前掲サイト。

46　同上。

47　Vuori, T. & Huy,Q. "Distributed Attention and Shared Emotions in the Innovation Process: How Nokia Lost the Smartphone Battle." *Administrative Science Quarterly* 61.1 (2016): 23.

48　同上。

49　同上。

2016. https://www.npr.org/sections/thetwo-way/2016/10/12/497729371/wells-fargo-ceo-john-stumpf-resigns-amidscandal（2018年6月13日に閲覧）

25 Reckard, E.S. "Wells Fargo's Pressure-Cooker Sales Culture Comes at a Cost." *The Los Angeles Times*, December 21, 2013. https://www.latimes.com/business/la-fi-wells-fargo-sale-pressure-20131222-story.html（2018年6月13日に閲覧）

26 Keller, L.J., Campbell, D., & Mehrotra, K. "Wells Fargo's Stars Thrived While 5,000 Workers Got Fired." *Bloomberg*. November 3, 2016. https://www.bloomberg.com/news/articles/2016-11-03/wells-fargo-s-stars-climbed-while-abuses-flourished-beneath-them（2018年6月13日に閲覧）

27 Cao, A. "Lawsuit Alleges Exactly How Wells Fargo Pushed Employees to Abuse Customers." *TIME*. September 29, 2016. http://time.com/money/4510482/wells-fargo-fake-accounts-class-action-lawsuit/（2018年6月13日に閲覧）

28 Mehrotra, K. "Wells Fargo Ex-Managers' Suit Puts Scandal Blame Higher Up Chain." *Bloomberg*. December 8, 2016. https://www.bloomberg.com/news/articles/2016-12-08/wells-fargo-ex-managers-suit-puts-scandal-blame-higher-up-chain（2018年6月13日に閲覧）

29 Reckard, E.S. December 21, 2013, 前掲サイト。

30 Cowley, S. "Voices From Wells Fargo: 'I Thought I Was Having a Heart Attack.'" *The New York Times*. October 20, 2016. https://www.nytimes.com/2016/10/21/business/dealbook/voices-from-wells-fargo-i-thought-i-was-having-a-heart-attack.html（2018年6月13日に閲覧）

31 Cao, A. September 29, 2016, 前掲サイト。

32 Cowley, S. October 20, 2016, 前掲サイト。

33 Glazer, E. & Rexrode, C. "Wells Fargo CEO Defends Bank Culture, Lays Blame With Bad Employees." *The Wall Street Journal*. September 13, 2016. https://www.wsj.com/articles/wells-fargo-ceo-defends-bank-culture-lays-blame-with-bad-employees-1473784452（2018年6月13日に閲覧）

34 Egan, M. September 8, 2016, 前掲サイト。

35 Freed, D. & Reckhard, E.S. "Wells Fargo Faces Costly Overhaul of Bankrupt Sales Culture." *Reuters*, October 12, 2016.

36 Corkery, M. & Cowley, S. "Wells Fargo Warned Workers Against Sham Accounts, but 'They Needed a Paycheck.'" *The New York Times*, September 16, 2016. https://www.nytimes.

6 同上。

7 Sorokanich, B. "Report: Bosch Warned VW About Diesel Emissions Cheating in 2007." *Car and Driver*. September 28, 2015. https://blog.caranddriver.com/report-bosch-warned-vw-about-diesel-emissions-cheating-in-2007/（2018年6月13日に閲覧）

8 Hakim, D., Kessler A.M., & Ewing, J. "As Volkswagen Pushed to Be No. 1, Ambitions Fueled a Scandal." *The New York Times*, September 26, 2015. https://www.nytimes.com/2015/09/27/business/as-vw-pushed-to-be-no-1-ambitions-fueled-a-scandal.html（2018年6月13日に閲覧）

9 Ewing, J. 2015, 前掲サイト。

10 Cremer, A. & Bergin, T. "Fear and Respect: VW's culture under Winterkorn." *Reuters*. October 10, 2015. https://www.reuters.com/article/us-volkswagen-emissions-culture/fear-and-respect-vws-culture-underwinterkorn-idUSKCN0S40MT20151010（2018年6月13日に閲覧）

11 https://www.youtube.com/watch?v=YpPNVSQmR5c

12 Lutz, B. "One Man Established the Culture that Led to VW's Emissions Scandal." *Road and Track*. November 4, 2015. https://www.roadandtrack.com/car-culture/a27197/bob-lutz-vw-diesel-fiasco/（2018年6月13日に閲覧）

13 同上。

14 Kiley, D. *Getting the Bugs Out: The Rise, Fall, and Comeback of Volkswagen in America*. John Wiley & Sons, 2002. 38-49. Print.

15 https://www.youtube.com/watch?v=DfGs2Y5WJ14.

16 Cremer, A. & Bergin, T, 2015, 前掲サイト。

17 同上。

18 同上。

19 同上。

20 ウェルズ・ファーゴのストーリーの詳細は以下に基づいている。 Lynch, L.J., Coleman, A.R., & Cutro, C. The Wells Fargo Banking Scandal. Case Study. UVA No. 7267. Charlottesville, VA. University of Virginia, Darden Business Publishing, 2017.

21 ウェルズ・ファーゴ、2015年の年次報告書。

22 ウェルズ・ファーゴ、2010年の年次報告書。

23 ウェルズ・ファーゴ、2015年の年次報告書。

24 Gonzales, R. "Wells Fargo CEO John Stumpf Resigns Amid Scandal." *NPR*, October 12,

40 Singh, B., Winkel, D.E., & Selvarajan, T.T. "Managing Diversity at Work: Does Psychological Safety Hold the Key to Racial Differences in Employee Performance?" *Journal of Occupational and Organizational Psychology* 86.2 (2013): 242-63.

41 "How to Build the Perfect Team." *Fareed Zakaria GPS*. CNN, April 17, 2016. https://archive.org/details/CNNW_20160417_170000_Fareed_Zakaria_GPS（2018年6月1日に閲覧）

第3章

1 Vlasic, B. "Volkswagen Official Gets 7-Year Term in Diesel-Emissions Cheating." *The New York Times*. December 6, 2017. https://www.nytimes.com/2017/12/06/business/oliver-schmidt-volkswagen.html（2018年6月13日に閲覧）

2 Kwak, J. "How Not to Regulate." *The Atlantic*. September 30, 2014. https://www.theatlantic.com/business/archive/2014/09/how-notto-regulate/380919/（2018年6月13日に閲覧）

3 本章で紹介するフォルクスワーゲンのストーリーは、個別に記載した出典と、次の学術的なケーススタディから集めた。

・Giolito, V., Verdin, P., Hamwi, M., & Oualadj, Y. Volkswagen: A Global Champion in the Making? Case Study. Solvay Brussels School Economics & Management, 2017; Lynch, L.J., Cutro, C., & Bird, E.

・The Volkswagen Emissions Scandal. Case Study. UVA No. 7245. Charlottesville, VA. University of Virginia, Darden Business Publishing, 2016; and

・Schuetz, M. Dieselgate-Heavy Fumes Exhausting the Volkswagen Group. Case Study. HK No. 1089. Hong Kong. The University of Hong Kong Asia Case Research Center, 2016.

4 Ewing, J. "Volkswagen C.E.O. Martin Winterkorn Resigns Amid Emissions Scandal." *The New York Times*. September 23, 2015. https://www.nytimes.com/2015/09/24/business/international/volkswagen-chief-martin-winterkorn-resigns-amid-emissions-scandal.html（2018年6月13日に閲覧）

5 Parloff, R. "How VW Paid $25 Billion for 'Dieselgate'-and Got Off Easy." *Fortune Magazine*. February 6, 2018. http://fortune.com/2018/02/06/volkswagen-vw-emissions-scandal-penalties/（2018年6月13日に閲覧）

Analysis in Taiwan." *Journal of Management & Organization* 18.2 (2012): 175-92.

28 Duhigg, C. "What Google Learned From Its Quest to Build the Perfect Team." *The New York Times Magazine*, February 25, 2016. https://www.nytimes.com/2016/02/28/magazine/what-google-learned-from-its-quest-to-build-the-perfect-team.html（2018 年 6 月 13 日に閲覧）

29 同上。

30 Rozovsky, J. "The five keys to a successful Google team." *re:Work Blog*. November 17, 2015. https://rework.withgoogle.com/blog/five-keys-to-a-successful-google-team/（2018 年 6 月 13 日に閲覧）

31 May, D.R., Gilson, R.L., & Harter, L.M. "The Psychological Conditions of Meaningfulness, Safety and Availability and the Engagement of the Human Spirit at Work." *Journal of Occupational and Organizational Psychology* 77.1 (2004): 11-37.

32 Chughtai, A. A. & Buckley, F. "Exploring the impact of trust on research scientists' work engagement." *Personnel Review* 42.4 (2013): 396-421.

33 Ulusoy, N., Mölders, C., Fischer, S., Bayur, H., Deveci, S., Demiral, Y., & Rössler,W. "A Matter of Psychological Safety: Commitment and Mental Health in Turkish Immigrant Employees in Germany." *Journal of Cross-Cultural Psychology* 47.4 (2016): 626-645.

34 Rathert, C., Ishqaidef, G., May, D.R. "Improving Work Environments in Health Care: Test of a Theoretical Framework." *Health Care Management Review* 34.4 (2009): 334-343.

35 Gibson, C.B. & Gibbs, J.L. "Unpacking the Concept of Virtuality: The Effects of Geographic Dispersion, Electronic Dependence, Dynamic Structure, and National Diversity on Team Innovation." *Administrative Science Quarterly* 51.3 (2006): 451-95.

36 Edmondson, A.C. & Smith, D.M. "Too Hot to Handle? How to Manage Relationship Conflict." *California Management Review* 49.1 (2006): 6-31.

37 Bradley, B.H., Postlethwaite, B.E., Hamdani, M.R., & Brown, K.G. "Reaping the Benefits of Task Conflict in Teams: The Critical Role of Team Psychological Safety Climate." *Journal of Applied Psychology* 97.1 (2012): 151-58.

38 Edmondson, A.C. & Smith, D.M. (2006), 前掲論文。

39 Martins, L.L., Schilpzand, M.C., Kirkman, B.L., Ivanaj, S., & Ivanaj, V. "A Contingency View of the Effects of Cognitive Diversity on Team Performance: The Moderating Roles of Team Psychological Safety and Relationship Conflict." *Small Group Research* 44.2 (2013): 96-126.

15 Milliken, F.J., Morrison, E.W., & Hewlin, P.F. "An Exploratory Study of Employee Silence: Issues That Employees Don't Communicate Upward and Why." *Journal of Management Studies* 40.6 (2003): 1453-76.

16 Brinsfield, C.T. "Employee Silence Motives: Investigation of Dimensionality and Development of Measures." *Journal of Organizational Behavior* 34.5 (2013): 671-97.

17 Detert, J.R. & Edmondson, A.C. "Implicit Voice Theories: Taken-for-Granted Rules of Self-Censorship at Work." *The Academy of Management Journal* 54.3 (2011): 461-88.

18 Leroy, H., Dierynck, B., Anseel, F., Simons, T., Halbesleben, J.R.B., McCaughey, D., Savage, G.T., & Sels, L. "Behavioral Integrity for Safety, Priority of Safety, Psychological Safety, and Patient Safety: A Team-Level Study." *Journal of Applied Psychology* 97.6 (2012): 1273-81.

19 Edmondson, A.C. "Learning from Mistakes Is Easier Said Than Done: Group and Organizational Influences on the Detection and Correction of Human Error." *The Journal of Applied Behavioral Science* 32.1 (1996): 5-28.

20 Tucker, A.L., Nembhard, I.M., & Edmondson, A.C. "Implementing New Practices: An Empirical Study of Organizational Learning in Hospital Intensive Care Units." *Management Science* 53.6 (2007): 894-907.

21 Tucker, A.L. & Edmondson, A.C. "Why hospitals don't learn from failures: Organizational and psychological dynamics that inhibit system change." *California Management Review* 45.2 (2003): 55-72.

22 Halbesleben, J.R.B. & Rathert, C. "The Role of Continuous Quality Improvement and Psychological Safety in Predicting Work-Arounds." *Health Care Management Review* 33.2 (2008): 134-144.

23 Arumugam, V., Antony, J., & Kumar, M. "Linking Learning and Knowledge Creation to Project Success in Six Sigma Projects: An Empirical Investigation." *International Journal of Production Economics* 141.1 (2013): 388-402.

24 Siemsen, E., Roth, A.V., Balasubramanian, S., & Anand, G. "The Influence of Psychological Safety and Confidence in Knowledge on Employee Knowledge Sharing." *Manufacturing & Service Operations Management* 11.3 (2009): 429-47.

25 Edmondson, A.C. (1999), 前掲論文。

26 Baer, M. & Frese, M. (2003), 前掲論文。

27 Huang, C., & Jiang, P. "Exploring the Psychological Safety of R&D Teams: An Empirical

2　同上。

3　同上。

4　このグラフのデータは、2018年5月25日に行ったファクティバ（Factiva）の調査をもとにしている。ファクティバは、ダウ・ジョーンズ社が所有するビジネス情報およびリサーチ・ツールだ。ファクティバは、世界のほぼすべての国の新聞、定期刊行物、雑誌など3万を超える情報源にアクセスすることができる。したがって、この調査はかなり包括的であった。

5　Corcoran, S. "A good boss makes for a happy team." *The Sunday Times*. September 24, 2017. https://www.thetimes.co.uk/article/a-goodboss-makes-for-a-happy-team-r30ndjjfv（2018年6月13日に閲覧）

6　Blumental, D. & Ganguli, I. "Patient Safety: Conversation to Curriculum." *The New York Times*. January 26, 2010. https://www.nytimes.com/2010/01/26/health/26error.html（2018年6月13日に閲覧）

7　"Six and Out? What Australia's cricket scandal tells us about the six golden rules of integrity." *The Mandarin*, March 28, 2018. https://www.themandarin.com.au/90552-australian-cricket-scandal-six-golden-rules-integrity/（2018年6月13日に閲覧）

8　Vander Ark, T. "Promoting Psychological Safety in Classrooms for Student Success." *GettingSmart.com*, December 29, 2016. https://www.gettingsmart.com/2016/12/promoting-psychological-safety-in-classrooms/（2018年6月13日に閲覧）

9　Wallace, K. "After #MeToo, more women feeling empowered." *CNN Wire*, December 27, 2017. https://www.cnn.com/2017/12/27/health/sexual-harassment-women-empowerment/index.html（2018年6月13日に閲覧）

10　Landon, L.B., Slack, K.J., & Barrett, J.D. "Teamwork and Collaboration in Long-Duration Space Missions: Going to Extremes." *American Psychologist* 73.4 (2018): 563-575.

11　Edmondson, A.C. "Psychological Safety and Learning Behavior in Work Teams." *Administrative Science Quarterly* 44.2 (1999): 350-83.

12　引用についてのこのデータは、2018年5月25日にグーグル・スカラーを使って入手した。

13　Frese, M. & Keith, N. "Action Errors, Error Management, and Learning in Organizations." *Annual Review of Psychology* 66.1 (2015): 661-87.

14　Baer, M. & Frese, M. "Innovation Is Not Enough: Climates for Initiative and Psychological Safety, Process Innovations, and Firm Performance." *Journal of Organizational Behavior* 24.1 (2003): 45-68.

Room." *Sloan Management Review* 34.2 (1993):85-92. Print.

11 Kahn, W.A. "Psychological Conditions of Personal Engagement and Disengagement at Work." *Academy of Management Journal* 33.4 (1990): 692-724.

12 Edmondson, A.C. "Learning from Mistakes Is Easier Said Than Done:Group and Organizational Influences on the Detection and Correction of Human Error." *The Journal of Applied Behavioral Science* 32.1 (1996): 5-28.

13 Edmondson, A.C. (1999), 前掲論文。

14 Todes, D.P. *Ivan Pavlov: A Russian Life in Science*. Oxford University Press, 2014. Print.［ダニエル・P・トーデス『パヴロフ――脳と行動を解き明かす鍵』（近藤隆文訳、大月書店、2008年）］

15 Rock, D. "Managing with the Brain in Mind." *strategy+business*. August 27, 2009. https://www.strategy-business.com/article/09306?gko=5df7f（2018年6月13日に閲覧）

16 Zink, C.F., Tong, Y., Chen, Q., Bassett, D.S., Stein, J.L., & Meyer-Lindenberg, A. "Know Your Place: Neural Processing of Social Hierarchy in Humans." *Neuron* 58.2 (2008): 273-83.

17 Edmondson, A.C. & Mogelof, J.P. "Explaining Psychological Safety in Innovation Teams: Organizational Culture, Team Dynamics, or Personality?" *Creativity and Innovation in Organizational Teams*. Ed. L. Thompson & H. Choi. Mahwah, NJ: Lawrence Erlbaum Associates Press, 2005: 109-36.

18 これは、A・C・エドモンドソンが "The Competitive Imperative of Learning." *Harvard Business Review*. July-August, 2008. Print. で発表したフレームワークの修正版である。のちには、『チームが機能するとはどういうことか』に掲載された。

19 Stiehm, J.H. & Townsend, N.W. *The U.S. Army War College: Military Education in a Democracy*. Temple University Press, 2002. Print.

20 Edmondson, A.C. "Psychological Safety and Learning Behavior in Work Teams." *Administrative Science Quarterly* 44.2 (1999): 350-83. を参照。

第2章

1 2018年4月18日に、イーストマン・ケミカルのCEO、マーク・コスタが、ハーバード・ビジネススクールの授業で述べた言葉。

11　同上。

第1章

1　Rozovsky, J. "The five keys to a successful Google team." *re:Work Blog*. November 17, 2015. https://rework.withgoogle.com/blog/five-keys-to-a-successful-google-team/（2018年6月13日に閲覧）

2　Goffman, E. *The Presentation of Self in Everyday Life*. Overlook Press, 1973. Print.［E・ゴッフマン『行為と演技――日常生活における自己呈示』（石黒毅訳、誠信書房、1974年）］

3　Edmondson, A.C. "Managing the risk of learning: Psychological safety in work teams." *International Handbook of Organizational Teamwork and Cooperative Working*. Ed. M. West. London: Blackwell, 2003, 255-276.

4　Merchant, N. "Your Silence Is Hurting Your Company." *Harvard Business Review*. September 7, 2011. https://hbr.org/2011/09/your-silence-is-hurting-your-company（2018年6月13日に閲覧）

5　Milliken, F.J., Morrison, E.W., & Hewlin, P.F. "An Exploratory Study of Employee Silence: Issues that Employees Don't Communicate Upward and Why." *Journal of Management Studies* 40.6 (2003): 1453-1476.

6　Edmondson, A.C. "Psychological Safety and Learning Behavior in Work Teams." *Administrative Science Quarterly* 44.2 (1999): 350-83.

7　Edmondson, A.C. "Learning from Mistakes Is Easier Said Than Done: Group and Organizational Influences on the Detection and Correction of Human Error." *The Journal of Applied Behavioral Science* 32.1 (1996):5-28.

8　この助手、アンディ・モリンスキーは、今では、ベテランのブランダイス大学教授になり、国際経営および組織行動を教えている。

9　Schein, E.H. & Bennis, W.G. *Personal and Organizational Change through Group Methods: The Laboratory Approach*. Wiley, 1965. Print.［E・H・シャイン、W・G・ベニス『T-グループの実際――人間と組織の変革』（伊東博訳、岩崎学術出版社、1969年）、『T-グループの理論――人間と組織の変革』（浅野満訳、古屋健治編、岩崎学術出版社、1969年）］

10　Schein, E.H. "How Can Organizations Learn Faster? The Challenge of Entering the Green

原注

はじめに

1 Burke, E. *A Philosophical Inquiry into the Origin of Our Ideas of the Sublime and Beautiful*. Dancing Unicorn Books, 2016. Print. ［エドマンド・バーク『崇高と美の観念の起原』（中野好之訳、みすず書房、1999年）］

2 Selingo, J.J. "Wanted: Factory Workers, Degree Required." *The New York Times*. January 30, 2017. https://www.nytimes.com/2017/01/30/education/edlife/factory-workers-college-degree-apprenticeships.html（2018年6月13日に閲覧）

3 Cross, R., Rebele, R., & Grant, A. "Collaborative Overload." *Harvard Business Review*. January 1, 2016. https://hbr.org/2016/01/collaborative-overload（2018年6月13日に閲覧）

4 Edmondson, A.C. "Teamwork on the Fly." *Harvard Business Review* 90.4, April 2012. 72-80. Print.

5 Edomondson, A.C. Teaming: *How Organizations, Learn, Innovate, and Compete in the Knowledge Economy*. San Francisco: Jossey-Bass, 2012. Print. ［エイミー・C・エドモンドソン『チームが機能するとはどういうことか――「学習力」と「実行力」を高める実践アプローチ』（野津智子訳、英治出版、2014年）］

6 Gallup. *State of the American Workplace Report*. Gallup: Washington, D.C, 2017. http://news.gallup.com/reports/199961/state-american-workplace-report-2017.aspx（2018年6月13日に閲覧）

7 Gallup, *State of the American Workplace Report*. 2012: 112

8 Duhigg, C. "What Google Learned From Its Quest to Build the Perfect Team" *The New York Times Magazine*. February 25, 2016. https://www.nytimes.com/2016/02/28/magazine/what-google-learned-from-its-quest-to-build-the-perfect-team.html（2018年6月13日に閲覧）

9 同上。

10 Rozovsky, J. "The five keys to a successful Google team." *re:Work Blog*. November 17, 2015. https://rework.withgoogle.com/blog/five-keys-to-a-successful-google-team/（2018年6月13日に閲覧）

[著者]

エイミー・C・エドモンドソン　Amy C. Edmondson

ハーバード・ビジネススクール教授。ハーバード大学で組織行動博士号、心理学修士号、エンジニアリングおよびデザイン文学士号を取得。1996年からハーバード大学で教鞭を執り、リーダーシップ、チーミング、意思決定、組織学習の授業を担当。現在は、ノバルティス寄附講座教授として、リーダーシップと経営論を教えると同時に、仕事を通じて世界に建設的な影響をもたらしたいと思っている各界組織のリーダーを研究している。

学者として、「人々が一丸となり最高の仕事ができる職場環境をつくること」を中心的テーマに掲げて調査・研究を続けるエドモンドソンだが、この道に入るきっかけとなった出来事はハーバード大学卒業時に遡る。英雄として尊敬するバックミンスター・フラー（著名な発明家にして建築家、フューチャリスト）宛てに、雇用についてアドバイスを求める手紙を書いたところ、わずか1週間後に返事を受け取り、そのうえ雇用されたのだ。それからの3年間をフラーのもとで「チーフ・エンジニア」として仕事をするなかで、彼女は、よりよい世界をつくるためにリーダーと組織に何ができるかについて、変わらぬ強い関心を抱くようになった。

学者になる前には、ペコス・リバー・ラーニングセンターで研究ディレクターを務め、CEOのラリー・ウィルソンとともに大企業での変革プログラムをデザイン・実行したこともある。そして、どうすればリーダーは組織を、人々が学習・イノベーション・成長する場にできるかについて明らかにしたいという熱い思いを抱くようになる。

最初の著作『A Fuller Explanation: The Synergetic Geometry of R. Buckminster Fuller』（未邦訳、1986年）では、数学の知識を持たない読者向けに、フラーの考えをわかりやすく解説している。その後の一連の著書、『チームが機能するとはどういうことか――「学習力」と「実行力」を高める実践アプローチ』（英治出版、2014年）、『Teaming to Innovate』（未邦訳、2013年）、『Building the Future: Big Teaming for Audacious Innovation』（未邦訳、2016年）、『Extreme Teaming』（未邦訳、2017年）では、ダイナミックな環境で協働（チームワーク）することの課題と可能性を探究している。

論文も、「ハーバード・ビジネス・レビュー」や「カリフォルニア・マネジメント・レビュー」はもとより、「アドミニストレイティブ・サイエンス・クォータリー」「アカデミー・オブ・マネジメント・ジャーナル」などの学術誌において、70本以上を発表している。

マネジメント研究に対する業績が評価され、2018年に厳密で適切なマネジメント研究を行っているとしてスマントラ・ゴシャール賞、2017年にThinkers50（影響力ある経営思想家トップ50人が隔年で選出される）タレント賞、2004年にマネジメントの実践への多大な貢献に対してアクセンチュア賞、2006年にキャリア半ばでの業績が評価されてカミングス賞（米国経営学会）を受賞。Thinkers50では2011年から常にランクイン（2017年は13位）。また、「最も影響力のある国際的なHR思想家20人」（HRマガジン誌）にも選出されている。マサチューセッツ州ケンブリッジで、夫ジョージ・デイリーと2人の息子とともに暮らしている。

[訳者]

野津智子　Tomoko Nozu

翻訳家。獨協大学外国語学部フランス語学科卒業。主な訳書に、『チームが機能するとはどういうことか』『謙虚なリーダーシップ』『[新訳] 最前線のリーダーシップ』『サーバントであれ』『シンクロニシティ【増補改訂版】』(いずれも英治出版)、『仕事は楽しいかね？』(きこ書房)、『やってはいけない７つの「悪い」習慣』(日本実業出版社)、『死ぬ気で自分を愛しなさい』(河出書房新社) などがある。

[解説]

村瀬俊朗　Toshio Murase

早稲田大学商学部准教授。1997 年に高校を卒業後、渡米。2011 年、University of Central Florida で博士号取得（産業組織心理学）。Northwestern University および Georgia Institute of Technology で博士研究員（ポスドク）をつとめた後、シカゴにある Roosevelt University で教鞭を執る。2017 年 9 月から現職。専門はリーダーシップとチームワーク研究。

[英治出版からのお知らせ]

本書に関するご意見・ご感想を E-mail（editor@eijipress.co.jp）で受け付けています。
また、英治出版ではメールマガジン、Web メディア、SNS で新刊情報や書籍に関する記事、イベント情報などを配信しております。ぜひ一度、アクセスしてみてください。

メールマガジン：会員登録はホームページにて
Web メディア「英治出版オンライン」：eijionline.com
X / Facebook / Instagram：eijipress

恐れのない組織

「心理的安全性」が学習・イノベーション・成長をもたらす

発行日	2021年 2月10日 第1版 第1刷
	2024年10月31日 第1版 第9刷
著者	エイミー・C・エドモンドソン
訳者	野津智子（のづ・ともこ）
解説	村瀬俊朗（むらせ・としお）
発行人	高野達成
発行	英治出版株式会社
	〒150-0022 東京都渋谷区恵比寿南 1-9-12 ピトレスクビル 4F
	電話 03-5773-0193 FAX 03-5773-0194
	www.eijipress.co.jp
プロデューサー	平野貴裕
スタッフ	原田英治 藤竹賢一郎 山下智也 鈴木美穂 下田理
	田中三枝 上村悠也 桑江リリー 石﨑優木
	渡邉吏佐子 中西さおり 関紀子 齋藤さくら
	荒金真美 廣畑達也 太田英里
装丁	竹内雄二
印刷・製本	中央精版印刷株式会社
校正	株式会社ヴェリタ

Copyright © 2021 Tomoko Nozu, Toshio Murase

ISBN978-4-86276-288-7 C0034 Printed in Japan

本書の無断複写（コピー）は、著作権法上の例外を除き、著作権侵害となります。
乱丁・落丁本は着払いにてお送りください。お取り替えいたします。